정량
×
정성 분석
바이블

최강의 의사결정과 문제해결을 위한

정량
× 정성 분석
바이블

나카무라 지카라 지음 | 신희원 옮김

Quantitative and
Qualitative Analysis

한스미디어

최강의 의사결정과
문제해결을 위하여

필자는 지난 2008년 『비즈니스에 활용하는 입문 정량 분석』을, 그리고 이듬해인 2009년 『비즈니스에 활용하는 입문 정성 분석』을 출간한 바 있다. 부족한 내용임에도 불구하고 10년이 넘는 세월 동안 많은 분들의 사람을 받아왔다. 그간 적지 않은 독자들이 두 권의 내용을 한 권으로 묶어 새롭게 펴낼 수 없겠느냐는 요청을 해왔으나, 시간을 핑계를 미루기만 해왔던 그 작업의 결실이 마침내 빛을 보게 되었다. 독자분들의 열띤 호응과 애정 어린 질책의 결과로 탄생한 책이라고 생각하니 저자 입장에서는 실로 감개무량할 따름이다.

지난 10년간 무엇이 변했을까?
컴퓨터 성능의 향상, 업그레이드된 프로그램 언어 환경 등으로 기계학습, 인공지능(AI), 데이터 과학 시장이 활황을 띠며 TV 뉴스나 신문 지면을 떠들썩하게 했다. 특히 인공지능은 두 차례의 전성기를 거쳐 지금의 세 번째 전성기를 맞이했다. 각 나라도 앞다투어 성과를 내고자 각축전을 벌이고 있다. 그러나 데이터 분석의 원점은 통계학으로, 이 책에서는 통계학을 사용한 통계적 기법을 설명한다. 인공지능 역시 통계적 기법에서 출발한 것이다.

이 책에서 소개하는 케이스 스터디는 몇 해 전의 사례도 포함되어 있지만 모든 분석 기법은 결코 진부하지 않다. 이러한 분석 기법의 원점이자 토대(베이스)가 되는 것은 통계학적 기법으로, 이를 경시하고 오늘날의 인공지능 붐에 안이하게 덤벼들어서는 안 된다. 이 책은 토대가 되는 통계학적 기법을 통한 정량 분석·정성 분석을 다양한 비즈니스 상의 케이스 스터디(사례)와 연결 지어 본질을 이해할 수 있도록 한, 지극히 실전적인 책이다. 정량 분석과 정성 분석을 한 권으로 정리함으로써 포괄적으로 배울 수 있도록 했으며, 독자로 하여금 쉽게 이해할 수 있도록 하는 데 각고의 노력을 기울였다. 실전 지식을 필요로 하는 기업의 직원과 리더는 물론 관련 분야를 공부하는 학생들에게까지 폭넓은 독자들이 활용할 수 있을 것으로 기대한다.

우리는 하루에도 수없이 많은 의사결정과 문제해결의 순간에 직면한다. 바로 이때 정량 분석과 정성 분석에 대한 지식은 최강의 무기가 되어줄 것이다. 모쪼록 본 책의 내용을 온전히 독자 여러분의 것으로 만들어 최상의 결과를 얻기 바란다.

지은이
나카무라 지카라

---

* 이 책은 『비즈니스에 활용하는 입문 정량 분석』(나카무라 지카라 지음, 일본실업출판사, 2008)과 『비즈니스에 활용하는 입문 정성 분석』(상동, 2009)을 한 권으로 묶고, 내용과 사례를 최신판으로 새롭게 개정한 것입니다.

| 차 례 |

제 3 장 　 정량 분석을 활용한 의사결정은 이렇게 한다

제 4 장 　 **케이스 스터디 1** 확실성이 높을 때 정량 분석을 통한 의사 결정

제 8 장 목적을 향해 결론을 도출하는 논리 사고
로지컬 싱킹

정량×정성 분석
바이블

제1장
정량 분석과
정성 분석의
관계

| 정량 분석과
정성 분석의 처리

| 01 | 정량 분석의 처리

정량 분석과 정성 분석이란 어떠한 것을 말하는가. 우선 각각의 분석 처리가 어떠한 것인지 정리해 보자.

먼저 정량 분석부터 살펴보자. 정량 분석을 처리하는 흐름은 [도표 1-1]에 나타낸 바와 같다. 분석 목적에 따라 정량 정보(데이터)를 수집한다. 분석 목적은 여러 가지가 있는데, [도표 1-1]에서는 몇 가지 전형적인 분석 흐름을 나타냈다.

① 지표의 크기 비교

분석하는 목적에 따라 산출한 지표의 크기를 비교한다. 기업의 재무 분석에서는 수익성을 분석하는 것인지 성장을 분석하는 것인지 등, 목적에 따라 여러 가지 지표를 산출하는데, 산출한 지표의 크기를 비교하여 분석하는 경우가 많다.

제3장에서 다루는 의사 결정에서는 보수행렬(payoff matrix, 『경제학 들어가기』(이준구·이창용, 문우사)의 용어에 따름 - 옮긴이)을 그려서 상황에 따라 처리한다. 보수행렬이란 계산한 이득과 비용을 행동별로 표에 나타낸 것이다. 지표의 크기를 비교할 수 있는 이유는 지표 자체가 수치로 크기를 가지고 있기 때문인데, 이것이 정량 분석의 기본적인 장점이다.

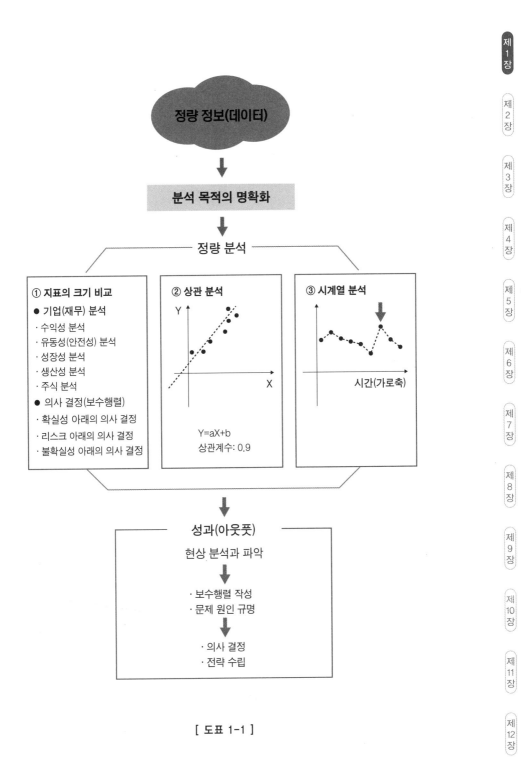

정량 정보(데이터)

분석 목적의 명확화

정량 분석

① 지표의 크기 비교

● 기업(재무) 분석
· 수익성 분석
· 유동성(안전성) 분석
· 성장성 분석
· 생산성 분석
· 주식 분석
● 의사 결정(보수행렬)
· 확실성 아래의 의사 결정
· 리스크 아래의 의사 결정
· 불확실성 아래의 의사 결정

② 상관 분석

Y

X

Y=aX+b
상관계수: 0.9

③ 시계열 분석

시간(가로축)

성과(아웃풋)

현상 분석과 파악

· 보수행렬 작성
· 문제 원인 규명

· 의사 결정
· 전략 수립

[도표 1-1]

② 상관 분석

두 개의 사건 X와 Y가 있을 때, X가 증가하면 Y도 증가하고 반대로 X가 감소하면 Y도 감소하는 것처럼 X와 Y의 변화 경향이 어느 정도 일치하는가를 나타내는 것이 '상관 분석'이다. 일치도가 크면, 즉 상관계수가 크면 Y를 X의 1차 함수로 나타낼 수 있으므로 X의 값으로 Y의 값을 예측할 수 있게 된다. 만일 X가 기온이고 Y가 맥주 판매량이고, X와 Y에 높은 상관이 있다면 기온 X로 맥주 판매량 Y를 예측할 수 있다.

③ 시계열 분석

어느 기업의 주가나 매출액 등, 특정한 사건의 시간적 추이를 분석한다. 이 사건이 감소 경향인지 증가 경향인지 미래에 걸쳐 예측 가능한지 분석한다. 또 급격한 변화가 일어난 경우, 이 변화가 무엇을 의미하는지나 어떤 일의 조짐인지 분석하는 계기가 되기도 한다.

지금까지 살펴본 정량 분석을 실시하면 목적에 맞는 성과(아웃풋)를 얻어 오류가 적은 의사 결정이나 전략 수립에 도달할 수 있다.

|02| 정성 분석의 처리

다음으로 정성 분석에 대해서 이야기한다. 처리의 흐름은 [도표 1-2]로 나타냈다. 정량 분석과 마찬가지로 분석 목적에 따라서 정성 정보(데이터)를 수집한다. [도표 1-2]에서는 몇 가지 전형적인 분석 흐름을 나타냈다.

이미 언급했듯이 정성 정보(데이터)는 수치가 아니므로 크기 비교라는 개념은 없다. 따라서 정성 분석 고유의 독자적인 분석 방법으로는 다음과 같은 것이 있다.

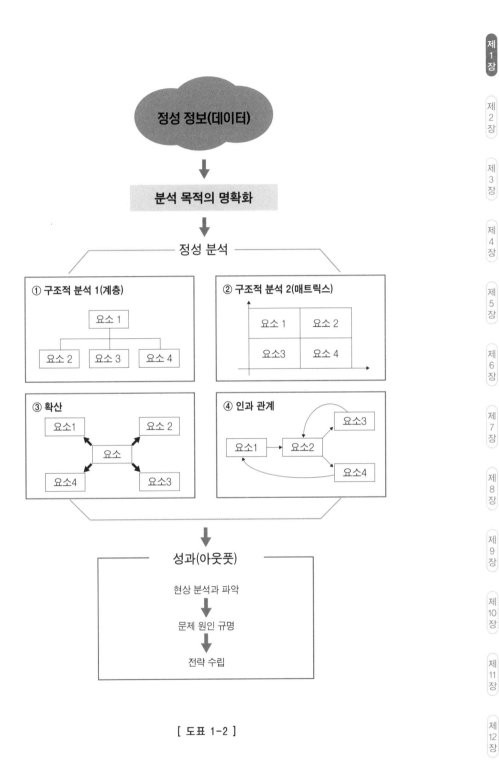

제1장

제2장

제3장

제4장

제5장

제6장

제7장

제8장

제9장

제10장

제11장

제12장

[도표 1-2]

① 구조적 분석 1(계층)

모든 사물과 사건을 요소로 분해하여 어떤 요소로 구성되어 있는지, 어떤 계층 구조를 띠는지 분석하는 정성 분석의 기본 방식이다.

② 구조적 분석 2(매트릭스)

①과 같은 구조를 분석하나, 이번에는 계층이 아니라 두 축의 매트릭스 구조를 바탕으로 한다. 뒤에서 자세히 설명하는데, 프레임 워크의 SWOT 분석 등(→284쪽)에서 이용한다.

①과 ②는 사실 나중에 설명할 논리 사고(→247쪽)를 통한 정성 분석에서 이용하는 기본 도구로, ①은 로직 트리(Logic Tree), ②는 프레임 워크에 해당하는 처리 방식이다.

③ 확산

요소에서 다른 요소를 차례차례 만들어 나가는 방법으로, 다시 말해 아이디어 등을 창조한다. 이것은 뒤에서 설명할 창조적 사고(→249쪽)를 기본으로 하는 정성 분석에 해당한다.

④ 인과 관계

위 ①과 ②는 시간적 변화가 없는 정적인(Static) 요소 간의 분석이다. 그러나 이 ④에서는 시간적인 변화를 포함하는 동적인(dynamic) 요소이며, 또 인과 관계가 있을 때 요소 간의 분석이다. 인과 관계가 복잡하게 얽혀있을 때도 있는데, 이것은 뒤에서 살펴볼 시스템 사고(→250쪽)를 통한 분석으로 설명한다.

정량 분석과 마찬가지로 정성 분석을 실시한 결과는 목적에 맞는 결과(아웃풋)를 얻어 문제의 원인 규명, 나아가 전략 수립으로 이어진다.

| 정량 분석과
정성 분석의 장점과 단점

이번에는 정량 분석과 정성 분석의 장점을 말하고 각각의 단점과 비교해 보자.

| 01 | 정량 분석의 장점

먼저 정량 분석의 장점을 살펴보자. 정량 분석과 관련된 내용으로는 다음과 같은 것들이 있다.

① 수치화한 정보나 데이터를 분석한다

이것은 정량 분석의 정의이며, 이번에는 정량 분석을 통해 수치 지표의 크기 비교나 변화 정도가 가능해진다.

② 객관적이므로 판단 오류가 적어진다

정량 분석의 큰 매력이자 세일즈 포인트다. 수치 지표를 바탕으로 의사 결정을 내릴 때, 객관적으로 판단할 수 있도록 든든한 아군 역할이 된다.

③ 대량의 데이터를 고속으로 처리할 수 있고 결과를 그래프나 도표로 표시할 수 있다

통계 해석 등의 분석 도구를 이용하여 계산기를 사용한 대량의 수치 분석이 가능해진다. 또 결과는 그래프나 도표로 이해하기 쉽게 '한눈에 나타낼' 수 있다. 이뿐 아니라 정량 분석에서도 분석 프레임 워크나 정성 분석 전용의 분석 도구가 있다. 이에 관해서는 제8장 이후에서 상세히 설명하기로 한다.

④ 커뮤니케이션이나 프레젠테이션에 설득력을 더한다

결과적으로 사내 품의 때의 수치 근거나 의사 결정의 판단 지표 등에 효과적으로 이용할 수 있다.

⑤ 기본적으로는 과거의 실적을 기준으로 하는 정보나 데이터다

정량 분석과 데이터의 장점이자 결점이기도 하지만, 현재에 가까운 정보를 포함하고 있어 미래 지향적인 정성 정보 및 데이터와는 다르다는 사실에 주의할 필요가 있다.

| 02 | 정량 분석의 단점

정량 분석은 대단히 유효한 분석법이지만, 다음과 같은 결점도 많다.

① 대국적이고 유연한 정보를 읽어내지 못할 가능성이 있다

수치에 따른 객관적인 지표를 얻을 수 있지만, 이것에만 의존하면 정성 분석으로 얻을 수 있는 대국적인 정보를 활용할 수 없는 위험성을 내포한다.

② 기본적으로는 실측 시점에서 본 과거의(실적) 정보나 데이터를 바탕으로 하는 분석이다

즉, 시간 축을 미래에 둔 미래 분석에서는 정량 분석만으로 시의적절하지 않은 정보를 포함할 가능성이 생기므로 불충분하다. 따라서 현재, 나아가 미래 정보도 포함하는 정성 분석을 보완할 필요가 생긴다.

③ 정량 데이터·정보 자체의 문제가 숨어있다

신용할 수 없는 수상한 데이터를 사용하지 않았는가, 정량 분석의 결과를 잘못 해석하지 않았는가, 잘못하여(고의로) 전달하지 않았는가 등, 정량 분석으로 인한 리스크나 함정에 주의해야 한다. 세심한 주의를 기울여 정량 분석을 실시할 필요가 있다.

| 03 | 정성 분석의 장점

다음으로 정성 분석을 살펴본다. 아래의 몇 가지 장점을 꼽을 수 있다.

① 수치로 나타낼 수 없는 정보나 데이터를 분석한다

정성 분석의 정의라고도 할 수 있는 것으로, 여기에는 말이나 태도와 같은 감성 정보도 포함한다. 수치에 의한 정량 분석과는 달리 정성 정보 사이의 계층성, 인과 관계, 대극성 등의 구조를 띤다.

② 전체 문제나 논점을 대국적으로 조감하여 집어낼 수 있다

주어진 문제 전체를 바라보고 무엇이 문제가 되는지를 조감할 수 있는 특징이 있다. 즉, 세세한 '나무'가 아니라 '숲' 전체를 바라볼 수 있다.

③ 수치에 얽매이지 않는 다면적이고 유연한 분석이 가능하다

세부 수치에 눈이 가서 정량 분석이 만능이라는 착각에 빠지기도 하는데, 정성 분석의 다면적이고 유연성 있는 장점을 살려 적극적으로 활용해야 한다.

④ 기업의 비전이나 전망 등 미래 지향에 관련된 내용을 포함한다

정량 분석에서 이용한 정보나 데이터는 기본적으로는 실측 시점의 과거 상태를 바탕으로 한 내용이다. 한편으로 정성 정보와 데이터는 과거의 내용뿐만 아니라 현재의 정보나 미래 전망 등, 현재에서 과거에 걸친 시간 축의 정보를 포함한다. 다시 말해 미래 사실을 기대하거나 예측하는 데는 미래 정보를 포함하는 정성 정보를 적극적으로 활용해야 한다.

⑤ 주관적, 탐색적이다

아무래도 주관적 요소가 들어간다는 점은 정성 분석의 단점이기도 하지만, 장점이기도 하다. 단점을 설명할 때 다시 살펴보자. 그리고 탐색적이라는 말은 시행착오를 겪으며 찾는다는 의미이다.

| 04 | 정성 분석의 단점

한편, 정성 분석의 단점으로는 아래와 같은 내용을 들 수 있다.

① 객관성이 떨어진다

수치를 바탕으로 하는 분석이 아니므로 객관적인 근거에 기반을 둔 분석이 아니다. 즉, 분석자의 주관(바이어스)이 들어갈 가능성이 있다.

② 평가 리스크를 고려할 필요가 있다

객관성이 부족하므로 정성 분석으로 인한 평가 리스크를 충분히 염두에 둘 필요성이 생겨난다. 이것은 정성 분석의 결정적인 한계이기도 한데, 수치적인 분석을 바탕으로 하는 객관 분석, 즉 정량 분석이 필요한 이유다.

| 정량 분석과 정성 분석은 상호보완적이므로 조합하여 사용한다

　정량 분석과 정성 분석은 단독이 아니라 상호보완적으로 실시하는 편이 더욱 합리적인 결과를 얻을 수 있다. 즉, 정량 분석과 정성 분석은 서로 보완하면서 더욱 높은 정밀도의 분석 결과를 이끌어낼 수 있다.

　정량 지표는 그것만으로 객관성을 가지므로 분석할 가치는 충분하지만, 정량적 수치의 배후에 숨은 문제의 구조나 메커니즘을 통찰하는 데는 정성 분석과의 보완이 불가결하다. 한편, 정성 분석만으로도 문제의 구조나 본질은 대강 파악할 수 있지만, 가령 정량 분석으로 얻을 수 있었던 특정한 지표가 평균적으로 보아 큰지 작은지, 또 시계열 데이터라면 전기와 비교하여 증가했는지 감소했는지와 같은 수치적 근거가 있다면 객관성이 더욱 배가된다.

　이러한 정량·정성 분석의 관계는 차 바퀴의 관계에 비유할 수 있다. 즉, 차는 바퀴가 갖추어져 있지 않으면 정상적으로 전진할 수 없고 바퀴의 균형이 맞지 않으면 엉뚱한 방향으로 나아가거나 한다. 바퀴의 균형, 바꿔 말하자면 정량 분석과 정성 분석의 균형이 맞을 때 비로소 적절하고 합리적인 문제 해결과 의사 결정에 이르게 된다.

　이러한 정량·정성 분석의 관계는 양쪽 눈의 관계에도 비유할 수 있다. 한쪽 눈만으로는 물체 전체는 보이더라도 평면적이고 사물의 원근과 같은 입체감이나 거리감을 알 수 없다. 좌우 양쪽 눈의 시력 등의 균형이 정상일 때 물체의 원근감, 거리감을 정확하게 파악할 수 있게 된다. 정량 분석과 정성 분석도 쌍방의 균형이 맞을 때 비로소 분석 대상의 배경에 있는 참된 실태를 입체적으로 파악할 수 있게 된다.

한 기업에 대하여 정량 분석과 정성 분석의 양쪽으로 분석하는 경우를 떠올려 보자. 이것은 기업 분석이나 경영 분석에 해당한다.

기업 분석에서 실시하는 정량 분석은 재무제표를 사용한 재무 분석이 주를 이룬다. 그러나 정량 정보만으로 기업 경영을 판단하는 것은 위험이 따른다. 예를 들면 재무제표의 일종인 손익계산서(P/L)에서 경상이익에 특별이익을 더하거나 특별손실을 차감하거나 하여 세전 당기순이익을 산출하는 것을 생각해 보자.

어떤 기업 A의 손익계산서 일부를 [도표 1-3]에 나타냈다. 아직 정량 분석을 접하지 않은 사람이라면 세전 당기순이익 2,400만 엔 흑자에서 이 기업 A의 경영은 건전하고 문제가 없다고 판단하게 될 수도 있다. 하지만 재무 분석과 같은 정량 분석에 대해 약간의 지식이 있는 사람이라면 경상이익이 5,000만 엔 손실(적자)이라는 사실에 주목하여 의문을 가질 것이다.

의문을 가진 사람은 특별이익이나 특별손실의 수치까지 확인할 것이다. 그리고 유형자산이나 유가증권을 매각하여 8,000만 엔의 특별이익을 계상했다는 사실을 발견한다. 그 결과, 이 기업 A는 '어쩌면 본 사업이 부진하여 자금 조달 등에 곤란함을 겪고 있는 것은 아닌가?'하고 추측할 수 있다.

단위: 만 엔

경상이익	▲5,000
특별이익	8,000
특별손실	600
세전 당기순이익	2,400

※▲=마이너스

[도표 1-3]

제1장

제2장

제3장

제4장

제5장

제6장

제7장

제8장

제9장

제10장

제11장

제12장

한편, 기업 A의 정성 분석으로 다음과 같은 정보를 얻었다고 하자.

> 급격한 엔고 현상과 경기 감속의 영향으로 본 사업인 디지털 가전이 주력제품인 ○△사는 해외 판매와 수출이 부진하여 경상 적자를 기록했지만, 특별이익을 계상하여 세전 당기순손실의 최종 흑자를 확보할 수 있었다.

그렇다면 이 분석에서 어떤 결론을 낼 것인가.

정량 분석으로 얻은 정보는 정성 분석에서도 어느 정도는 뒷받침된다. 반대로 정성 정보에서 기업 A의 본 사업과 주력 상품, 또 기업 A를 둘러싼 외부 환경과 이익 면의 현황을 대국적으로 파악할 수 있지만, 이 정성 분석으로 얻을 수 있는 정보도 손익계산서(P/L)를 이용한 정량 분석에서 뒷받침이 가능하다.

이렇듯 단순한 기업 분석을 예로 들었지만, 정량 분석과 정성 분석을 보완하여 실시하는 편이 각각 얻을 수 있는 정보를 상호보완적으로 이용할 수 있어서, 상호 뒷받침을 통해 더욱 정밀도가 높은 분석 결과를 얻을 수 있다는 점을 알 수 있다.

즉, 정량과 정성의 상호 분석을 상호보완적으로 실시함으로써 서로 근거와 검증을 얻을 수 있고, 단독으로 분석하는 것 이상으로 대상의 실체가 흔들림 없이 정밀하게 떠오른다. 최종적인 분석 결과를 보고할 때도 설득력은 한층 더 해진다고 기대할 수 있다.

| 정량 분석과 정성 분석을 나누어 사용하는 관점

지금까지 설명한 내용에서도 정량 분석과 정성 분석은 상호보완적으로 보완하여 활용하는 편이 단독으로 활용하는 것보다 정밀도가 높고, 합리적인 결과를 얻을 수 있다는 사실을 이해했으리라 생각한다.

이번에는 일부러 각각의 분석을 '나누어 사용하는' 상황이 있는지 생각하기 위하여 각 분석의 장점을 다시 생각해 보고자 한다.

| 01 | 정량 분석만 하는 상황

① 문제의 구조나 분석하고 싶은 내용을 이미 알고 있고, 일반적인 조사 결과로 수치 지표를 산출하고 싶다

전제로 정량 데이터·정보를 얻은 경우였지만, 뒤에서 소개할 경기동향지수 DI나 CI로 해도 경기감을 알기 위해서 산출하는 전형적인 지표다.

② 이미 정성 분석으로 얻은 정보를 정량 분석으로 검증하거나 객관화하고 싶다

여기서 주의해야 할 점은 지금까지 언급했듯이 정량 분석과 정성 분석 간에 분석 데이터·정보를 수집하는 시간 축이 어긋남으로 인해 분석의 판단 오류가

제1장

제2장

제3장

제4장

제5장

제6장

제7장

제8장

제9장

제10장

제11장

제12장

일어날 가능성이 있다는 점이다.

반복해서 말하지만, 정성 분석에서는 현재에서 미래에 걸친 정보도 포함하나 정량 분석에서는 기본적으로 과거의 실적 데이터를 기반으로 한다. 환경 변화가 그렇게 빠른 상황이 아니라면 각각의 분석 결과에 어긋남이 생기는 일은 적고, 서로 검증이나 뒷받침하는 관계에 있다. 그러나 오늘날과 같이 경영 환경이 변화하는 속도가 급격하고 불확실하며 불투명한 환경 아래에서는 정량 분석과 정성 분석의 각 분석 결과가 엇갈릴 가능성도 일어날 수 있다. 이를 회피하기 위해서라도 두 분석을 보완하여 활용해야 할 것이다.

이렇게 정량 분석과 정성 분석 각각의 장점을 살리면서 최종적으로 두 분석을 효과적으로 이용함으로써, 장래성 분석이라는 미래를 향한 시간 축으로 보는 시야를 얻을 수 있게 된다(→[도표 1-4]).

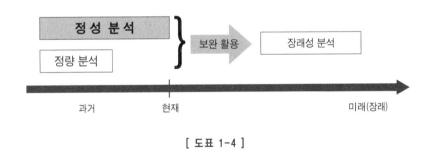

[도표 1-4]

| 02 | 정성 분석만 하는 상황

① 일단은 문제를 대국적, 다면적으로 파악하고 싶다

이것은 정성 분석의 큰 장점으로, 이를 위해서 우선 정성 분석을 실시하여 대국적인 특성을 파악하는 경우가 많다.

② 현재 상황을 대략적으로나마 파악하고 싶다

히어링이나 인터뷰, 앙케이트와 같은 정성 데이터·정보는 생생한 실제 데이터이므로 그야말로 현재 상황을 간편하게 알고 싶을 때 등에 이용하기 쉽다.

한편, 정량 데이터나 정보는 기본적으로는 수집 시의 과거 정보로 공표하는데 다소 시간을 요한다. 예를 들면 재무제표는 일본에서는 회계연도로 4월을 시작 월로 하여 반년 또는 1년을 회계연도로 하는 기업이 많으므로 재무제표 등의 재무 데이터는 공표 시가 되면 이미 과거의 것이 된다.

지금 호황인가 불황인가와 같은 경기감을 알고 싶은 경우에는 경기동향지수 인 DI(Diffusion Index)나 CI(Composite Index)가 있는데, 이 지표는 종합적으로 경기 국면을 판단하고 예측하기 위하여 복수 지표의 개선·변화 없음·악화를 조합하여 산출한다. 50% 이상이면 경기는 상승 국면이고, 50% 이하라면 하향 국면이라고 판단할 수 있다. DI는 잘 알려진 정량 분석 지표이지만, 분석해서 발표하는 데 시간이 걸린다.

DI의 대안으로 일부 상장 기업의 사장 100명에게 앙케이트 등을 해서 정성 분석하는 경우, 비교적 단시간에 결과를 얻어 공표할 수 있을 것이다. 만일 앙케이트 내용을 다섯 단계로 ①호황, ②다소 호황, ③보통, ④다소 경기 악화, ⑤경기 악화로 나눈 경우, 현황은 어디에 해당한다고 생각하는지 하나 고르게 한다. 간단한 계산 내지는 집계를 통해 ①호황에서 ⑤경기 악화까지 각각 몇 %인지 알 수 있다. 만일 ⑤의 경기 악화가 93%라면 '상장 기업 사장 100명에게 질문했다. 무려 93%(의 사람)는 경기는 악화라고 대답했다' 등으로 뉴스 성격을 띠며 발표될 것이다.

앙케이트 대상은 중소기업 사장이어도 상관없지만, 주부를 중심으로 한 소비자라면 조사의 관점이 바뀌므로 흥미로워진다. 어느 쪽이든 앙케이트는 거의 실시간으로 현재의 데이터·정보를 얻을 수 있다. 이 결과에 인터뷰를 통한 대상자의 생생한 목소리를 포함하면 더욱 현실감과 설득력이 더해질 것이다. 이것이 바로 정성 분석의 묘미이다.

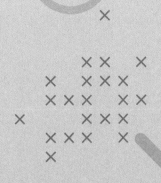

정량×정성 분석
바이블

제2장
———
정량 분석과
정성 분석을
조합한 사례들

개별 직종을 정량 분석과 정성 분석으로 분석해 보자

기업의 개별 직종에서 정량 분석과 정성 분석을 조합한 관점을 통해 직종 기능의 분석 사례를 대략적으로 살펴보자.

여기서 소개하는 직종은 판매와 생산이다.

1 판매

마케팅에서 말하는 4P 분석(→303쪽)이란 제품(Product), 가격(Price), 유통(Place), 판매 촉진(Promotion)의 네 단어의 영문 첫 글자를 딴 것이다. 제품과 서비스를 고객에게 제공할 때 중요한 네 가지 요소다. 이 중에서 가격 설정은 제품 시장이나 기업의 매출·이익에도 직결되는 중요한 요소로, 정량 분석과 정성 분석의 양쪽 관점에서 들여다보자.

| 01 | 정량 분석

고객 조사를 바탕으로 제품 가격을 설정하는 방식으로 '가격감도분석'(PSM: Price Sensitivity Measurement)에 대하여 설명한다.

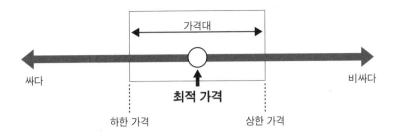

[도표 2-1]

설정하는 가격에는 [도표 2-1]과 같이 폭이 있는데, '가격대'나 '가격 존'이라고
불린다.

예를 들어 고객 100명에게 어느 신제품의 가격에 관해 다음의 네 가지 질문
을 했다고 하자.

① 비싸다는 생각이 들기 시작한 가격 | ② 싸다는 생각이 들기 시작한 가격
③ 너무 비싸서 사지 않을 가격 | ④ 너무 싸서 사지 않을 가격

그 결과, 아래와 같이 집계되었다고 하자. 숫자는 집계 인원 수를 가리킨다.
예를 들어 비싸다는 생각이 들기 시작한 가격으로 1,000엔에서 2,000엔까지는
0명, 2,500엔에서 7명, 3,000엔에서는 25명으로 늘고, 4,500엔에서는 모두 100
명이 된다.

사람＼엔	1000	1500	2000	2500	3000	3500	4000	4500	5000
비싸다는 생각이 들기 시작한 가격	0	0	0	7	25	39	79	100	100
싸다는 생각이 들기 시작한 가격	100	100	95	55	30	5	0	0	0
너무 비싸서 사지 않을 가격	0	0	0	0	5	20	69	100	100
너무 싸서 사지 않을 가격	100	55	10	2	0	0	0	0	0

[도표 2-2]

제1장
제2장
제3장
제4장
제5장
제6장
제7장
제8장
제9장
제10장
제11장
제12장

[도표 2-2]를 스프레드시트 소프트웨어인 엑셀(Excel)에서 표시한 결과를 [도표 2-3]으로 나타냈다.

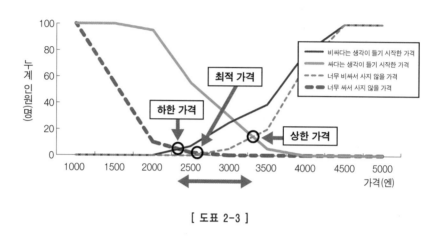

[도표 2-3]

하한 가격은 '비싸다는 생각이 들기 시작한 가격'과 '너무 싸서 사지 않을 가격'이 교차하는 점으로, 이보다 아래로 가격을 설정하면 더 이상 사지 않으리라고 생각하는 가격이다. [도표 2-3]에서는 원으로 표시한 2,300엔 정도다.

한편, 상한 가격은 '싸다는 생각이 들기 시작한 가격'과 '너무 비싸서 사지 않을 가격'이 교차하는 점으로 이보다 높게 설정하면 사지 않으리라고 생각하는 가격이다. [도표 2-3]에서는 마찬가지로 원으로 표시한 3,300엔 정도다.

또 최적 가격은 '너무 싸서 사지 않을 가격'과 '너무 비싸서 사지 않을 가격'과의 교점으로 이 예에서는 2,800엔 정도다.

가격감도분석(PSM: Price Sensitivity Measurement) 결과, 이 신상품의 가격대는 2,300엔에서 3,300엔 정도로, 최적 가격은 2,800엔 전후임을 알 수 있다. 실제 가격 설정은 이 가격대 중에서 생각하여 이익을 중시한다면 3,300엔에 가까운 가격으로, 또 시장점유율을 노린다면 싼 가격 설정인 2,300엔 정도로 낮추는 것이 적당하리라 생각한다.

| 02 | 정성 분석

가격을 설정하는 방식은 다음의 세 가지가 있다.

① 비용에 일정한 이익을 더해 가격을 설정하는 '비용 더하기' 방식

이것은 기업 측의 일방적인 가격 설정 방식이다. 비용이 들면 당연히 제품 가격도 높아진다는 이른바 원가 지향적인 설정 방식이다. 기업이 한 제품을 독점·과점으로 판매하는 경우나 기업이 우위에 있던 시절의 설정 방식이다. 이러한 방식이라도 과거에는 제품은 팔렸지만, 지금은 생각할 수 없다.

② 시장(마켓)을 의식하여 가격을 설정하는 '시장 가격' 방식

오늘날 널리 사용되는 방식으로 경쟁이나 고객, 다시 말해 시장(마켓)에서의 경쟁 제품의 가격을 기준으로 하여 정하는 경쟁 지향적인 설정 방식이다. 이 방식은 안이하고 다른 요소의 힘을 빌려서 목표를 달성한다는 성질이 있지만, 실패는 적다고 말할 수 있다.

③ 고객 조사를 바탕으로 가격을 설정하는 '가격감도분석' 방식

고객 지향이나 수요 지향이라고도 불리는 가격 설정이다. 달리 유사품이 적은 신제품의 경우에는 사전에 조사를 실시하여 어느 정도의 가격 정도라면 수요가 있을지 살핀다.

이 방식은 '가격감도분석'이라고 불리는 분석으로 이루어지며, 필요한 조사는 비교적 용이하고 분석도 엑셀로 간단하게 할 수 있다. 가격감도분석은 정량 분석이다. 앞서 30쪽에서 이미 설명했다.

그렇다면 가격을 설정한 제품은 시장에 투입되어 고객의 반응을 기다리게 되는데, 이 고객층 분석으로 흥미로운 이론인 '이노베이터 이론'이 있다.

미국 스탠포드대학의 로저스 교수가 주장한 이론으로 소비자의 제품 구입에 대한 태도를 다섯 개의 유형으로 분류한다. 신제품 구입이 빠른 순서부터 다음과 같다.

A. 혁신가(Innovator), B. 초기 수용자(Early Adopter)

C. 초기 대다수(Early Majority), D. 후기 대다수(Late Majority),

E. 느린 수용자(Laggard)

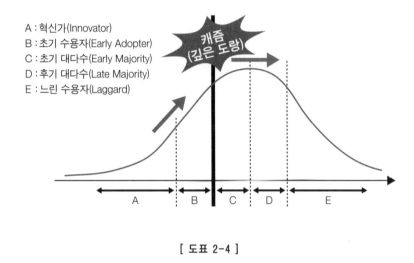

[도표 2-4]

신제품이 투입되면 이른바 호기심이 강한 A부터 구입하기 시작하여 B, C 순서대로 서서히 구입에 신중해지는 양상을 보인다.

미국의 컨설턴트 제프리 무어는 B와 C의 사이, 즉 초기 수용자와 초기 대다수 사이에는 깊은 도랑(캐즘, chasm)이 있는데, 이 캐즘을 넘어서지 못하면 시장에서 큰 수익은 기대할 수 없다고 주장했다(→[도표 2-4]).

이러한 주장을 바탕으로 신제품 시장 투입은 두 가지 전략을 고려할 수 있다.

《 1. 스키밍 전략 》

[도표 2-4]에서 신제품에 호기심이 강한 고객층(A+B)을 노리고 가격을 높게

제 1 장

제 2 장

제 3 장

제 4 장

제 5 장

제 6 장

제 7 장

제 8 장

제 9 장

제 10 장

제 11 장

제 12 장

설정하여 단기적으로 이익을 노리는 전략이다.

그러나 혁신가와 초기 수용자라고 해서 모든 신제품을 다 구입해 주지는 않는다. 다소 마니아스러운 이 고객층은 눈이 높은 만큼, 기술적으로 뛰어난 제품이 아니면 구입하지 않는다. '스키밍 전략'은 기술적으로 뛰어난 회사가 단기간에 취하는 전략으로 볼 수 있다.

《 2. 페네트레이션 전략 》

캐즘을 넘은 고객층(C+D)까지 포함하는 전략으로 가격을 낮게 설정하여 큰 시장을 노리는 전략이다. 그러나 아무리 가격을 낮게 설정한다고 해도 반드시 캐즘을 넘을 수 있다는 보장은 없다. 이익이 날 때까지 지구전이 될 수도 있다. 그야말로 대규모 투자 부담을 짊어질 수 있을 정도의 체력이 있는 대기업이 아니면 실현할 수 없는 전략이라고도 말할 수 있다.

2 생산

생산이란 원재료 등 생산 요소를 노동력이나 기계를 사용하여 제품이나 서비스로 변환하는 프로세스다. 생산은 이른바 '물건 만들기'이며, 생산에는 '예측 생산'과 '수주 생산'의 두 종류가 있다. 이 두 가지 생산 방식을 정량 분석과 정성 분석이라는 두 관점에서 살펴보자.

| 01 | 정량 분석

재료나 부품의 재고처럼 입고와 출고를 통해 재고량이 변화하는 대상을 재고량과 같은 누적량에 대해 시계열 변화를 분명히 하는 분석 기법이 '유동 수 분석'이다.

유동 수 분석은 [도표 2-5]와 같이 가로축에 시간 경과를 나타내고 세로축에 제품의 누적량을 나타낸다. 같은 그래프 상에 입고량의 누적선을 입고선으로 하고, 또 출고량의 누적선을 출고선으로 해서 그리면 특정 시점의 입고선과 출고선의 차이(수직선의 길이)가 그 시점의 재고량을 나태낸다.

또 특정 시점의 입고선의 점에서 수평선을 그어서 출고선과 교차하는 지점까지의 길이가 그 재고의 체류 시간이 된다.

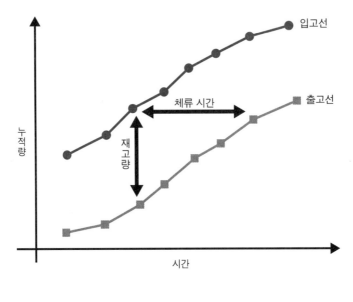

[도표 2-5]

'예측 생산'과 '수주 생산' 각각의 유동 수 분석 상황을 [도표 2-6]과 [도표 2-7]로 나타냈다.

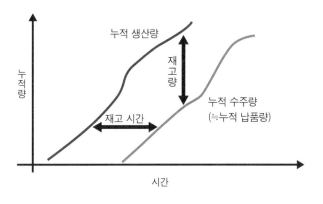

예측 생산

[도표 2-6]

[도표 2-6]의 예측 생산에서는 누적 생산량의 곡선이 먼저 오고, 누적 수주량 (≒누적 납품량)의 곡선이 시간적으로 뒤에 이어진다. 이 시간적 차이가 '재고 시간'이 된다. 또 누적 생산량과 누적 납품량의 차이가 제품의 '재고량'이 된다.

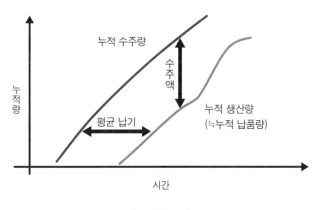

수주 생산

[도표 2-7]

[도표 2-7]의 수주 생산에서는 누적 수주량이 누적 생산량(≒누적 납품량)보다 시간적으로 앞선다. 이 시간적 차이가 '평균 납기'인 셈이다. 누적 수주량과 누

제1장
제2장
제3장
제4장
제5장
제6장
제7장
제8장
제9장
제10장
제11장
제12장

적 생산량과의 수직 차이가 '수주액'이다.

이 유동선 분석을 통해 수주 타이밍을 바탕으로 납품 일정과 생산 일정을 정량적으로 결정할 수 있다.

| 02 | 정성 분석

고객이 매장에서 곧바로 사고 싶은 제품은 '예측 생산'된다. 주문보다 앞서 생산이 이루어지고 제품으로 이미 완성되어 있어서 매장에서는 고객의 주문을 기다리기만 하면 되는 상태다. 매장 측에서 보면 매장 재고를 떠안게 된다. '예측 생산'되는 제품은 고객이 범용으로 사용하는 제품으로, 제조원가도 비교적 싸고 대량생산하는 것이 특징이다.

한편 '수주 생산'의 경우에는 고객으로부터 주문이 들어온 후에 생산을 시작하여 지정된 기일까지 납품하는 생산 방식이다. '수주 생산'되는 제품은 고객 사양의 개별 제품이 많다. 이른바 커스텀 제품이므로 생산에 시간과 수고가 들어서 제조원가도 높아진다.

이러한 생산 과정을 한눈에 볼 수 있게 나타냈다. [도표 2-8a]는 '예측 생산', [도표 2-8b]는 '수주 생산'으로, 두 생산 방식의 차이를 분명하게 알 수 있다.

예측 생산

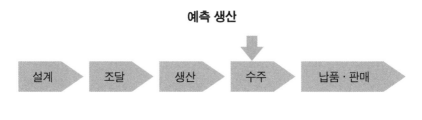

[도표 2-8a]

제1장
제2장
제3장
제4장
제5장
제6장
제7장
제8장
제9장
제10장
제11장
제12장

수주 생산 (특별 주문품)

[도표 2-8b]

[도표 2-8b]는 수주 생산 중에서도 수주 후에 설계부터 시작되는 특별 주문품의 경우다.

수주 생산에서도 설계까지는 먼저 진행해 두고, 수주가 온 시점에서 생산하기 시작하는 규격품(→[도표 2-8c])도 생각할 수 있다.

수주 생산 (규격품)

[도표 2-8c]

[도표 2-8a]부터 [도표 2-8c]까지는 '설계→조달→생산→납품·판매'라는 과정의 흐름에서 '수주'의 타이밍이 어디에 들어가는지에 따라 생산 패턴이 달라진다는 사실을 알 수 있다.

| 기업 분석에서의
정량 분석과 정성 분석

정량 분석과 정성 분석을 조합한 사례 중, 다음으로 기업 분석을 생각해 보자.

기업 분석은 정량 분석과 정성 분석으로 분류할 경우, 정량 분석은 재무제표를 사용한 재무 분석이 중심이지만, 정성 분석은 기업의 내부 환경과 외부 환경의 분석으로 이분할 수 있다(→[도표 2-9]).

기업의 내부 환경은 경영 전략이나 경영 자원의 관점에 따라서 더 자세히 분류할 수 있다. 경영 전략이라면 ①과 같이 전사 분석, 사업 구조 분석, 기능별 분석으로 나눌 수 있고, 경영 자원이라면 ②사람, 물건, 정보·노하우와 같은 요소로 분류할 수 있다. 자금 부분은 당연히 정량 분석인 재무 분석으로 분석하게 된다.

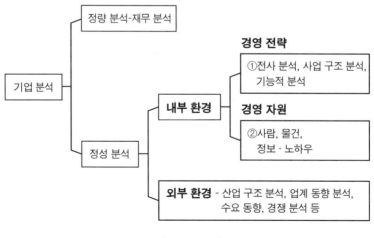

[도표 2-9]

정량 분석에서 실시하는 재무 분석에서는 재무제표를 주된 데이터·정보로 사용하는데, 그렇다면 정성 분석에서는 어떠한 정보·데이터를 활용할 수 있을 까? 이어서 설명하기로 한다.

1 유가증권 보고서에서 정량 정보·정성 정보를 얻는다

회사의 경영 상황(정량 정보·정성 정보)을 얻기 위해서는 몇 가지 정보원이 필 요한데, 유가증권 보고서가 적당하다. 2004년에 발각된 일본의 철도회사 세이 부철도의 유가증권 보고서 허위 기재 사건을 계기로 일반인들에게도 유가증권 보고서가 알려지게 되었다.

유가증권 보고서는 금융상품거래법에서 규정되고 있는 사업연도마다 작성 하는 기업 내용의 외부 공시 자료다. 줄여서 '유보'라고 불리기도 한다(이하 '유 보'). 한편, 특히 속보성을 중시한다면 결산 단신을 권한다.

그밖에 회사 안내, 회사 홈페이지, 일본경제신문 등의 신문·경제지, 나아가 '회사 사계보' 등도 유용하다. 목적에 따라 나누어 사용하기 바란다.

이러한 기업 정보 도구의 비교를 [도표 2-10]에 나타냈다. 도표에서 보아도 유가증권 보고서는 다른 도구보다 특히 정보량과 신뢰도 면에서는 타의 추종 을 불허할 정도로 뛰어나다는 점을 알 수 있다.

여기서 유보의 기재 내용에 대해서 조금 더 상세하게 들여다보자. 유보의 기 재 내용은 재무제표 등 과거의 실적 정보가 중심이나, 현재와 미래에 걸친 정 보도 포함되어 있다. 이는 애널리스트나 투자가가 알고 싶어 하는 내용이다.

제1장
제2장
제3장
제4장
제5장
제6장
제7장
제8장
제9장
제10장
제11장
제12장

	정보량	신뢰도	공시 속도	입수 난이도
유가증권 보고서	◎	◎	△	○ (※EDINET의 경우)
결산 단신	○	○	◎	○
신문·경제지			○	◎
기업 홈페이지	△		◎	○
『회사 사계보』 등	△		○	○

※ EDINET(에디넷, Electronic Disclosure for Investor's NETwork)이란, 금융상품거래법에 따른 유가증권 보고서 등의 공시 서류에 관한 전자공시 시스템의 약칭으로 이 시스템을 통해 컴퓨터로 손쉽게 열람하고 입수할 수 있게 되었다(에디넷과 유사한 시스템으로 한국에는 DART(다트, 전자공시 시스템)가 있다. http://dart.fss.or.kr – 옮긴이)

[도표 2-10]

유보의 주된 기재 항목은 크게 '제1부 기업 정보'와 '제2부 제출 회사의 보험회사 등의 정보'로 구성된다.

'제1부 기업 정보'부터 자세히 살펴보자. 읽기에 앞서 구체적인 기업의 유보를 컴퓨터로 열람하여 그것을 보면서 이 장을 읽기를 권한다. 이를 통해 유보의 이해가 한층 더 깊어질 것이다.

> **제1 기업의 개황**
> 1. 주요 경영지표 등의 추이 ⇐ **정량 분석의 정보원**
> 2. 연혁
> 3. 사업의 내용
> 4. 관계 회사의 상황
> 5. 종업원의 상황

'제1 기업의 개황'에서는 기업의 대략적인 정보를 얻을 수 있다. 시간이 없을 때 등, 여기를 읽기만 해도 기업의 개략적인 부분을 파악할 수 있다.

개별 항목을 살펴보면 '1. 주요 경영지표 등의 추이'는 최근 5개년도의 주요 경영지표가 기재되어 있어서 최근의 실적을 한눈에 파악할 수 있다. 재무제표

제1장

제2장

제3장

제4장

제5장

제6장

제7장

제8장

제9장

제10장

제11장

제12장

의 개괄적인 내용이므로 여기에서도 간단한 정량 분석이 가능하다. 다만 상세한 재무 분석은 '제5 경리의 상황'(→44쪽)에 상세하게 기재되어 있다.

또 '3. 사업의 내용'에서는 어떠한 기업 그룹을 구성하여 어떠한 사업을 영위하고 있는지가 기재되어 있고, '4. 관계 회사의 상황'에서는 관계 회사의 구체적인 사업 내용이 나타나 있다.

제2 사업의 상황

1. 실적 등의 개요 ⇐ **정성 분석의 정보원**
2. 생산, 수주 및 판매의 상황 ⇐ **정성 분석의 정보원**
3. 대처해야 할 과제 ⇐ **정성 분석의 정보원**
4. 사업 등의 리스크 ⇐ **정성 분석의 정보원**
5. 경영상 중요한 계약 등
6. 연구 개발 활동
7. 재무상태 및 경영 실적의 분석

'제2 사업의 상황'에서는 현재 및 앞으로의 기업 그룹의 전체 동향을 보는 데 중요한 정보원이 된다.

개별적으로 살펴보면 '1. 실적 등의 개요'에서는 기업을 둘러싼 환경은 어떠한지, 그러한 상황 속에서 기업은 어떠한 움직임을 취하고 있는지 알 수 있다. '2. 생산, 수주 및 판매의 상황'에서는 당기의 생산 활동이나 판매 활동의 실적을 알 수 있다. '3. 대처해야 할 과제'에서는 회사가 직면한 과제, 대처해 나갈 방침이나 목표가 기재되어 있다. '4.사업 등의 리스크'에서는 회사를 둘러싼 외부 리스크 등이 기재되어 있다.

이렇듯 '1. 실적 등의 개요'에서 '4. 기업 등의 리스크'까지는 기업을 둘러싸고 있는 외부 환경이나 리스크, 나아가 기업 내부의 실적까지 기재되어 있는데, 이 부분은 정성 분석의 정보원으로 중요한 곳이라 말할 수 있다.

> **제3 설비의 상황**
>
>   1. 설비 투자 등의 개요
>   2. 주요한 설비의 상황
>   3. 설비의 신설, 제거 등의 계획

'제3 설비의 상황'에서는 기업이 보유하고 있는 설비, 앞으로의 설비 투자에 관한 정보가 기재되어 있다.

> **제4 제출 회사의 상황**
>
>   1. 주식 등의 상황
>   2. 자기 주식의 취득 등의 상황
>   3. 취득 주식의 취득 등의 상황
>   4. 배당 정책
>   5. 주가의 추이
>   6. 임원의 상황
>   7. 기업 구조의 상황

'제1 기업의 개황'에서 '제3 설비의 상황'까지는 연결 기준의 정보가 기재되어 있으나, 이 '제4 제출 회사의 상황'에서는 제출 회사(이른바 모회사)의 단독 정보가 기재되어 있다.

세부 내용을 보면 '1. 주식 등의 상황'에서는 주식의 종류, 발행할 주식의 총수, 현재까지 발행한 주식의 총수가, '5. 주가의 추이'에서는 최근 5년간의 최고·최저 주가가 기재되어 있다.

'제3 설비의 상황'과 '제4 제출 회사의 상황'은 상황에 따라서 분석에 필요한 정보가 포함될 수도 있으나, 기본적으로 그렇게 중요한 기재 내용은 많지 않다.

> **제5 경리의 상황**
>
>   1. 연결재무제표 등 ⇦ **정량 분석의 정보원**
>   2. 재무제표 등 ⇦ **정량 분석의 정보원**

제1장

제2장

제3장

제4장

제5장

제6장

제7장

제8장

제9장

제10장

제11장

제12장

'제5 경리의 상황'에서는 연결 기준과 개별 재무제표가 기재되어 있다. 여기는 정량 분석을 실시할 때 대단히 중요한 곳이다.

자, 지금까지 유보의 기재 항목을 대략 살펴보았는데, 구체적인 기업의 실제 유보를 보며 기업 분석을 간단하게나마 해보자.

2 〈사례〉 파나소닉의 정량 분석·정성 분석

그렇다면 유보를 사용해서 전자기기 제조업의 대기업인 파나소닉주식회사(이하, P 사라고 칭함)의 기업 분석(정량 분석·정성 분석)을 해보자. 어떠한 느낌인지 간단한 분석이지만 감을 잡는 데 도움이 되기를 바란다.

여기서는 정량 분석과 정성 분석의 차이를 설명하는 것이 목적이므로, 기업 분석을 목적으로 한 정성 분석이나 정량 분석으로서 엄밀함이 떨어질 가능성이 있다는 점은 미리 알아두기 바란다.

또, 이 유보는 2008년 6월 27일에 일본 간토재무국에 제출된 것으로 독자 여러분이 현시점에서 바라보는 상황과 다를 가능성이 있다는 점도 주의하기 바란다.

| 01 | 정량 분석

우선은 유보의 '제1 기업의 개황'의 '1. 주요 경영지표 등의 추이'에서 정량 분석을 해보자. 과거 5개년도 연결 기준의 주요 경영지표에서 일부 발췌한 내용을 기재하면 [도표 2-11]과 같다.

결산연도	2003년도	2004년도	2005년도	2006년도	2007년도
결산 연월	2004년 3월	2005년 3월	2006년 3월	2007년 3월	2008년 3월
매출액(100만 엔)	7,479,744	8,713,636	8,894,329	9,108,170	9,068,928
당기순이익(100만 엔)	42,145	58,481	154,410	217,185	281,877
주주 자본(100만 엔)	3,451,576	3,544,252	3,787,621	3,916,741	3,742,329
총자산액(100만 엔)	7,438,012	8,056,881	7,964,640	7,896,958	7,443,614
주주 자본비율(%)	46.4	44.0	47.6	49.6	50.3
주주 자본이익률(%)	1.3	1.7	4.2	5.6	7.4
주가수익률(%)	88.59	61.99	37.64	23.87	16.25

[도표 2-11]

　[도표 2-11]에서 P 사의 매출액은 2007년도에 내림세로 돌아섰으나 과거 5년간은 성장 기조로 특히 당기순이익의 증가를 보면 순조로운 성장세를 보이며 2007년도에는 전년도 대비 30% 증가한 2,818억 엔으로 사상 최고액을 경신했다고 유보에 기재되어 있다.

　재무의 안전성 지표인 주주 자본비율(%)은 과거 5년간에서도 증가 기조로 30% 이상이 안전성의 기준으로 여겨지는 주주 자본비율(%)도 2007년도에 50%를 넘어서며 나무랄 데 없는 모습을 보인다.

　다음으로 수익성을 보는 지표인 주주 자본이익률은 ROE(Return On Equity)라고도 불리는데, 다음과 같이 산출된다.

주주 자본이익률(%)=당기순이익÷주주 자본×100

　분모에 있는 주주 자본은 과거 5년간 중에서는 증가 기조이지만, 분자인 당기순이익이 분모인 주주 자본을 웃돌며 증가하고 있으므로 ROE도 증가 기조다. 이러한 수익성의 관점에서 보아도 P 사는 대단히 우량 기업이라고 말할 수 있다.

나아가 주가가 비교적 싼지 비싼지를 나타내는 유명한 지표인 주가수익률(PER:Price Earning Ratio)은 다음과 같이 산출된다.

주가수익률(배)=주가÷1주당 당기순이익

주가수익률은 과거 5년 사이에서는 하강 기조로, 주가는 비교적 저렴한 경향에 있다. 이것도 분자에 있는 주가 이상으로 증가 경향이 강한 당기순이익이 분모에 있으므로 결과적으로 주가수익률이 하강한 것으로 보인다.

이렇듯 간단한 정량 분석의 결과만으로는 과거 5년간은 당기순이익의 증가 기조가 현저하여 경영상은 순조로운 듯 보인다. 정량 분석의 결과에서 군이 불안 요소를 찾아내자면 다음의 두 가지를 꼽을 수 있다.

① 2007년이 되어 매출액이 감소세로 돌아섰다
② 주가수익률(PER)은 최근 5년간 하강 경향에 있다

①에서는 2003년도부터 2006년도까지 매출액은 증가 경향에 있었지만, 2007년도에 감소로 돌아섰다. 이것은 지나가는 일회성인지, 아니면 대폭적인 하락의 전조인지는 예측할 수 없다.

②의 주가 자체의 실제 움직임은 어떠할까. 이 P 사의 사례에서는 제출 회사(모회사) 주가수익률(PER)을 분석해 보면 2007년도는 45.68로 높게 형성되어 있으며, 도쿄증권거래소 1부 업종별에서 전기기기 제조업체의 평균 PER이 17~18인 사실을 고려하면 특별히 낮지도 않다. 또, '제4 제출 회사의 상황' 중

'4. 주가의 추이'에서 최근 5년간의 최고·최저 주가를 보더라도 특히 주가가 낮아졌다고 보기는 어렵다. 이 점에서 보아도 P 사 단독으로는 ②에 관한 점은 특별히 문제가 없다고 여겨진다.

| 02 | 정성 분석

다음으로 정성 분석을 해 보자. 정성 분석에는 프레임 워크라는 방법이 있어서 제8장에서 자세하게 설명하겠지만, 여기서는 PEST(페스트) 분석으로 정성 분석을 해보기로 한다.

PEST 분석이란 시장에 영향을 미치는 거시적인 외부 환경을 아래의 네 가지 관점에서 분석하는 프레임 워크다.

① 정치적 요인(Political)

② 경제적 요인(Economic)

③ 사회적 요인(Social)

④ 기술적 요인(Technological)

PEST 분석은 분석한 외부 환경에서 기업에 어떠한 기회(chance)와 위험이 일어날 수 있는지, 또 그에 대한 대책과 전략을 어떻게 마련해야 할지와 같은 분석 도구다.

앞에서 설명했듯이 유보의 '제2 사업의 상황' 중 '1. 실적 등의 개요'에서 '4. 사업 등의 리스크'까지는 이 외부 환경에 관한 정보로 가득한데, 여기서는 PEST 분석의 결과와 대책, 전략을 [도표 2-12]에 나타냈다.

그리고 [도표 2-12]의 분석 결과에서 외부 환경의 불투명성, 서브프라임론 문제가 발단이 된 금융위기가 대국적으로 적혀있다. 동시에 P 사는 이러한 세계 경제의 심각성을 진지하게 받아들이고 상당한 위험이 될 것이라는 위기감을 가지고 대책과 전략을 마련하고 있다.

4요소	분석 내용
정치적 요인 (Political)	■ 해외 정세 불안 ■ 수출입 규제와 외환 규제의 변경 ■ 세제·세율의 변경
경제적 요인 (Economic)	■ 서브프라임론 문제의 파급 ■ 원유 등의 자원·에너지 가격의 급등 ■ 환율 변동 리스크 ■ 주가의 급격한 하락
사회적 요인 (Social)	■ 유능한 인재 확보를 위한 경쟁 격화 ■ 고용 잉여에 따른 고용 조정
기술적 요인 (Technological)	■ 기술 혁신상의 경쟁 심화 ■ 규격·표준화 경쟁 심화

[총평] 향후 세계 경제의 불투명성, 예상 이상의 주가 저하, 미국과 일본의 주택시장 불황이 장기화하는 리스크로 인해 예측하기 어려운 상황이다.

대책·전략

◎ 성장을 궤도에 올리고 수익 체질을 강화한다.
◎ 각 사업의 상품 경쟁력 강화와 함께 상호 연계함으로써 상승효과를 확대한다.
◎ 5년 후, 10년 후를 내다보고 차세대 성장을 위한 전략을 마련한다. 기존 상품, 기존 사업의 강화와 함께 새로운 사업 육성과 창출에 힘쓴다.

[도표 2-12]

한편, 앞서 살펴본 정량 분석에서는 경영상 특별히 문제는 보이지 않았고 2007년도에 매출액이 감소로 돌아섰으나 순이익을 보면 과거 5년간은 성장 기조로 추이하고 있어 순풍에 돛을 단 모습이다.

기업 분석의 정량 분석에서 사용하는 재무 데이터는 과거의 실적 데이터를 바탕으로 한다는 사실을 떠올려보자. 이것은 정량 분석의 결점이라고도 지적받는다. 정량 분석만으로는 과거의 실적 데이터로 인해 시간 지체가 일어날 가능성이 있으므로 시간적으로 어긋난 분석 판단을 내릴 위험성이 있다.

P 사의 기업 분석 사례에서 다시금 정량 분석과 정성 분석을 보완적으로 사용할 중요성을 재확인했으리라 생각한다. 정량 분석만으로는 특히 문제가 없는 듯이 보이는 기업 경영이지만 정성 분석에서는 급변하여 외부 환경의 위협이라는 경종을 울리고, 이에 따른 경영의 적절한 방향 전환을 해야 하는 상황에 닥쳤음을 시사한다.

정량 분석은 과거의 실적 데이터를 바탕으로 하므로 외부 환경의 변화가 그렇게 급격하지 않다면 문제가 되지 않지만, 오늘날과 같이 비즈니스 환경 변화가 불투명하고 급격한 변화를 동반한다면 정량 분석만으로는 과거의 유물이 되고 만다. 따라서 현재에서 미래를 향한 정보도 포함하는 정성 분석이 중요해진다. 정성 분석을 병행함으로써 정량 분석만으로는 실태의 배후에 숨어 간파하지 못한 리스크가 수면 위로 떠 오르게 된다.

물론 반대로 정성 분석만으로 모든 문제나 구조가 분석·해명할 수 있는 것은 아니다. 정량 분석을 통한 오류 없는 객관적 지표에 의한 분석, 이를 통한 뒷받침이나 검증도 대단히 중요하다. 정량 분석의 결과가 문제 해결이나 의사 결정에 중요한 판단 지표가 된다는 사실은 말할 나위 없다.

이번 절에서는 기업 분석을 예로 해서 설명했는데, 여기서도 정량 분석과 정성 분석은 단독이 아니라 쌍방 보완하며 병행해야 함을 다시금 강조한다.

정량×정성 분석
바이블

제3장
———
정량 분석을
활용한
의사결정은
이렇게 한다

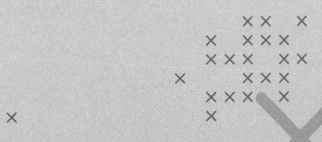

| 정량분석에 도움이 되는 비즈니스 직종별 지표

이 장에서는 기업 내 각 부서나 직종에서 사용되고, 또 세계 경제에서 유용하다고 여겨지는 정량 분석에 도움이 되는 각종 비즈니스 지표를 소개한다. [도표 3-1]이 가리키듯이 이렇게 수치화된 지표에 여러 가지 의사 결정의 기본 노하우(제4장 이후에서 설명)가 적용되어 최종적인 의사 결정을 내리는 유력한 과정이 형성된다.

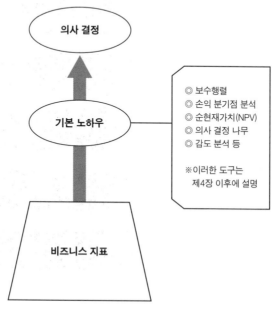

◎ 보수행렬
◎ 손익 분기점 분석
◎ 순현재가치(NPV)
◎ 의사 결정 나무
◎ 감도 분석 등

※이러한 도구는
제4장 이후에 설명

의사 결정

기본 노하우

비즈니스 지표

[도표 3-1]

정량 분석을 할 때, 비즈니스 지표는 도움이 된다. 실제 의사 결정(정량 분석)에서는 일부 비즈니스 지표만으로도 충분할 때가 많다. 그러나 다양한 비즈니스 지표를 파악해 둠으로써 의사 결정을 내리기 어려운 일을 마주하더라도 배운 지표 중에서 정량적인 분석이나 시뮬레이션을 실시하여 그 결과를 바탕으로 앞으로 나아갈 방향성과 선택지를 끌어낼 수 있게 된다.

비즈니스 지표는 비즈니스 수학이라고도 바꿔 말할 수 있다. 캐논의 회장이자 전 일본경단련의 회장을 역임한 미타라이 후지오는, 수학은 회사원에게 최고의 언어라고 말했다.

"수학 능력은 회사원에게 필수 과목입니다. 회사의 경영은 모두 결국 수학으로 집약되므로 수학은 경영 행동의 모든 것을 웅변하는 '언어'라고 말할 수 있습니다."

예를 들어 부하로부터 영업 이익은 지난 달에 비해서 다소 향상되었다, 또는 상당히 향상되었다는 보고를 받았다고 하자. 안타깝게도 이야기는 더 진전되지 않는다. 당신은 무심코 부하의 얼굴을 빤히 쳐다보게 될 것이다. 하지만 만일 구체적인 숫자를 들며 이익 신장률이 10% 향상되었다고 보고를 받는다면 설득력은 상당히 달라진다.

이렇게 수학을 활용함으로써 의사 결정을 내릴 때, 행동을 선택하는 정밀도가 높아져 결과적으로 성공할 확률이 한 단계 높아지게 될 것이다.

그렇다면 다음 쪽부터는 '이것만큼은 알아두어야 할' 비즈니스 지표를 소개하도록 한다.

제1장
제2장
제3장
제4장
제5장
제6장
제7장
제8장
제9장
제10장
제11장
제12장

◎ 마케팅에 관한 지표

① 시장점유율	
지표의 공식과 정의	시장점유율(%) = $\dfrac{\text{자사의 판매 금액(수량)}}{\text{시장 전체의 판매 금액(수량)}} \times 100$
지표로부터 알 수 있는 내용	· 표적 시장에서 자사 상품이 점하는 상대적인 위치

해설 | 미래의 사업 계획(매출 예측)을 세울 때 성과의 지표로 사용된다.
시장점유율이 높을수록 경쟁 시장에서의 자사 또는 자사 브랜드의 지위가 상대적으로 높다는 사실을 나타낸다. 그 결과, 업계에서 신뢰도를 구축하고 신규 거래처와 계약을 쉽게 맺는 등 시장에서 리더의 존재가 된다.

② 고객 단가	
지표의 공식과 정의	고객 단가 = $\dfrac{\text{매출액}}{\text{고객 수}}$
지표로부터 알 수 있는 내용	· 고객이 1회 구매에서 쓰는 평균 금액

해설 | 매출액 증대를 검토할 때 중요한 지표다.
고객 단가를 높이려면 분자인 매출액을 크게 하면 된다. 그러기 위해서는 매출액=상품 단가×상품 구입 수라는 점에서 생각하면 상품 단가를 높이거나 상품 구입 수를 늘리면 된다.
그리고 매출액=고객 단가×고객 수이므로 매출액을 늘리려면 고객 단가를 높이거나 고객 수를 늘리면 된다.
또 이익=(고객 단가-고객당 비용)×고객 수에 대해서도 생각해 보자.
여기서 고객당 비용이란 ① 고객을 얻는 데 드는 광고 등의 비용, ② 고객에게 서비스를 제공할 때 발생하는 비용(재료비 등의 변동비, 노무비 등의 고정비)으로 이루어진다.
고객 단가와 비슷한 지표로 PI값(Purchase Index)이 있다. PI값=구입 횟수÷고객 수×100으로 구할 수 있다. 고객 100명당 구입 점수를 나타낸다.

③ 고객만족도(CS)

지표의 공식과 정의	기업이 제공한 상품을 구입한 고객이 느끼는 만족의 정도
지표로부터 알 수 있는 내용	· 얼마나 기업이 고객의 니즈를 충족하는 상품을 제공하고 있는지 알 수 있다.

해설 | 이 지표가 높을수록 후기 등으로 신규 고객 획득에 이바지할 수 있는 가능성이 크다.
만족도라는 볼 수도 잴 수도 없는 심리적이고 감각적인 지표를 조사하기 위하여 소비자를 대상으로 설문조사를 시행하여 설문조사 결과를 바탕으로 데이터를 처리하고 분석하여 산출하는 것이 일반적이다.
고객만족도와 비슷한 지표로 고객 충성도가 있다. 또 기업에서 일하는 직원의 만족 정도로 직원만족도(ES)가 있다.

④ 조이익률

지표의 공식과 정의	$$조이익률(\%) = \frac{매출액 - 제조원가(또는 '매입)원가}{매출액} \times 100$$
지표로부터 알 수 있는 내용	· 상품별 이익성, 즉 팔릴 경우에 이익이 될 비율을 알 수 있다.

해설 | 조이익률이 아무리 높아도 실제로 팔리지 않으면 이익총액은 결코 늘지 않으므로 교차비율(조이익률×상품 회전률)이 자주 쓰인다. 교차비율이 높은 상품은 높은 효율로 이익을 만들어낸다고 할 수 있다.

⑤ 평당 매출액

지표의 공식과 정의	$$평당 매출액 = \frac{매장 매출액}{매장 면적(평)}$$
지표로부터 알 수 있는 내용	· 점포 1평당 매출액. 점포 면적을 효율적으로 이용하고 있는가 판단하는 기준이 된다.

해설 | 점포별 면적 효율의 비교 판정에 이용되는 지표. 특히 편의점 등 한정된 점포 면적을 효율적으로 이용하여 큰 매출액을 올리는지는 운영하는 기업에서는 중요한 지표가 된다.

⑥ 판매원 1명당 매출	
지표의 공식과 정의	판매원 1명당 매출액 = $\dfrac{\text{매장 매출액}}{\text{판매원 수}}$
지표로부터 알 수 있는 내용	· 점포에서의 판매원 생산성. 높을수록 적은 판매원 숫자로 높은 매출액 을 올린다, 즉 생산성이 높음을 의미한다.

해설 | 앞서 말한 ⑤ 평당 매출액과 함께 적절한 점포 공간의 설치나 점포 인원 계획을 시행하여야 하는 의사 결정에서는 중요한 지표가 된다.

⑦ 가격탄력성	
지표의 공식과 정의	가격탄력성 $= -\dfrac{(Q_1 - Q_0) \div (Q_1 + Q_0) \div 2}{(P_1 - P_0) \div (P_1 + P_0) \div 2}$ Q_0: 가격 변경 전의 판매 수량, Q_1: 가격 변경 후의 판매 수량 P_0: 변경 전의 가격, P_1: 변경 후의 가격
지표로부터 알 수 있는 내용	· 상품의 가격 변경으로 인해서 판매량이 얼마나 변화하는지를 나타내는 지표. 가격 설정을 변경할 때의 판단 지표가 된다.

해설 | 일반적으로 상품의 가격과 판매량의 관계는 가격이 오르면 판매량이 감소하고 가격이 내리면 판매량이 증대된다. 가격탄력성은 다음과 같이 설명할 수 있다.
· 생활필수품은 가격탄력성이 1보다도 작다(비탄력적이라고 한다).
· 사치품은 가격탄력성이 1보다도 크다(탄력적이라고 한다).
· 가격 p의 변화에 따른 판매 수량 q의 변화인 가격탄력성을 다음과 같이 정의하기도 한다.
가격탄력성 $= -\dfrac{p}{q} \times \dfrac{dq}{dp}$ (dp, dq는 p, q가 각각 변화한 양 / dp=P_1-P_0, dq=Q_1-Q_0)

제1장

제2장

제3장

제4장

제5장

제6장

제7장

제8장

제9장

제10장

제11장

제12장

⑧ 상품 로스율

지표의 공식과 정의	상품 로스율(%) = $\dfrac{\text{상품 로스 총액}}{\text{매출액}} \times 100$
지표로부터 알 수 있는 내용	· 판매 불가능(로스)인 상품이 얼마나 많이 발생했는지 알 수 있다.

해설 | 이 지표가 높을수록 판매 불가능한 상품이 많고 수익성을 악화시킬 직접적인 원인으로 작용한다.

상품 로스를 발생시키는 원인은 여러 가지가 있는데, 주된 요인으로 다음과 같은 이유를 들 수 있다.

· 폐기 로스: 신선도의 열화(유통기한 경과) 또는 유행에 뒤처짐에 따른 로스
· 불량상품 로스: 불량품 발생으로 인한 로스로, 생산자 측의 원인도 있지만 점원이나 소비자가 상품을 손상시키는 경우도 있다.
· 도난 로스: 도난으로 상품이 분실되는 로스. 원가 그 자체의 로스로 로스 중에서도 가장 큰 손실로 작용한다.

⑨ 상품 회전율

지표의 공식과 정의	상품 회전율(회) = $\dfrac{\text{점포 매출액}}{\text{재고금액}}$
지표로부터 알 수 있는 내용	· 상품의 팔림세를 나타낸다. 즉, 보유한 상품이 몇 번 팔렸는지(다시 채워졌는지)를 알 수 있다.

해설 | 이 지표가 높으면 재고량이 적고 매입이나 재고 관리가 정확하게 이루어지고 있음을 나타낸다. 반대로 낮으면 잘 팔리는 상품을 파악하지 못하고 있거나 불필요한 재고를 안고 있음을 나타낸다. 상품 회전율을 높이는 것이 중요한데, 상품 회전율이 높은 상품은 품절되어 판매 손실이 나지 않도록 주의해야 한다.

⑩ 매출액 광고비 비율

지표의 공식과 정의	매출액 광고비 비율(%) = $\dfrac{광고선전비}{매출액} \times 100$
지표로부터 알 수 있는 내용	· 경영 자원에서 어느 정도 광고선전비를 투입했는지 알 수 있다.

해설 | 자사 상품에서 광고선전의 비용 대비 효과를 파악하는 데도 유용하다.
광고선전을 계기로 해서 고객 사이에 해당 상품의 인지도가 높아지면 안정된 구입을 기대할 수 있다. 그 때문에 다수의 경쟁 상품이 시장에 나와 있는 경우, 광고선전에 많은 자금을 투자하는 기업이 많고, 매출액 광고비 비율도 높아지는 경우가 있다.

◎ 인사와 노무에 관한 지표

① 평균 노동시간

지표의 공식과 정의	평균 노동시간 = $\dfrac{(일정\ 기간의)\ 전\ 직원의\ 노동시간\ 합계}{직원\ 수}$
지표로부터 알 수 있는 내용	· 직원의 평균 노동시간, 노동 부하, 노동 생산성을 파악할 수 있다.

해설 | 최근의 노동시간 감소 경향은 말할 것도 없다. 직원 한 명 한 명의 노동시간(임금)을 억제하기 위해서 워크 셰어링이 주목받고 있다.
워크 셰어링이란 직원끼리 고용을 서로 나눔으로써 각각의 노동시간을 짧게 하는 방법이다.
또 그 연장선에 있는 워크 라이프 밸런스(일과 생활의 균형)도 촉진되는 경향에 있다.

② 직원 1인당 매출액

지표의 공식과 정의	평균 노동시간 = $\dfrac{매출액}{직원\ 수}$
지표로부터 알 수 있는 내용	· 직원 1인당 어느 정도의 매출이 있었는지 나타낸다. 기업 전체 규모에서 직원의 생산성을 알 수 있다.

해설 | 같은 업계 다른 회사보다도 이 지표가 높으면 직원의 생산성이 높고 효율적으로 기업 활동이 전개되고 있다고 판단할 수 있다.
기업의 직원이라는 개념에는 정규직뿐만 아니라 계약직, 파견직, 시간제 근로자, 아르바이트 등의 비정규직도 포함되므로 다른 회사와 비교할 때는 주의해야 한다.

③ 정규직 비율

지표의 공식과 정의	정규직 비율(%)= $\dfrac{\text{정규직 수}}{\text{직원 수}} \times 100$
지표로부터 알 수 있는 내용	· 인건비의 적정 판단, 특히 인건비 삭감 검토, 비용 관리를 할 때 참고가 된다.

해설 | 최근의 고용 정세에서는 정규직 비율이 감소하고 시간제 근로자 등의 비정규직이 증가하는 경향이 강해지고 있다.

그 배경에는 경영 상태의 변화에 신속하게 대응하는 인원 조정, 또는 인건비 총액을 억제하고자 하는 기업 측의 의도를 읽을 수 있다.

④ 직원의 평균 연령

지표의 공식과 정의	직원의 평균 연령 = $\dfrac{\text{전 직원의 연령 합계}}{\text{직원 수}}$
지표로부터 알 수 있는 내용	· 기업의 활성도와 직원의 연령 구조를 알 수 있다.

해설 | 평균 연령이 낮은 기업일수록 젊은 인재가 활약할 수 있는 장이 많고, 기업으로서는 활력이 넘치는 것으로 볼 수 있지만, 극단적으로 젊어도 경영 판단을 내릴 수 있는 인재가 부족하다고도 추측할 수 있다.

이러한 의미에서 이 지표는 인재 채용과 고용 전략에도 이용할 수 있다.

⑤ 직원의 평균 급여

지표의 공식과 정의	직원의 평균 급여 = $\dfrac{\text{급여 지급액}}{\text{직원 수}}$
지표로부터 알 수 있는 내용	· 임금 면에서 본 기업의 지위(포지셔닝), 우위성, 직원만족도를 알 수 있다.

해설 | 직원 1인당 연간 평균 급여 총액으로, 기업의 임금 수준을 나타내므로 직원의 만족도를 나타내는 지표이기도 하다.

이 지표가 높을수록 일반적으로 우수한 인재도 확보하기 쉽고, 직원의 사기도 높은 기업으로 판단할 수 있다.

반면, 인건비 등의 고정비도 높아지므로 적정한 급여 수준을 고려할 필요가 있다.

⑥ 이직률	
지표의 공식과 정의	$$이직률(\%)=\frac{(일정\ 기간\ 중)\ 이직한\ 직원\ 수}{직원\ 수}\times100$$
지표로부터 알 수 있는 내용	· 기업의 총직원 수 중 새로 이직한 사람의 비율. 직원의 직장 만족도를 추측할 수 있다.

해설 | 기업 내의 이직자 비율이나 국내의 노동 유동화 실태를 파악할 수 있다.

지표의 수치가 높다면 새로운 인재의 채용이나 교육, 업무 및 인원 배치 조정에 과대한 비용이 필요한 상태일 가능성이 있다.

이직률과는 반대로 새롭게 회사에 들어온 사람의 비율을 나타내는 '입직률'이라는 지표도 있다.

◎ 재무와 투자에 관한 지표

① 안전여유도	
지표의 공식과 정의	$$안전여유도(\%)=\frac{실제\ 매출액-손익분기점\ 매출액}{실제\ 매출액}\times100$$ $$=100-손익분기점\ 비율(\%)$$
지표로부터 알 수 있는 내용	· 이익도 손실도 발생하지 않는 상태의 매출액(손익분기점 매출액)을 실 제 매출액이 어느 정도 웃도는지 알 수 있다.

해설 | 지표가 클수록 경영 안정성이 높다고 말할 수 있다.

손익분기점 매출액이란 한계 이익(=매출액-변동비)으로, 고정비를 정확히 회수할 수 있는 매출액이므로 이익도 손실도 나지 않는 상태를 말한다.

안전여유도가 높을수록 경영이 안정되어 있으므로 손익분기점 매출액은 낮은 편이 바람직하다.

다음의 관계식을 파악해 두면 유용하다.

· **손익분기점 매출액** $= \dfrac{고정비}{1-\dfrac{변동비}{매출액}} = \dfrac{고정비}{1-변동비율} = \dfrac{고정비}{한계\ 이익률}$

· **한계 이익=고정비+이익 = 매출액-변동비**

· **한계 이익률 = 1-변동비율 = $1-\dfrac{변동비}{매출액}$**

· **손익분기점 비율(%) = $\dfrac{손익분기점\ 매출액}{실제\ 매출액}\times100$**

· **안전여유도+손익분기점 비율 = 100**

제 1 장

제 2 장

제 3 장

제 4 장

제 5 장

제 6 장

제 7 장

제 8 장

제 9 장

제 10 장

제 11 장

제 12 장

② 순현재가치(NPV)

지표의 공식과 정의	NPV=투자가 만들어내는 현금 흐름의 현재 가치-초기 투자액
지표로부터 알 수 있는 내용	· 투자 조건이나 보유 자산의 현재 가치. 또 신규 투자의 가능 여부 판단이나 우선 순위를 정하는 데도 유용하다.

해설 | 투자를 통해 생겨나는 현금 흐름의 현재 가치가 초기 투자액을 웃돌면 그 투자는 가치를 만들어내므로 합리적이라고 판단할 수 있다. 즉, NPV(Net Present Value)가 플러스면 투자를 진행하고 마이너스면 투자를 진행하지 않는 판단을 내릴 수 있다. 이것을 NPV법이라고 한다.

여러 개의 투자 안건이 있을 때, 가령 3개의 안건만 투자할 수 있다면 NPV가 큰 순서대로 3개의 투자를 선정하면 된다. 또 NPV법은 DCF(Discounted Cash Flow)법이라고도 불린다.

③ 자기자본비율

지표의 공식과 정의	$$자기자본비율(\%) = \frac{자기자본(주주\ 자본)}{총\ 자산} \times 100$$
지표로부터 알 수 있는 내용	· 기업 재무의 안정성(안전성)을 알 수 있다.

해설 | 자기자본비율은 재무제표(재무상태표)에서 산출할 수 있다.

자기자본비율이 높은 기업은 수익의 편에서 유리하고 경영 환경도 경영 방침도 안정되어 있으며 외부 환경이 급변해도 면역성이 높다는 강점이 있다.

자기자본은 주주 자본이라고도 불리므로 자기자본비율은 주주 자본비율이라고도 불린다.

④ ROA와 ROE

지표의 공식과 정의	총자산이익률: ROA(%) = $\dfrac{\text{당기 이익(순이익)}}{\text{총 자산}} \times 100$ 자기자본이익률: ROE(%) = $\dfrac{\text{당기 이익(순이익)}}{\text{자기자본(주주 자본)}} \times 100$
지표로부터 알 수 있는 내용	· 기업의 종합적인 수익성을 알 수 있다.

해설 | ROA(Return On Asset: 총자산이익률)는 기업의 세후 이익(당기 이익)을 총자산으로 나눈 수치로 경영 자원인 총자산을 얼마나 효과적으로 활용하여 이익으로 연결 짓고 있는지를 나타내는 지표다.

ROE(Return On Equity: 자기자본이익률)는 당기 이익을 자기자본(주주 자본)으로 나누어 산출한 것으로, 주주의 투자가 어느 정도의 리턴을 만들어내는지를 나타내는 수치이며 투자가의 투자 판단이 되는 지표다.

최근 들어 주주를 중시하는 경영이 화두가 되며 ROE의 중요성이 높아지고 있다.

⑤ 매출액 총이익률과 매출액 영업이익률

지표의 공식과 정의	매출액 총이익률(%) = $\dfrac{\text{당기 이익(조이익)}}{\text{매출액}} \times 100$ 매출액 영업이익률(%)) = $\dfrac{\text{영업 이익}}{\text{매출액}} \times 100$
지표로부터 알 수 있는 내용	· ROA나 ROE와 마찬가지로 기업의 수익성을 알 수 있다. 일정 매출액에 대하여 어느 정도의 이익이 있는지를 나타낸다.

해설 | 매출액에 대해 근원적인 수익원인 '매출총이익'이나 영업 활동을 나타내는 '영업이익'이 어느 정도 이바지했는지를 나타낸다. 일반적으로는 높을수록 바람직하다.

⑥ PER과 PBR

지표의 공식과 정의	주가수익률: PER(배) = $\dfrac{\text{주가}}{\text{EPS(1주 이익)}}$ 주가순자산배율: PBR(배) = $\dfrac{\text{주가}}{\text{BPS(1주 순자산)}}$
지표로부터 알 수 있는 내용	· 투자가가 주식 구입을 검토할 때의 판단 재료가 된다.

해설 | PER(Price Earning Ratio)은 주가가 1주당 이익의 몇 배에 해당하는가를 나타낸다. PBR(Price Book-value Ratio)도 주가가 1주당 순자산의 몇 배인지를 나타낸다.

PER, PBR 모두 일반적인 수치로 주가가 비교적 싼지 비싼지 판단하고, 나아가 같은 업계의 타사와 비교하여 싼지 비싼지를 판단한다. 또 앞으로의 수익 예상이나 성장성 등의 판단 기준이 된다.

⑦ 배당수익률

지표의 공식과 정의	배당수익률(%) = $\dfrac{\text{(1주당)배당금}}{\text{주가}} \times 100$
지표로부터 알 수 있는 내용	· 주주에 대해 배당금이 많은지 적은지 알 수 있다.

해설 | 주주로서 높으면 매력적인 주식이라고 말할 수 있다.

배당수익률과 비슷한 지표로 '배당 성향'이 있다.

배당 성향(%) = $\dfrac{\text{(주당)배당금}}{\text{(주당)당기 이익}} \times 100$

배당수익률, 배당 성향 모두 너무 낮으면 주주를 경시한다고 생각하는 경우가 있다. 또 너무 높아도 사외 유출이 커서 향후 성장을 위한 내부 유보가 충분하지 않다는 우려도 나오므로 이러한 지표의 적정한 수준이 필요하다.

⑧ 평균주가	
지표의 공식과 정의	주가 동향을 나타내는 주가 지표. 대표적인 것으로 닛케이평균주가와 도쿄증권거래소주가지수(TOPIX)가 있다.
지표로부터 알 수 있는 내용	·국가 경제의 경기 동향과 기업의 경영·재무 동향을 알 수 있다.

해설 | 닛케이평균주가

·도쿄증권거래소 1부에 상장된 기업 중 225개 종목의 평균주가.

225개 종목의 단순 평균이 기본이나, 필요에 따라 보정을 가한다. 주식 분할 등 시황 변동에 따르지 않는 주가 변동을 조정하고 전후로 연속성을 유지하는 것을 목적으로 한다.

·도쿄증권거래소주가지수(TOPIX)

도쿄증권거래소 1부에 상장된 전 종목을 대상으로 가중평균하여 산출된다.

주가 지표로서 역사는 닛케이평균주가가 더 길지만 샘플 수가 적으므로 시장 전체의 주가 움직임과 동떨어진 가격 형성에 빠지는 경우가 있다.

이에 반해 TOPIX는 전 종목을 대상으로 하므로 비교적 시장 전체의 가격 움직임을 정확하게 반영한다.

◎ 외부 경제 환경에 관한 지표

① 국내총생산(GDP)	
지표의 공식과 정의	한 국가 안에서 1년간 만들어진 재화와 서비스의 총액(국내총생산)
지표로부터 알 수 있는 내용	·국내의 경제 활동 수준을 알 수 있다. GDP의 신장률이 경제 성장률이다.

해설 | 이전은 경제 성장을 나타내는 데 국민총생산(GNP)이 사용되었으나, 최근에는 GDP가 사용되는 일이 많다.

GDP는 외국인에 의한 국내에서의 생산을 포함하고 자국민에 의해 해외에서 만들어진 재화 등은 포함되지 않는다.

다음의 두 지표도 중요하다.

·국민 1인당 GDP

GDP를 국내 인구로 나눈 값. 그 나라 소비자의 구매 의욕과 구매 능력을 나타낸다.

·GDP 디플레이터(인플레이션율)

$$GDP \ 디플레이터 = \frac{명목 \ GDP}{실질 \ GDP} \times 100$$

인플레이션율을 고려한 GDP가 실질 GDP다. 한편, 인플레이션율을 고려하지 않는 것이 명목 GDP다.

예를 들어 명목 GDP가 120조 엔이고 인플레이션율이 10%였다고 하면 실질 GDP는 다소 낮아져, 120조 엔÷1.1=109.09조 엔이 된다.

제1장

제2장

제3장

제4장

제5장

제6장

제7장

제8장

제9장

제10장

제11장

제12장

② 소비자물가지수(CPI)

지표의 공식과 정의	소비자가 실제로 구입하는 상품의 소매 가격(물가)의 변동을 나타내는 지표
지표로부터 알 수 있는 내용	· 경기 동향의 척도로 인플레이션이나 디플레이션의 지표이기도 하다.

해설 | 소비자가 구입하는 상품 및 서비스의 물가 변동을 대표할 수 있는 약 600개 품목을 대상으로 구입하는 데 드는 비용이 물가의 변동에 따라 어떻게 변화하는지를 기준연도 평균=100으로 해서 나타낸다.
기준연도는 다른 지수와 마찬가지로 연도의 끝자리가 0, 5로 끝나는 해로, 5년마다 기준을 개정한다.

③ 기업물가지수(CGPI)

지표의 공식과 정의	기업 사이에 거래되는 도매 단계에 있는 상품의 물가 수준을 나타내는 지표
지표로부터 알 수 있는 내용	· 앞의 ② CPI와 마찬가지로 경기 변동, 인플레이션이나 디플레이션의 지표가 되기도 한다.

해설 | 도매물가지수에서 명칭을 변경한 지표로, 소비자물가지수와 더불어 대표적인 물가 지수다.

④ 완전실업률	
지표의 공식과 정의	$완전실업률(\%) = \dfrac{완전\ 실업자}{노동력\ 인구} \times 100$
지표로부터 알 수 있는 내용	· 노동력 인구에서 차지하는 완전 실업자의 비율. 현재 경기 동향이나 고용 상황, 나아가 개인 소비를 추측하는 데 유용하다.

해설 | 완전 실업자란 일할 능력과 의사를 가지고 있고 본인이 구직활동을 하고 있음에도 불구하고 취업의 기회가 사회적으로 주어지지 않은 사람을 말한다.

다음의 관계가 성립한다.

15세 이상 인구 ┌ 노동력 인구 ┌ 취업자
　　　　　　　│　　　　　　└ 완전 실업자
　　　　　　　└ 비노동력 인구

다음의 두 지표도 중요하다.

· $노동력인구비율(\%) = \dfrac{노동력\ 인구}{16세\ 이상\ 인구} \times 100$

· $유효구인배율(배) = \dfrac{구인\ 수}{구직자\ 수} \times 100$

유효구인배율이 1보다 크면 구직자보다 구인 수가 많음을 의미한다. 구직 자리를 찾고 있는 사람에게는 상대방을 고를 수 있으므로 유리한, 즉 구직자에게 유리한 구직 시장이다.

ch3.
정량 분석을
활용한
의사결정은
이렇게 한다

| '의사 결정의 프레임 워크'로서의 보수행렬

의사 결정을 내릴 때, 막연하게 감이나 경험으로 결정하는 것이 아니라 어떤 상태에서 각각의 행동을 정할 때 어느 정도의 이득을 얻을지, 혹은 비용을 부담하게 될지를 정확하게 평가해야 한다.

가령 Y 사가 종이 없는 사무실을 추진하기 위하여 업무용 패키지 소프트웨어 도입을 검토하고 있다고 하자. 수주 규모에 따라서 달라지겠지만, 업체를 선정할 때 보통은 여러 판매업자로부터 비교 견적을 받게 된다. 이때 견적을 세 회사, 예를 들어 A 사, B 사, C 사라고 하고 이 세 회사로부터 [도표 3-2]와 같은 견적 금액을 제시받았다고 한다.

	견적 금액
A 사	1,250만 엔
B 사	1,500만 엔
C 사	1,100만 엔

[도표 3-2]

발주하는 쪽인 Y 사가 소프트웨어 도입을 서두르는 상황일 수도 있고 업체의 납기나 신뢰성도 평가해야 하지만, 이번에는 견적 금액이 싼 업체를 우선해서 생각한다면 고민할 필요 없이 C 사로 결정할 것이다.

다른 경우도 있는데, 지금까지 은행에 정기예금밖에 하지 않았던 N 씨가 정년퇴직 이후의 미래를 생각해서 자산 운용을 본격적으로 검토한다고 하자. N 씨는 주식이나 채권 등 1년 후 둘 중 하나의 투자 방법을 고르기 위해서 그 선정 기준으로 1년 후의 예상 수익률(이율), 즉 투자 금액에 어느 정도의 이익을 얻을 수 있을지에 관한 지표를 꼽았다고 하자.

이러한 지표는 앞에서 예로 든 견적 금액과 달리 수익률(이율)은 기업의 수익이나 세계 경제 환경 등 많은 요인이 서로 얽혀 복잡한 양상을 만들어낸다. 자신의 능력으로 벅차다고 생각한 N 씨는 투자 컨설팅 회사에 조사 의뢰를 맡기기로 했다. 그 결과 호황, 보통, 불황의 각각의 상태에서 [도표 3-3]과 같은 정보를 얻었다고 하자.

	호황	보통	불황
주 식	4 %	3%	2%
채 권	4 %	5%	4 %
외화투자	5%	3%	2%

[도표 3-3]

다시 말해 호황, 보통, 불황의 세 가지 경기 상태에 따라서 예상 수익에 관한 정보가 달라진다.

1년 후의 경기 예측이 확실히 호황일 것이라고 알 수 있다면 위의 표에서 수익률이 높은 외화투자를 고르고, 불황이라면 채권을 고르는 데 불만을 품지 않을 것이다. 하지만 1년 후는 호황일지 보통일지 불황이 될지 확실히 알 수 없고, 고작 안다고 해도 각각의 확률 분포나 그조차 알 수 없을 때도 있다.

그렇다면 [도표 3-2]나 [도표 3-3]과 같은 표를 다시 한번 살펴보자. 이 표야말로 의사 결정을 내리는 출발점이 되는 중요한 표로, '보수행렬(payoff table)'이라고 한다. 보수행렬이란 이득이나 비용을 평가하는 것으로 표의 내용이 이익 등 이득이라면 이득표, 비용 등의 손실이라면 손실표가 된다.

보수행렬은 바로 의사 결정 분석의 프레임 워크라고 말할 수 있다.

그렇다면 보수행렬을 일반화해 보자. [도표 3-4]를 보자. 지금 m 종류의 행동 방안의 선택지(D_1~D_m)와 미래에 일어날 수 있는 n 종류의 상태(S_1~S_n)에 대하여 이득과 비용을 넣은 것을 [도표 3-4]와 같이 나타냈다.

		미래에 일어날 수 있는 상태				
		S_1	S_2	S_3	...	S_n
행동의 선택지	D_1					
	D_2					
	D_3					
	⋮	⋮	⋮	⋮	⋮	⋮
	D_m					

[도표 3-4]

이때, 미래에 일어날 수 있는 n 종류의 상태(S_1~S_n)에서 반드시 일어나는 상태가 하나라고 알고 있는 경우는 [도표 3-2]와 같은 경우로, 이것을 확실성이 높을 때의 의사 결정이라고 부른다.

하지만 미래에 일어날 상태가 하나라고 단정 지을 수 없고 여러 상황이 일어날 가능성이 있는데, 이쪽이 비즈니스의 세계에서는 압도적으로 많다. 여러 상황이 벌어질 확률 분포를 (객관적, 혹은 주관적이든) 알고 있을 경우는 리스크가 있을 때의 의사 결정이라고 부른다. 또, 이 확률 분포를 전혀 알 수 없는 경우도 있는데, 이러한 상황을 불확실한 때의 의사 결정이라고 한다.

다음 항목 이후에 이어서 이 세 가지 경우의 의사 결정 원리, 즉 행동 대체안을 선택할 때의 기본 노하우를 보수행렬과 대조하며 대략적으로 살펴보자.

ch3.
정량 분석을
활용한
의사결정은
이렇게 한다

| ① 확실성이 높을 때의 의사 결정

앞서 [도표 3-4]의 일반화된 보수행렬에서 미래에 일어날 수 있는 n 종류의 상태(S_1~S_n)가 단 하나로 확정된 경우의 의사 결정을 확실성이 높을 때의 의사 결정이라고 말했다. 이에 대한 보수행렬은 [도표 3-5]와 같이 세로 열이 하나뿐인 표의 형태를 띤다.

이렇게 확실성이 높을 때의 의사 결정은 [도표 3-2](→67쪽)에서도 언급했듯이 제시된 견적 금액이라는 확실한 상태에서의 한 가지 정보를 바탕으로 가장 싼 견적 금액을 고른다는 비교적 쉬운 선택 행동을 취할 수 있다.

가령 70%의 확률로 100만 엔, 30%의 확률로 70만 엔이라는 견적서를 업체로부터 받는 일은 현실적으로 생각하기 어렵고, 반드시 확정된 견적 금액을 받게 된다.

		미래에 확실하게 일어날 한 가지 상태
행동의 선택지	D_1	
	D_2	
	D_3	
	⋮	⋮
	D_m	

미래에 확실히 일어날
상태가 단 하나

[도표 3-5]

확실한 상태에서 내리는 의사 결정은 손익분기점 분석이나 순현재가치 분석 등의 경제성 분석을 이용하는 경우가 많다. 구체적인 방법은 77쪽 이후에서 이 야기하기로 한다.

또, 제4장의 케이스 스터디(→122쪽)에서 파트타임 직원 채용 면접에서 여러 지원자 중 1명을 고를 때 체크 시트를 이용하는데, 이것은 확실성이 높을 때의 의사 결정의 범주에 속한다.

제 1 장

제 2 장

제 3 장

제 4 장

제 5 장

제 6 장

제 7 장

제 8 장

제 9 장

제 10 장

제 11 장

제 12 장

ch3.
정량 분석을
활용한
의사결정은
이렇게 한다

| ② 리스크가 있을 때의 의사 결정

[도표 3-4](→69쪽)의 일반화된 보수행렬에서 미래에 일어날 수 있는 n 종류의 상태(S_1~S_n)의 확률 분포가, 어떠한 형태로든 알고 있는 경우의 의사 결정을 리스크가 있을 때의 의사 결정이라고 말했다.

확실성이 높을 때는 100% 확실한 상황이 1개, 즉 1개의 세로 열로 이루어진 보수행렬이었으나 리스크가 있을 때는 [도표 3-6]과 같이 일어날 수 있는 상황에 대응하는 확률(발생 확률)을 나타낼 수 있다.

		미래에 일어날 수 있는 n 종류의 상태(S)				
		S_1 (0.1)	S_2 (0.2)	S_3 (0.3)	⋯	S_n (0.1)
행동의 선택지	D_1					
	D_2					
	D_3					
	⋮	⋮	⋮	⋮	⋮	⋮
	D_m					

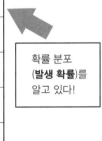

확률 분포
(**발생 확률**)를
알고 있다!

[도표 3-6]

[도표 3-6]에서는 미래에 일어날 수 있는 상태 S_1의 확률은 0.1, 즉 10%임을 나타낸다.

이러한 확률 분포인데, 예를 들어 공장 안의 시스템 고장의 확률 등을 경험적으로 알고 있는 경우나 내일의 일기 예보 등 확률을 객관적으로 알고 있는 경우는 객관적 리스크라고 말한다.

그러나 객관적인 확률이라고 부를 만한 것이 없고, 주관적인 확률로 설정할 수밖에 없는 경우에는 주관적 리스크라고 한다.

주관적이라고 해도 전혀 허무맹랑한 것이 아니라 어느 정도의 경험이나 실적이 뒷받침되는 것을 말한다. 그러나 객관이든 주관이든 미래에 일어날 수 있는 상태의 확률 분포가 설정된 경우에는 리스크가 있을 때의 의사 결정이라고 한다.

리스크가 있을 때의 의사 결정은 발생 확률과 보수행렬 상의 수치(이득이나 비용) 정보를 조합해서 내리는데, 구체적인 방법은 100쪽 이후에서 자세히 설명하기로 한다.

제1장

제2장

제3장

제4장

제5장

제6장

제7장

제8장

제9장

제10장

제11장

제12장

ch3.
정량 분석을
활용한
의사결정은
이렇게 한다

| ③ 불확실한 때의
의사 결정

[도표 3-4](→69쪽)의 일반화된 보수행렬에서 미래에 일어날 수 있는 n 종류의 상태(S_1~S_n) 중, 객관적이든 주관적이든 확률 정보를 알 수 없거나 전혀 확률을 사용하는 상황이 아닌 의사 결정을 '불확실한 때의 의사 결정'이라고 한다.

이 경우, 보수 행렬은 [도표 3-7]과 같이 확률 정보가 명시되지 않는다.

		미래에 일어날 수 있는 상태 S				
		S_1	S_2	S_3	⋯	S_n
		?	?	?	⋯	?
행동의 선택지	D_1					
	D_2					
	D_3					
	⋮	⋮	⋮	⋮	⋮	⋮
	D_m					

확률 분포
(**발생 확률**)를
전혀 알 수 없다!

[도표 3-7]

불확실한 때의 의사 결정은, 미래에 일어날 수 있는 상태의 확률을 전혀 알지 못하므로 당연히 확률 분포의 수치를 이용하지 않고 의사 결정을 내리는 수밖에 없다. 즉, 보수행렬 내의 이득이나 비용 정보만으로 의사 결정을 내리게 된다.

구체적인 노하우는 109쪽 이후에서 이야기하기로 한다.

지금까지 다음 세 종류의 의사 결정을 간략히 살펴보았다.

① 확실성이 높을 때의 의사 결정
② 리스크가 있을 때의 의사 결정
③ 불확실한 때의 의사 결정

이것을 정리하면 미래에 일어날 수 있는 상태에 관한 정보를 얼마나 알 수 있는지, 그 완전성과 불완전성에 따라서 정보를 [도표 3-8]과 같이 나타낼 수 있다.

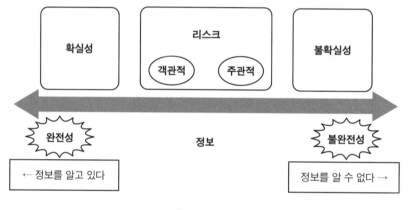

[도표 3-8]

정보의 양이나 정확성이 '완전'에 가깝다면 ① 확실성이 높을 때의 의사 결정이고, 불완전할수록 ③ 불확실한 때의 의사 결정에 가까워진다. ② 리스크가 있을 때의 의사 결정은 ①과 ③의 중간에 위치한다.

다음 항목부터는 이들 세 종류 의사 결정의 구체적인 노하우(도구)에 대해 설명한다.

제 1 장

제 2 장

제 3 장

제 4 장

제 5 장

제 6 장

제 7 장

제 8 장

제 9 장

제 10 장

제 11 장

제 12 장

ch3.
정량 분석을
활용한
의사결정은
이렇게 한다

의사 결정 도구 ①

| 손익분기점 분석

① 확실성이 높을 때의 의사 결정에서 주로 쓴다

확실성이 높을 때의 의사 결정을 내릴 때, 손익분기점 분석이라는 사고방식과 노하우는 중요하므로 꼭 이해해두는 편이 좋다.

우선 손익분기점이라는 개념에 익숙해져야 한다. 말의 울림이 다소 어렵게 느껴지기도 하지만, 내용은 그렇게 어렵지 않다. 아래의 관계 (1)은 비즈니스에서는 너무나도 친숙해서 굳이 설명할 필요도 없다. 기업은 얼마나 매출(수익이라고도 한다)을 올리고 비용을 낮추어서 이익을 높이는지가 대전제다.

이익=매출액-비용 ⇨ (1)

손익분기점 매출액이란 이익이 0, 다시 말해 매출액=비용이 성립하는 매출액으로 바꿔 말하자면 손해와 이익의 경계선, 이익도 손실도 없이 수지가 맞는 상태의 매출액을 가리킨다. 기업으로서는 손익분기점은 단순한 통과 지점일 뿐, 손익분기점을 넘어선 매출액을 올려서 이익을 대폭 얻는 것을 목표로 한다.

이번에는 비용을 생각해 보자. 비용은 고정비와 변동비로 이루어지는 점을 이해해야 한다. 즉,

비용=고정비+변동비 ⇨ (2)

고정비는 매출액이나 조업도의 증감과 상관없이 일정하게 발생하는 비용이다. 인건비(정규직)나 감가상각비가 이에 해당한다. 한편, 변동비는 매출액이나 조업도에 따라서 비례하여 증감하는 비용으로, 직접 재료비, 인건비(시간제 노동자) 등이다. 전자는 제품을 제조하든 하지 않든 발생하는 비용이고, 후자는 제조한 만큼 발생하는 비용이다.

손익분기점 분석은 얼마나 많은 이익을 얻을지와 같은 의사 결정을 내릴 때 유용하다.

자, 그러면 (1)과 (2)의 관계에서 손익분기점 매출액을 구해보자.

$$이익 = 매출액 - 비용 = 매출액 - (고정비 + 변동비) \Rightarrow (3)$$

손익분기점에서는 이익=0, 즉 (3)일 때

$$매출액 - 고정비 - 변동비 = 0 \Rightarrow (4)$$

$$매출액 - 고정비 - \left(매출액 \times \frac{변동비}{매출액}\right) = 0$$

이때, $\dfrac{변동비}{매출액}$ = 변동 비율 이라고 한다면,

$$매출액(1 - 변동비율) = 고정비$$

즉, 손익분기점에서의 매출액(=손익분기점 매출액)은

$$손익분기점매출액 = \frac{고정비}{1 - 변동 비율} \Rightarrow (5)$$

(5)는 중요한 관계식이므로 공식으로 외워두면 좋다.

(1)과 (2)의 관계식에서 (4)를 도출해냈는데, 이번에는 그림을 사용해서 설명한다.

우선은 비용인데, 고정비와 변동비를 각각 그래프로 나타내면 [도표 3-9]와 같이 된다.

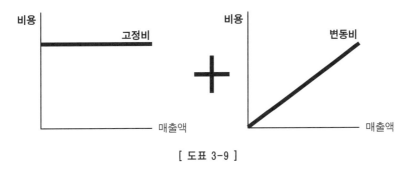

[도표 3-9]

비용은 고정비와 변동비를 더해 총비용 곡선으로 나타내면, [도표 3-10]과 같이 된다.

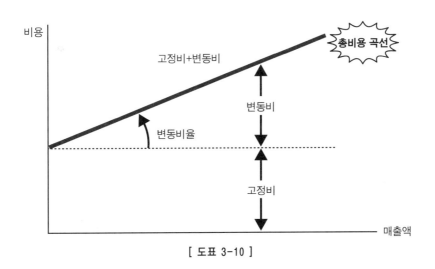

[도표 3-10]

손익분기점은 [도표 3-11]과 같이 총비용 곡선과 매출액선이 일치하는 점으로, 이익도 없고 손실도 없는 상태다. 매출액이 이 점을 넘으면 이익을 얻게 된다.

만일 손익분기점에 도달하지 못하면 기업으로서는 이익을 얻을 수 있도록 노력할 필요가 있다고 말할 수 있다.

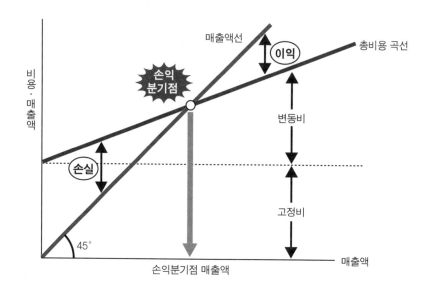

[도표 3-11]

그리고 매출액선이 45°인 것은 가로축의 매출액과 세로축의 매출액이 같으므로 변동비율(기울기)=1로 45°가 된다.

손익분기점 매출액이 낮으면 적은 매출액으로도 이익이 나는 기업 체질이라고 할 수 있다. 그렇다면 손익분기점 매출액을 낮추려면(낮게 하려면) 구체적으로 어떻게 하면 좋을까. 관계식 (5)를 잘 들여다보자.

다음과 같이 두 가지 방법을 들 수 있다.

① (분자의) 고정비를 낮춘다

다시 말해 정규직 직원을 줄여서 인건비를 낮추는 것이다. 구체적으로는 시간제 근무자, 아르바이트, 파견 근무자 등 더욱 탄력적인 고용으로 전환하거나 외주, 아웃소싱 등의 방법이 이에 해당한다. [도표 3-12]로도 이해할 수 있다.

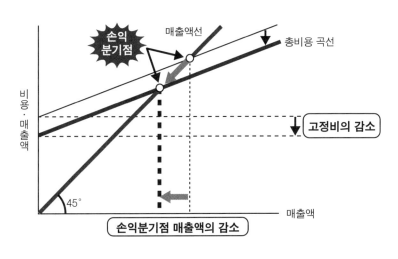

[도표 3-12]

② (분모에 있는) 변동비율($\frac{변동비}{매출액}$)을 작게 한다

결과적으로 분모가 커져서 손익분기점 매출액이 내려간다. 구체적으로는 재료비, 물류비의 삭감 등이 이에 해당한다. 이것도 [도표 3-13]에서 이해할 수 있다.

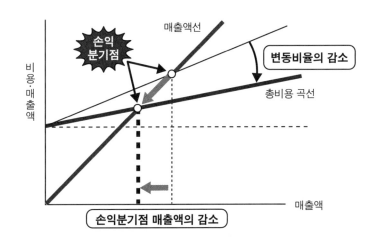

[도표 3-13]

마지막으로 한계 이익이라는 개념을 설명한다.

한계 이익은 매출액에서 변동비를 뺀 것이다. 즉,

$$한계\ 이익=매출액-변동비=고정비+이익 \Rightarrow (6)$$

손익분기점에서는 이익=0이므로 (6)에서부터 아래를 도출할 수 있다.

$$손익분기점\ 매출액-손익분기점\ 매출액\times변동비율=고정비$$
$$손익분기점\ 매출액\times한계\ 이익률=고정비$$
$$(※한계\ 이익률 = \frac{한계\ 이익}{매출액} = 1-변동비율)$$

즉, 78쪽의 (5)는 다음과 같이 나타낼 수도 있다.

$$손익분기점\ 매출액= \frac{고정비}{한계\ 이익율} \Rightarrow (7)$$

한계 이익이라는 개념을 도입함으로써 [도표 3-11]은 다음의 [도표 3-14]와 같이 나타낼 수도 있다.

이 그림은, 손익분기점은 고정비와 한계 이익과의 교점으로, 다르게 말하면 고정비를 한계 이익에서 회수할 수 있는 상태임을 의미한다.

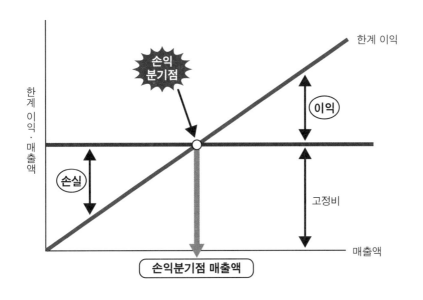

한계 이익

손익
분기점

이익

한계 이익 · 매출액

손실

고정비

매출액

손익분기점 매출액

[도표 3-14]

　한계 이익이 양수(플러스)가 아니면 고정비는 회수할 수 없는데, 이 손익분기점의 접근법을 이용한 의사 결정 케이스 스터디는 제4장의 사례 2(→125쪽)에서 소개한다.

제1장

제2장

제3장

제4장

제5장

제6장

제7장

제8장

제9장

제10장

제11장

제12장

ch3.
정량 분석을
활용한
의사결정은
이렇게 한다

의사 결정 도구 ②

현금흐름과 순현재가치

① 확실성이 높을 때의 의사 결정에서 주로 쓴다

확실성이 담보된 상태에서 의사 결정을 내릴 때, 자금이나 자산을 '현재'라는 시간으로 환산하는 사고방식은 특히 투자 안건의 의사 결정을 내릴 때 대단히 중요하다.

자금·자산의 시간적 가치를 정확히 이해해야 한다. 예를 들어 현재의 100만 엔과 1년 후의 100만 엔은 어느 쪽이 가치 있을까. 요즘 아무리 금리가 낮다고는 해도 100만 엔을 은행에 예금하면 가령 금리 3%일 때 1년 후에는 103만 엔이 되어 있다.

다시 말해 현재의 100만 엔은 1년 후에는 103만 엔과 같은 가치로, 1년 후의 100만 엔보다 가치가 있다. 같은 100만 엔이라도 시간에 따라 가치가 달라진다. 또 1년 후의 103만 엔을 금리 3%로 나눈(할인한) 103만 엔÷(1+0.03)=100만 엔은 현재 가치라고 말할 수 있다.

이렇듯 자금의 현재 가치와 몇 년 후의 미래 가치와의 관계는 [도표 3-15]로 나타낼 수 있다.

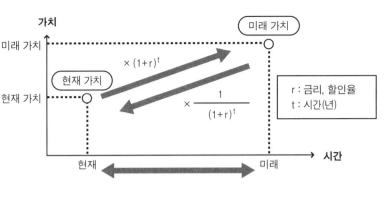

[도표 3-15]

즉, 금리나 할인율을 3%로 했을 때,

● 현재 가치를 100만 엔이라고 한다면 5년 후의 미래 가치는

$$100 \times (1 + 0.03)^5 = 115만 9천 엔$$

● 5년 후 100만 엔의 미래 가치를 현재 가치로 환산하면

$$\frac{100}{(1 + 0.03)^5} = 86만 3천 엔$$

이렇게 현재 가치와 미래 가치는 서로 환산할 수 있음을 알 수 있다.

다음으로 '순현재가치'라는 개념을 설명한다.

순현재가치란, 영어로 'Net Present Value'로, NPV라고 줄여서 부른다. 만일 1년 후, 2년 후, 3년 후의 현금 흐름이 각각 20만 엔, 30만 엔, 50만 엔이고 할인율을 10%라고 한 경우 순현재가치를 구하면

제1장
제2장
제3장
제4장
제5장
제6장
제7장
제8장
제9장
제10장
제11장
제12장

- 1년 후 20만 엔의 현금 흐름 ⇨ 현재 가치는 $\dfrac{20}{1+0.1}$ 만 엔 $=18$만 $1,800$엔
- 2년 후 30만 엔의 현금 흐름 ⇨ 현재 가치는 $\dfrac{30}{(1+0.1)^2}$ 만 엔 $=24$만 $7,900$엔
- 3년 후 50만 엔의 현금 흐름 ⇨ 현재 가치는 $\dfrac{50}{(1+0.1)^3}$ 만 엔 $=37$만 $5,700$엔

각각의 현재 가치를 더해 향후 3년간의 순현재가치는

$$181,800+247,900+375,700=80만 5,400엔$$

이와 같이 된다. 이것을 [도표 3-16]으로 나타냈다.

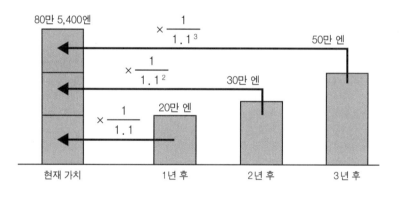

[도표 3-16]

다소 계산이 복잡해지는데, 다음의 예를 소개한다.

초기 투자 금액이 180억 엔인 투자를 시행할 때 1년 후, 2년 후, ⋯, 10년 후까지 매일 일정하게 20억 엔의 현금 흐름을 기대할 수 있다고 하자. 금리나 할인율을 3%라고 하면 현금의 수입 및 지출 상황은 [도표 3-17]과 같이 나타낼 수 있다.

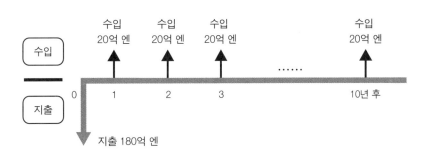

[도표 3-17]

[도표 3-18]과 같이 이때의 순현재가치를 구하면,

	현금 흐름	수입·지출	현재 가치
0년 후	180억 엔 (초기 투자)	지출	180억 엔
1년 후	20억 엔	수입	$\dfrac{20}{1+0.03}$ 억 엔
2년 후	20억 엔	수입	$\dfrac{20}{(1+0.03)^2}$ 억 엔
3년 후	20억 엔	수입	$\dfrac{20}{(1+0.03)^3}$ 억 엔
⋮	⋮	수입	⋮
10년 후	20억 엔	수입	$\dfrac{20}{(1+0.03)^{10}}$ 억 엔

[도표 3-18]

초기 투자액은 지출이므로 마이너스가 되지만, 그 후는 플러스인 수입이 이어지는 현금 흐름이 된다. 최종적인 순현재가치는 이들 현재 가치를 더하여,

$$\frac{20}{1+0.03} + \frac{20}{(1+0.03)^2} + \frac{20}{(1+0.03)^3} + ... + \frac{20}{(1+0.03)^{10}} - 180$$

$$= \frac{20}{1.03} + \frac{20}{1.03^2} + \frac{20}{1.03^3} + ... + \frac{20}{1.03^{10}} - 180$$

$$= 20\left(\frac{1}{1.03} + \frac{1}{1.03^2} + \frac{1}{1.03^3} + ... + \frac{1}{1.03^{10}}\right) - 180 \Rightarrow (1)$$

위에서 마지막 줄의 괄호 안은

$$\frac{1}{1.03} + \frac{1}{1.03^2} + \frac{1}{1.03^3} + ... + \frac{1}{1.03^{10}}$$

으로 10개 항의 덧셈이다.

처음으로 이렇게 생긴 식을 보면 조금 어렵게 느낄 수도 있다. 계산 자체는 다소 복잡하지만, 이 정도는 꼭 정복해 두자.

물론 $\frac{1}{1.03}$, $\frac{1}{1.03^2}$ 를 한 항씩 전자계산기 등으로 계산해서 최종적으로 10개 항을 모두 더해도 되지만, 엑셀의 함수 기능을 이용해도 된다.

여기서는 간결한 수학 공식을 소개한다. 이것을 해결함으로써 여러 가지 응용을 할 수 있다. 결코 어려운 것이 아니며, 전자계산기로 지수 계산을 하면 된다.

지금 할인율을 r(위의 예에서는 0.03), 항의 숫자를 t(10년 후와 같이 몇 년인지에 해당)라고 한다면 아래와 같이 정리할 수 있다.

$$\frac{1}{1+r} + \frac{1}{(1+r)^2} + \frac{1}{(1+r)^3} + ... + \frac{1}{(1+r)^t}$$

$$= \frac{1}{r} \times \left(1 - \frac{1}{(1+r)^t}\right) \Rightarrow (2)$$

이번 경우, (2)에 r = 0.03, t = 10을 넣어서

$$\frac{1}{1.03} + \frac{1}{1.03^2} + \frac{1}{1.03^3} + ... + \frac{1}{1.03^{10}}$$

$$= \frac{1}{0.03} \times (1 - \frac{1}{1.03^{10}}) \Rightarrow (3)$$

$1.03^{10} = 1.344$라고 전자계산기 등으로 답을 구하면,

(3)은 최종적으로

$$= \frac{1}{0.03} \times (1 - \frac{1}{1.344}) = 8.53$$

이 된다.

즉, 지금 구하고자 하는 순현재가치는 (1)의 식으로 돌아가서

$$20 \times 8.53 - 180 = 171 - 180 = -9억 \ 엔 \ <0$$

과 같이 구할 수 있다.

이번에는 순현재가치가 마이너스가 되고 말았다. 계산이 틀린 것 아닌가, 하고 생각하는 사람도 있을지 모른다.

계산은 틀리지 않았다. 향후 10년간에 걸쳐서 손에 들어오는 현금 흐름도 현재라는 기점을 세우면 초기 투자액을 회수할 수 없고, 합계로 보면 마이너스(음수)가 되고 만다.

이것은 투자 면에서 솔깃한 이야기가 아니다. 즉, 이 투자는 중지한다는 판단을 내릴 수 있다. 반대로 순현재가치가 플러스(양수)라면 투자를 추진하게 된다. 이것이 순현재가치(NPV)법에 따른 의사 결정이다.

제1장
제2장
제3장
제4장
제5장
제6장
제7장
제8장
제9장
제10장
제11장
제12장

참고로, (2)의 식에서 기간 t가 10년 수준을 넘어서 대단히 긴 경우에는 어떻게 될지 살펴보자.

가령, 반영구에 가까운 수백 년과 같은 기간이라면 다음의 공식을 쓸 수 있다.

$$\frac{1}{1+r} + \frac{1}{(1+r)^2} + \frac{1}{(1+r)^3} + \ldots = \frac{1}{r} \quad \Rightarrow (4)$$

공식 (4)를 (1)의 계산에 적용하면

$$20 \div 0.03 - 180 - 667 - 180 = 487억 \quad 엔 \quad >0$$

이 경우에는 순현재가치가 플러스(양수)가 된다.

반영구적으로 현금 흐름이 들어온다면 순현재가치가 플러스로 전환되는 것은 당연하다.

마지막으로 할인율에 대해서 언급해 두려고 한다.

지금까지의 계산에서는 3% 등과 같이 미리 주어져 있었으나, 이 값은 미래에 받을 현금 흐름의 리스크에 따라서 기업 등의 의사 결정자가 정하는 값이다.

리스크가 크다고 판단되면 할인율을 다소 높게 설정함으로써 현금 흐름의 현재 가치는 낮게 억제할 수 있게 된다.

제1장

제2장

제3장

제4장

제5장

제6장

제7장

제8장

제9장

제10장

제11장

제12장

ch3.
정량 분석을
활용한
의사결정은
이렇게 한다

의사 결정 도구 ③

| 기회 비용과
매몰 비용
① 확실성이 높을 때의 의사 결정에서 주로 쓴다

비용(cost)이란 생산이나 거래 등의 경제 활동 선택에 따라 지출하는 금전을 말하는데, 우리가 목적을 달성하기 위해서 합리적 행동을 선택할 때의 '희생하는 크기'이기도 하다.

의사 결정을 내리는 상황에서도 특히 기회 비용과 매몰 비용의 의미를 바르게 인식하지 않으면 잘못된 선택을 내리게 된다. 여기서는 기회 비용과 매몰 비용의 개념에 익숙해지는 시간을 갖는다.

기회 비용이란, [도표 3-19]와 같이 가령 3개의 선택지(A, B, C) 중 하나만 골라야 하는 상황에서 A를 골랐을 때, 만일 A 이외에 B나 C를 골랐더라면 얻을 수 있었을 기회를 잃게 되는데, 이렇듯 잃은 기회(수익)를 기회 비용이라고 말한다.

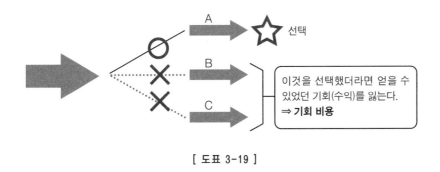

[도표 3-19]

우선은 기회 비용의 사례를 살펴보자. 기업에 근무하는 N 씨는 자격증을 따려고 주말에 자격증 학원에 반년간 공부하기로 했다. 반년이라고 하면 길지만, N 씨는 미래의 경력 개발을 생각해서 가족과 상의한 끝에 양해를 얻어 정했다고 하자.

N 씨는 이미 학원에 수업료 30만 엔을 냈다. N 씨가 낸 진정한 비용은 학원에 납부한 30만 엔뿐일까. 물론 통학하는 데 드는 교통비도 포함해야 하나, 다행히 회사 출퇴근용으로 산 교통 정기권을 쓸 수 있다고 하자.

잘 생각해 보면 N 씨는 이 반년간의 학습을 통해서 잃는다고 생각한 것이 몇 가지 있다. 예를 들면 다음과 같은 것들이다.

① 평일의 회사 업무로 인한 피로가 쌓여 있어서 주말에는 육체적으로도 정신적으로 휴식할 시간이 필요하지만, 이 기회를 잃고 만다.

② 아무리 가족으로부터 이해를 얻었다고 하더라도 주말에 가족과 영화나 놀이동산에 놀러 가거나 하는 가족과의 단란한 시간을 잃게 된다. 만일 N 씨가 독신이라고 해도 사귀는 연인과 데이트할 시간을 내기 어려워지므로, 때에 따라서는 결혼하는 시점이 늦어질 수도 있다.

③ 골프나 여행 등, 회사 동료와 친목을 도모할 기회도 잃게 된다. 회사 동료와의 커뮤니케이션은 단순한 친목뿐만 아니라 다양한 정보 교환의 장이 되기도 하므로 이 시간도 귀중하다.

④ 이 반년 사이에 만일 강연이나 책의 원고 집필 의뢰가 있어도 의뢰한 곳에 이 기회를 취소하거나 연기하는 등의 조치를 마련해야 한다.

이렇듯 N 씨가 주말에 자격증 취득을 위해서 학원에 다니는 예에서도 기회 비용은 여러 가지를 생각할 수 있다. 즉, N 씨가 내는 진정한 비용은 이미 학원에 낸 30만 엔만이 아니다.

따라서 ①에서 ④까지의 기회 비용을 감안하여 최종적으로 의사 결정을 내려야 한다.

일반적으로 기회 비용은 다음과 같이 분해할 수 있다.

> **기회 비용 = 금전 지출을 동반하는 비용+금전 지출을 직접 동반하지 않는 비용**

N 씨의 경우, 금전 지출을 동반하는 비용은 ④다. 또 금전 지출을 직접 동반하지 않는 비용은 ①, ②, ③이다. 후자는 금전으로 셀 수 있는 비용이 아니라 개인의 주관에 따라 가치가 달라진다.

그리고 또 다른 하나의 비용이 매몰 비용인데, 영어로 하면 'sunk cost'라고 한다. 과거에 내린 의사 결정으로 이미 지출해서 지금은 회수 불가능한 비용을 말한다. 이 비용을 어떻게 생각해야 할까.

지금까지 어떠한 의사 결정 A를 내려서 지출해 온 매몰 비용이 있다고 하자. 지금, [도표 3-20]과 같이 A보다 매력이 넘치는 행동 선택안 B, C가 나타났다고 하자. B나 C로 갈아타고 싶지만, A에 지출해온 매몰 비용이 너무나 아깝다. 참더라도 이대로 A를 계속 유지해야 할까.

매몰 비용은 이제는 회수 불가능하다. 매몰 비용은 과감하게 잊고 앞으로의 의사 결정에 전념해야 한다.

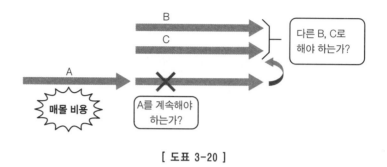

[도표 3-20]

다시 N 씨의 이야기로 돌아가자.

N 씨는 이미 수업료 30만 엔을 학원에 냈다. 학원에 다닌 지 한 달 후, N 씨는 아무리 생각해도 처음에 생각했던 내용과 실제로 상당히 다르다는 사실을 알게 되었다. 수업료를 낼 때 '낸 금액은 환불이 불가능합니다'라는 계약서에 동의했기 때문에 이제 환불은 불가능하다.

더 신중하게 결정했더라면, 하는 후회도 있지만 기왕 30만 엔도 냈겠다, 앞으로도 참고 학원에 다녀서 어떻게든 자격증을 따도록 노력할까 싶다. 이 판단은 올바른 것일까.

단언할 수 있다. 이 선택은 틀렸다.

이미 낸 30만 엔은 매몰 비용으로 하고 깨끗하게 무시해야 한다. A를 대신하는 다른 매력적인 자격증 B나 C가 나타날지도 모른다. 매몰 비용은 깔끔하게 잊고 앞으로의 일만 생각해서 최종적인 의사 결정을 내려야 한다.

기업이라 하더라도 지금까지 펼쳐온 사업에서 철수할 때, 철수 시점을 놓치면 큰 손해를 입게 된다.

지금까지 투자한 거액의 자금은 매몰 비용으로 포기하고, 가령 재고로 남은 제품을 할인해서라도 판매하여 비용을 조금이라도 회수하거나 다른 기업과 M&A를 맺어서라도 신규 제품 개발을 서두르는 등, 미래를 내다본 다양한 의사 결정이나 해결책을 마련해 나가야 한다.

ch3.
정량 분석을
활용한
의사결정은
이렇게 한다

의사 결정 도구 ④

| 추가 이익(한계 효율)

① 확실성이 높을 때의 의사 결정에서 주로 쓴다

인원 채용 계획에서 몇 명을 뽑으면 될지 등의 의사 결정을 내릴 때, 추가 이익(한계 효용)이라는 사고방식이 유용하다.

예를 들면 어떤 입시 학원에서 여름방학 집중 수업을 계획하고 있다고 하자. 이 수업 기간에 새로운 강사를 몇 명 채용할지를 생각해 보자. 적어도 1명에서 최대 3명까지 뽑고 싶다.

대체 몇 명을 뽑으면 될까, 원장은 골머리를 싸맸다. 신규 모집을 통해서 수익을 많이 얻을 수 있다면 좋지만 강사에게 주는 인건비도 늘어나는데, 몇 명을 채용하는 것이 적당할까.

우선 과거의 강사 채용 실적에서 [도표 3-21]과 같은 데이터를 얻었다고 하자. 다만, 여름방학 수업 기간에 강사 1인당 30만 엔의 인건비를 책정했다고 하자.

	강사의 인원 수	인건비 차감 전 이익
D_1안	1명	95만 엔
D_2안	2명	140만 엔
D_3안	3명	160만 엔

[도표 3-21]

여기서 인건비 차감 전 이익이란, 학원 측이 강습을 통해 얻는 수익에서 교재 준비 비용이나 공부방 임대료 등의 여러 경비를 제한 이익으로, 강사에게 주는 인건비를 빼기 전의 이익이다.

학원 경영자는 D_1 안, D_2 안, D_3 안을 어떤 기준으로 선택해야 할까. 말할 필요도 없지만, 인건비를 뺀 순수 이익이 가장 큰 선택안을 골라야 한다.

그렇다면 각 안의 순수 이익을 구해 보자.

◎ D_1안의 순수 이익

⇨ 95만 엔-30만 엔×1명=65만 엔

◎ D_2안의 순수 이익

⇨ 140만 엔-30만 엔×2명=80만 엔

◎ D_3안의 순수 이익

⇨ 160만 엔-30만 엔×3명=70만 엔

즉, 순수 이익이 가장 많은 것은 D_2안의 80만 엔이므로 강사를 1명 또는 3명 채용하기 보다 2명을 채용하는 것이 많은 이익을 올릴 수 있다는 사실을 알 수 있다.

이 결과를 [도표 3-22]와 같이 그래프를 사용해서 생각해 보자. 채용하는 강사를 1명 늘릴 때마다 증가하는 '인건비 차감 전 이익'에 주목하기 바란다.

① 0명에서 1명으로 증가한다

⇨ 95만 엔(-0)=95만 엔

② 1명에서 2명으로 증가한다

⇨ 140만 엔-95만 엔=45만 엔

③ 2명에서 3명으로 증가한다

⇨ 160만 엔-140만 엔=20만 엔

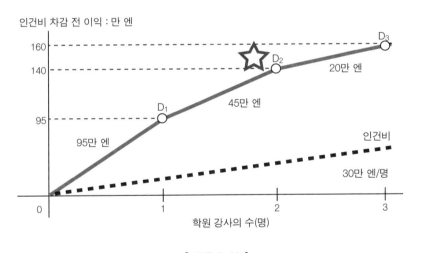

[도표 3-22]

원점에서 각 선택안(D₁~D₃)의 인건비 차감 전 이익을 이은 꺾은 선의 기울기는 각각 강사가 1명 늘어날 때의 추가 이익률을 나타낸다. 이것을 한계 효율이라고 한다.

이 꺾은 선의 기울기가 인건비를 나타내는 점선의 기울기보다 큰 상태에서 작은 상태로 바뀌는 곳, 다시 말해 여기서는 별표가 있는 D₂ 선택안에서 순수 이익이 최대가 된다.

이렇듯 투입할 수 있는 자원(여기서는 학원 강사라는 사람)의 1단위 추가로 증가하는 이익(한계 효율)에 주목하여 선택하는 방법을 추가 이익법(한계 효율법)이라고 부른다. 이 방법은 선택안 중 하나를 고르는 유형에 적용할 수 있다.

지금 설명한 인원 계획이나 출점 계획에서의 점포 공간 선택 문제 등, 추가 이익법(한계 효율법)은 폭넓게 적용된다.

제 1 장

제 2 장

제 3 장

제 4 장

제 5 장

제 6 장

제 7 장

제 8 장

제 9 장

제 10 장

제 11 장

제 12 장

ch3.
정량 분석을
활용한
의사결정은
이렇게 한다

의사 결정 도구 ⑤

| 기대치 원리

② 리스크가 있을 때의 의사 결정에서 주로 쓴다

리스크가 있는 상황에서 의사 결정을 내릴 때, 기대치 원리의 노하우에 대해서 설명한다.

우선 기대치라는 개념을 잘 이해해 두어야 한다. 기대치는 평균이라고도 말하는데, 미래에 일어날 수 있는 상태에서 이득(비용)과 발생 확률을 곱한 것의 합이다. 다시 말해,

S_1의 (이득×발생 확률)+S_2의 (이득×발생 확률)+⋯

로 산출한다.

여기서 어떤 3개의 행동 선택지(D_1~D_3)가 있고, 각각이 3가지 상태(S_1~S_3)를 나타내는 보수행렬(→69쪽)을 가정해 보자.

보수행렬은 예를 들면 [도표 3-23]과 같이 어떤 투자 운용으로 얻을 수 있는 이익으로, 단위는 만 엔으로 한다. 이때 값이 마이너스가 되면 당연히 손실을 나타낸다.

미래에 일어날 수 있는 상태	S_1	S_2	S_3
행동의 선택지 확률	0.3	0.5	0.2
D_1	-10	100	30
D_2	30	50	10
D_3	90	40	5

[도표 3-23]

이때, 리스크가 있는 상황에서 내리는 의사 결정은 세 가지 일어날 수 있는 상태의 확률을 알고 있으므로 가령 상태 S_1의 발생 확률을 0.3, S_2를 0.5, S_3을 0.2라고 한다.

세 가지의 일어날 수 있는 상태의 확률을 더하면 합이 1이 된다는 점을 확인해 두자.

0.3+0.5+0.2=1 ⇨ 틀림없는 사실!

이때, 선택지 D_1의 기대치는 아래와 같이 계산할 수 있다.

$(-10)×0.3+100×0.5+30×0.2$
$=-3+50+6=53$만 엔

마찬가지로 D_2의 기대치는,

$30×0.3+50×0.5+10×0.2=36$만 엔

똑같은 방법으로 계산하면 D_3의 기대치는,

$90×0.3+40×0.5+5×0.2=48$만 엔

결과적으로 선택지 D_1의 기대치가 53만 엔으로 가장 크므로 기대 이익이 가장 큰 D_1을 고르게 된다.

이렇듯 기대 이익이 가장 큰 행동을 선택하는 원리를 '기대치 원리'라고 한다.

기대치 원리는 각 행동안의 기대 이익이 가장 큰 것을 선택하는 명쾌한 원리다.

선택지 D_1의 보수행렬 상의 수치를 잘 들여다보자.

최댓값은 100, 최솟값은 -10이고, 이 둘의 차이는 100-(-10)=110이다.

마찬가지로 선택지 D_2와 D_3에서 최댓값과 최솟값의 차이를 구하면 D_2는 40, D_3은 85가 나온다.

선택지 D_1은 이익의 편차가 크고 불안정하다고 할 수 있다. 아무리 기대치가 커도 이익이 불안정하다는 리스크를 선호하지 않는 사람도 있다. 이익의 편차는 '분산'이라는 통계 지표로 나타낼 수 있는데, 분산이 작을수록 바람직하다는 생각은 충분히 일리가 있다고 여겨진다.

이렇듯 기대치뿐만 아니라 분산도 고려한 의사 결정 원리를 기대치·분산 원리라고 부른다. 이와 관련해서는 다음 항목에서 자세히 다루기로 한다.

제 1 장
제 2 장
제 3 장
제 4 장
제 5 장
제 6 장
제 7 장
제 8 장
제 9 장
제 10 장
제 11 장
제 12 장

의사 결정 도구 ⑥

| 기대치·분산 원리

② 리스크가 있을 때의 의사 결정에서 주로 쓴다

리스크가 있는 상황에서 의사 결정을 내릴 때 활용하는 기대치 원리의 노하우에 대해서 앞의 항목에서 설명했는데, 기대치뿐만 아니라 분산도 고려한 원리를 '기대치·분산 원리'라고 한다. 우선, 분산이라는 개념은 비즈니스에서도 대단히 자주 등장하는 개념이므로 평균과 함께 이해해두기를 바란다.

미래에 일어날 수 있는 상태 / 행동의 선택지 확률	S_1 0.3	S_2 0.5	S_3 0.2	
D_1	-10	100	30	←기대치 53만 엔
D_2	30	50	10	←기대치 36만 엔
D_3	90	40	5	←기대치 48만 엔

[도표 3-24]

100쪽에 있는 [도표 3-23]의 보수행렬을 바탕으로 기대치 원리에 따라 각 행동의 선택지(D_1~D_3)의 기대치(평균)를 이미 산출했다. 그 결과를 다시금 [도표 3-24]에 나타냈다. 여기서는 기대치뿐만 아니라 분산도 산출한다. 선택지 D_1의 기대치는 53만 엔이었으나, 기대치에서 어긋나는 정도(즉, 기대치와의 차이)

를 제곱한 평균을 '분산'이라 하며, 또 분산의 제곱근을 '표준편차'라고 한다.

　이어서 구체적인 수치로 나타내보자.

　선택지 D_1의 분산은 [도표 3-24]에 진하게 표시한 부분에 주목하여,

$$(-10-53)^2 \times 0.3 + (100-53)^2 \times 0.5$$
$$+(30-53)^2 \times 0.2$$
$$=1,190.7+1,104.5+105.8=2,401$$
표준편차$=\sqrt{2401}=4$

　마찬가지로 선택지 D_2에서는 기대치가 36만 엔이므로,

$$(30-36)^2 \times 0.3 + (50-36)^2 \times 0.5$$
$$+(10-36)^2 \times 0.2$$
$$=10.8+98+135.2=244$$
표준편차$=\sqrt{244}=15.6$

　마지막으로 선택지 D_3에서는 기대치가 48만 엔이므로,

$$(90-48)^2 \times 0.3 + (40-48)^2 \times 0.5$$
$$+(5-48)^2 \times 0.2$$
$$=529.2+32+369.8=931$$
표준편차$=\sqrt{931}=4$

　행동의 선택지 D_1의 분산(또는 표준편차)이 다른 D_2, D_3과 비교해도 가장 크다. 다시 말해 선택지 D_1에서는 이익의 편차가 크고 이익이 불안정하며 리스크도 크다고 말할 수 있다. 이익의 기대치뿐만 아니라 리스크까지 고려한 원리를 기

대치·분산 원리라고 한다.

기대치가 커도 리스크는 선호하지 않는 사람도 많으므로, 기대치는 크고 분산은 작다는 기준은 유효하다고 말할 수 있다.

기대치와 분산(또는 표준편차)을 조합한 지표로, 예를 들면 다음과 같은 두 가지 지표를 산출하여 이 지표가 가장 큰 행동을 선택하는 방법을 고안할 수 있다.

① 지표: $\dfrac{기대치}{표준편차}$

② 지표: 기대치-표준편차

①의 지표에 따르면,

> 선택지 D_1에서는 53÷49=1.1
> 선택지 D_2에서는 36÷15.6=2.3
> 선택지 D_3에서는 48÷30.5=1.57

가장 큰 것은 선택지 D_2의 2.3이다.

②의 지표에 따르면,

> 선택지 D_1에서는 53-49=4
> 선택지 D_2에서는 36-15.6=20.4
> 선택지 D_3에서는 48-30.5=17.5

가장 큰 것은 ①의 지표와 마찬가지로 선택지 D_2의 20.4다.

이렇듯 앞에서는 기대치만 중시하는 기대치 원리로 선택지 D_1을 골랐지만, 기대치·분산 원리에서는 선택지 D_2를 고르게 된다. 기대치·분산 원리에서는 기대치가 같을 때 표준편차가 작은(리스크가 작은) 것을 선택한다. 또, 같은 표준편차(리스크)라면 더욱 기대치가 큰 것을 선택하게 된다.

제1장

제2장

제3장

제4장

제5장

제6장

제7장

제8장

제9장

제10장

제11장

제12장

ch3.
정량 분석을
활용한
의사결정은
이렇게 한다

의사 결정 도구 ⑦

| 최대 우도 미래 원리

② 리스크가 있을 때의 의사 결정에서 주로 쓴다

여기서는 최대 우도 미래 원리를 설명한다. 최대 우도 미래라는 말은 귀에 익숙하지 않은 표현일지도 모르지만, 요점은 일어날 가능성이 가장 큰 상태에 주목하고 나머지는 무시한다는 데 있다. 이렇게 선택한 한 가지의 상황 속에서 한발 더 나아가 가장 큰 보수행렬을 가지는 행동을 고르는 원리다.

	↓확률이 최대		
미래에 일어날 수 있는 상태	S_1	S_2	S_3
행동의 선택지　　확률	0.3	0.5	0.2
D_1	-10	100	30
D_2	30	50	10
D_3	90	40	5

← 선택

[도표 3-25]

100쪽의 [도표 3-23]에서는 어땠는지 다시 떠올려보자. 가장 확률이 높은 것은 50%인 상태 S_2였다. 이 상태 S_2에서 선택지 D_1이 100으로 가장 이득이 크므로 [도표 3-25]와 같이 D_1이 선택을 받게 된다.

최대 우도 미래 원리가 설득력을 지니는 것은 단 한 번뿐으로 돌이킬 수 없는 선택에서 어느 하나의 상태가 일어날 확률이 다른 것과 확연히 다를 경우다. 이 예에서는 S_1이 0.3, S_2가 0.5, S_3이 0.2로, 결코 상태 S_2가 다른 상태와 확연히 다른 것은 아니지만, 최대 우도 미래 원리를 바탕으로 한 행동이라고 말할 수 있다.

예를 들면 어느 기업의 고위 경영진이 신입사원이나 의기소침한 부하에게 기회를 주고자 자신이 담당하는 안건을 맡기려고 한다고 하자.

이 상사는 이때 어떤 안건을 맡기려고 할까.

신입사원이나 부하에게는 성공 경험을 맛보게 하고 자신감을 불어넣기 위해서 아마도 착실하게 영업 활동만 한다면 일단은 확실하게 수주할 수 있는 안건을 맡길 것이 틀림없다.

이렇듯 수주할 확률이 가장 큰 안건을(상사 자신이 선택하여) 신입사원이나 부하에게 시키는 행동을 최대 우도 미래 원리에 입각한 의사 결정이라고 하다.

그 결과, 기쁘게도 수주를 따낸 신입사원 또는 부하는 자신감을 얻어 추후 더욱 난이도가 높은 영업 안건에 도전하게 될 것이다. 이렇게 부하 직원 교육에 정성을 쏟는 상사의 기대에 점차 부응하게 될 것이다.

이 상사와 같은 시도는 몇 번이나 반복해서는 안 된다. 단 한 번의 기회로 충분하다. 몇 번이나 시험하다 보면 신입사원이나 부하도 다시 쉬운 임무를 기대하게 되어 상사에 기대는 버릇이 생길 것이 틀림없다. 이런 사고방식은 최대 우도 미래 원리의 '일회성'을 바탕으로 한다.

의사 결정 도구 ⑧

요구 수준 원리

② 리스크가 있을 때의 의사 결정에서 주로 쓴다

제 1 장

제 2 장

제 3 장

제 4 장

제 5 장

제 6 장

제 7 장

제 8 장

제 9 장

제 10 장

제 11 장

제 12 장

여기서는 요구 수준 원리를 설명한다. '요구 수준'이란, 의사 결정을 내리는 주체가 최소한으로 이것만큼은 달성하고 싶다고 희망하는 수준을 말한다.

달성할 가능성이 가장 높은 행동을 선택하는 원리를 '요구 수준 원리'라고 부른다.

100쪽의 [도표 3-23]의 경우, 가령 요구 수준이 40만 엔이라고 하자. 이 말은 다시 말해 최소 40만 엔을 얻을 수 있는 행동이라면 문제없다고 판단할 수 있다는 사실을 의미한다. 이때 [도표 3-26]의 회색 영역이 이에 해당한다.

미래에 일어날 수 있는 상태 행동의 선택지	S_1	S_2	S_3	
확률	0.3	0.5	0.2	
D_1	-10	100	30	
D_2	30	50	10	
D_3	90	40	5	←선택

[도표 3-26]

행동 선택지 D_1에서는 상태 S_2만 요구 수준을 넘으므로,

$$0.5=50\%$$

마찬가지로 D_2일 때도 상태 S_2에서

$$0.5=50\%$$

마지막으로 D_3에서는 S_1과 S_2에서

$$0.3+0.5=0.8=80\%$$

즉, 선택지 D_3이 80%로 가장 크므로 요구 수준 원리에 따라 [도표 3-26]에서 D_3을 선택하게 된다.

이 요구 수준을 설정하는 행위는 주관적이고 애매하다. 인간의 마음이란 바라면 바랄수록 끝이 없으므로 이 점에 주의하여 요구 수준을 설정해야 한다.

예를 들어 에어컨을 새로 산다고 하자. 최신 에어컨은 기능도 대단히 다양하다. 가격대나 에어컨이 기능을 내는 면적으로 선택한다면 그렇게 고민하지 않고도 고를 수 있지만, 가습이나 제습, 공기청정, 자동청소 또는 에코 운전 등의 새로운 기능을 포함한 새 기종이 점점 개발되고 있다.

과연 어느 기능까지를 요구 수준에 넣어야 할지, 사는 사람도 머리가 아플 정도다. 하지만 현실 문제로 본다면 예산을 우선하여 어느 지점에서 타협해서 사게 된다.

이렇게 예산을 우선해서 행동을 선택하는 것도 '요구 수준 원리'라고 말할 수 있다.

제1장
제2장
제3장
제4장
제5장
제6장
제7장
제8장
제9장
제10장
제11장
제12장

의사 결정 도구 ⑨

라플러스의 원리 (등가능성의 원리)

③ 불확실한 때의 의사 결정에서 주로 쓴다

불확실한 때의 의사 결정에서는 미래에 일어날 수 있는 상태를 전혀 알 수 없다. 즉, 상태가 일어날 확률에 관한 정보가 전혀 없는 셈이다. 이 상태에서 의사 결정을 어떻게 내릴 것인지, 몇 가지 방법을 설명한다.

[도표 3-27]의 보수행렬을 보자. 불확실한 때는 확률을 알 수 없으므로 표기되어 있지 않다.

행동의 선택지 \ 미래에 일어날 수 있는 상태	S_1	S_2	S_3
D_1	-10	100	30
D_2	30	50	10
D_3	90	40	5

[도표 3-27]

라플러스의 원리란, 각 상태가 일어날 확률을 아무리 알 수 없다고 하더라도 어떻게 해서든 확률 정보를 끌어내고자 하는 고심책이기도 하다. 그러기 위해서는 각 상태가 모두 같은 확률로 일어난다고 가정한다.

예를 들면 내일 날씨를 아무리 알고 싶다고 하더라도 TV나 라디오 등에서 일기 예보를 들을 수 없는 상태라면 맑음, 흐림, 비가 올 확률을 각각 같은 확률 1/3로 생각할 수밖에 없다. 이것이야말로 라플러스의 원리에 따르는 것이라고 말할 수 있다.

[도표 3-27]의 보수행렬의 예에서는 일어날 수 있는 상태가 세 가지이므로, 각각 같은 확률 1/3로 일어난다고 가정하고 각각 행동의 선택지에서 기대치를 계산하면 다음과 같다.

◎ 행동의 선택지 D_1

$$(-10만 \; 엔) \times \frac{1}{3} + 100만 \; 엔 \times \frac{1}{3} + 30만 \; 엔 \times \frac{1}{3} = 40만 \; 엔$$

◎ 행동의 선택지 D_2

$$30만 \; 엔 \times \frac{1}{3} + 50만 \; 엔 \times \frac{1}{3} + 10만 \; 엔 \times \frac{1}{3} = 30만 \; 엔$$

◎ 행동의 선택지 D_3

$$90만 \; 엔 \times \frac{1}{3} + 40만 \; 엔 \times \frac{1}{3} + 5만 \; 엔 \times \frac{1}{3} = 45만 \; 엔$$

그 결과, 기대치가 가장 큰 D_3을 선택하게 된다.

ch3.
정량 분석을
활용한
의사결정은
이렇게 한다

| 맥시민 원리
(비관적 태도를 반영한
결정 원리)

③ 불확실한 때의 의사 결정에서 주로 쓴다

제1장
제2장
제3장
제4장
제5장
제6장
제7장
제8장
제9장
제10장
제11장
제12장

다음으로 맥시민 원리를 설명한다. 맥시민이란, 맥스(max, 최대)와 민(min, 최소)을 합친 용어다.

[도표 3-27]의 보수행렬에서 각 행동의 선택지에 대해 '최소의 이득'을 구하고, 그중에서 '최대의 이득'을 실현하는 행동을 선택하는 원리다.

결과를 [도표 3-28]에 나타냈다. 아래의 칸에는 각 행동안의 최소 이득을 적었고, 그중에서 10으로 가장 큰 행동 D_2를 선택하게 된다.

행동의 선택지 ＼ 미래에 일어날 수 있는 상태	S_1	S_2	S_3	
D_1	-10	100	30	
D_2	30	50	10	←선택
D_3	90	40	5	

[도표 3-28]

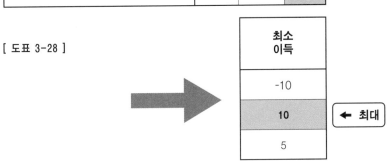

최소 이득	
-10	
10	← 최대
5	

이렇듯 '맥시민 원리'란 '최소의 이득'을 구하는 데서부터 시작한다. 즉, 최악의 결과를 고려하고 그중에서 그나마 가장 나은 '이득'(최대의 이득)을 선택하려고 하는 원리다.

맥시민 원리는 비관적이기도 한 소극적인 사고방식으로, 바꿔 말하자면 조심스럽고 신중한 의사 결정이라고 말할 수 있다.

한편 보수행렬이 이득이 아닌 '손실'인 경우, 각 행동안 중에서 '최대의 손실'을 구하고, 그중에서 '최소의 손실'을 실현하는 행동안을 선택한다. 이러한 경우는 '미니맥스 원리'라고 한다.

'미니맥스 원리'의 예로는 생명 보험이나 손해보험 등을 들 수 있다. 이렇게 생명과 관련된 사고는 결코 일어나서는 안 되지만, 최악의 사태가 일어날 것을 생각해 그중에서도 최선의 행동을 고려하는 사고방식에 따르는 것이다.

맥시민 원리나 미니맥스 원리는 왈드(A. Wald)가 고안한 사고방식이다. 불확실성이 높은 미래에 대해 최악의 사태를 고려한 선택 원리다.

의사 결정 도구 ⑪

| 맥시맥스 원리
(낙관적 태도를 반영한
결정 원리)

③ 불확실한 때의 의사 결정에서 주로 쓴다

이어서 맥시맥스 원리를 설명한다. [도표 3-27]의 보수행렬에서 각 행동의 선택지에 대해 '최대의 이득'을 구하고, 그 후 다시 '최대의 이득'을 실현하는 행동을 선택하는 원리다.

결과를 도표 [3-29]에 나타냈다. 아래 표의 칸에는 각 행동안의 최대 이득을 적는데, 그중에서 100으로 이득의 값이 가장 큰 행동안 D_1을 선택하게 된다.

행동의 선택지 ＼ 미래에 일어날 수 있는 상태	S_1	S_2	S_3	
D_1	-10	100	30	←선택
D_2	30	50	10	
D_3	90	40	5	

[도표 3-29]

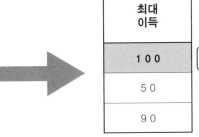

최대 이득	
100	← 최대
50	
90	

이렇게 '맥시맥스 원리'란, 최대의 이득을 구하는 데서부터 시작된다. 즉, 최선의 결과를 고려하고 그 속에서 가장 큰 이득을 선택하고자 하는 원리다.

맥시맥스 원리는 낙관적이고 적극적인 의사 결정이라고 말할 수 있다. 굳이 말하자면 다소 욕심을 내는 선택이라고도 볼 수 있다.

맥시맥스 원리의 예로는 복권을 사거나 금 투자, 상품선물거래를 할 때와 같이 큰 이익을 꿈꾸는 투기성이 높은 투자에 관한 의사 결정이 있다.

한편, 보수행렬이 이득이 아니라 '손실'일 때는 각 행동안 중에서 '최소의 손실'을 구하고, 그중에서 더욱 '최소의 손실'을 실현하는 행동안을 선택한다. 이 경우는 '미니민 원리'라고 한다.

제1장

제2장

제3장

제4장

제5장

제6장

제7장

제8장

제9장

제10장

제11장

제12장

ch3.
정량 분석을
활용한
의사결정은
이렇게 한다

의사 결정 도구 ⑫

| 후르비츠 원리
(비관적 태도와 낙관적
태도를 포함한 일반화 원리)

③ 불확실한 때의 의사 결정에서 주로 쓴다

마지막으로 '후르비츠의 원리'를 소개한다. 앞서 살펴본 맥시민 원리나 맥시맥스 원리는 최소(min)나 최대(max)를 합한 용어지만, 후르비츠(L. Hurwicz)의 원리는 지금까지 설명해온 비관적인 의사 결정인 '맥시민 원리'와 낙관적인 의사 결정이라고 할 수 있는 '맥시맥스 원리'를 통일해서 다룬 것이다.

맥시민 원리든 맥시맥스 원리든 사고방식 자체는 다소 극단적이다. 후르비츠는 통일해서 다루었다고 하는데, 구체적으로는 무엇을 말하는 것일까.

맥시민 원리와 맥시맥스 원리 사이에 다리를 놓는 '낙관도 계수 α'를 도입한 것이다.

이 α는 0에서 1 사이의 값을 가진다. 보수행렬에서 각 행동안의 최대 이득에 α를, 최소 이득에 (1-α)를 곱한 것을 계산하여 더한다. 이것을 '결정 계수'라고 하는데, 이 값을 최대로 가지는 행동안을 선택하는 원리다.

다소 추상적이라 번거로운 감도 들지만, 계속해서 찬찬히 내용을 들여다보자.

다시 한번 말하자면 후르비츠의 원리란,

결정 계수=최대 이득×α+최소 이득×(1-α)

이 식으로 계산하여 결정 계수가 최대가 되는 행동안을 선택하는 것이다.

그렇다면 α=0일 때, 결정 계수는 무엇을 의미하는가?

결정 계수는 단순히 최소 이득이 될 뿐이다. 이 값이 최대가 되는 행동안을 선택하는 원리란 무엇이었는가? 그렇다, 비관적인 의사 결정이라고 할 수 있는 맥시민 원리였다는 점을 쉽게 떠올릴 수 있다.

그렇다면 α=1의 경우는 어떠한가.
이 경우 결정 계수는 단순히 최대 이득이 된다. 이 값이 더 커져서 최대가 되는 행동안을 고르는 원리란 낙관적 의사 결정인 맥시맥스 원리였다.

위의 내용을 정리하면 후르비츠의 원리로 도입한 낙관도 계수 α란,

α=0일 때 ⇨ 맥시민 원리(비관적 의사 결정)를 나타낸다
α=1일 때 ⇨ 맥시맥스 원리(낙관적 의사 결정)를 나타낸다

α는 0에서 1의 값을 가지며, 0에 가까우면 비관적이고 1에 가까우면 낙관적인 경향이 강한 의사 결정이 된다.
양쪽 극단에 있는 맥시민 원리와 맥시맥스 원리를 α라는 계수를 도입함으로써 통합한 아이디어는 획기적이라고 할 수 있다.

지금까지의 보수행렬에 '후르비츠의 원리'를 적용해 보면 [도표 3-30]과 같이 된다.

	S_1	S_2	S_3
D_1	-10	100	30
D_2	30	50	10
D_3	90	40	5

최대 이득	최소 이득	결정 계수
100	-10	$100 \times \alpha + (-10) \times (1-\alpha)$
50	10	$50 \times \alpha + 10 \times (1-\alpha)$
90	5	$90 \times \alpha + 5 \times (1-\alpha)$

[도표 3-30]

각 행동안의 결정 계수를 구해보자.

◎ 행동안 D_1의 경우

$$100 \times \alpha + (-10) \times (1-\alpha)$$

◎ 행동안 D_2의 경우

$$50 \times \alpha + 10 \times (1-\alpha)$$

◎ 행동안 D_3의 경우

$$90 \times \alpha + 5 \times (1-\alpha)$$

그렇다면 $\alpha=0$에서는 결정 계수의 값은 어떻게 될까.

행동안 D_1에서는 -10, 행동안 D_2에서는 10, 행동안 D_3에서는 5라는 최소 이득이 되므로 이 중에서 최댓값을 고르는 '맥시민 원리'의 결과인 D_2와 일치한다.

$\alpha=1$에서는 맥시맥스 원리의 결과 D_1이 된다는 사실을 확인하는 일은 어렵지 않을 것이다.

마지막으로 α가 0과 1 사이의 값, 가령 α=0.3이라면 어떻게 될까. 결정 계수를 실제로 계산해 보자.

◎ 행동안 D_1의 경우

$$100×0.3+(-10)×0.7=30-7=23$$

◎ 행동안 D_2의 경우

$$50×0.3+10×0.7=15+7=22$$

◎ 행동안 D_3의 경우

$$90×0.3+5×0.7=27+3.5=30.5$$

이상의 내용으로부터 결정 계수가 최대가 되는 행동안 D_3이 선택된다.

이렇듯 후르비츠의 원리에서는 '낙관도 계수 α'의 값에 의해 의사 결정이 내려지는 행동안이 달라진다는 사실을 알 수 있다.

낙관도 계수 α에 의해 결정 계수의 값이 어떻게 변화하는지를 결과만 그래프로 나타내면 [도표 3-31]과 같이 된다.

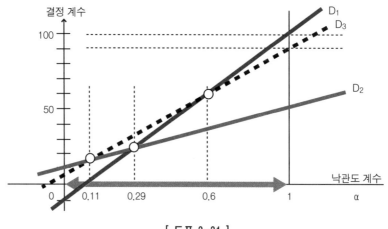

[도표 3-31]

이 그림에서 다음과 같은 사실을 알 수 있다.

> - α가 0 이상, 0.11(=1/9) 미만에서는 결정 계수 D_2가 최대가 된다.
> - α가 0.11보다 크고 0.6 미만에서는 결정 계수 D_3이 최대가 된다.
> - α가 0.6보다 크고 1 이하에서는 결정 계수 D_1이 최대가 된다.

이렇게 낙관도 계수 α에 따라서 최대가 되는 결정 계수를 가지는 행동안이 다르며, α=0.3 부근에서는 행동안 D_3이 가장 큰 값을 가지는 사실을 확인할 수 있다.

'후르비츠의 원리'는 맥시민 원리와 맥시맥스 원리를 '낙관도 계수 α'로 연결지어 의사 결정을 내리는 이론적으로는 흥미로운 것이지만, 실용적인 면에서는 어떨까.

α의 값으로 선택해야 하는 행동안에 변화한다. 이때, 어떻게 α의 값을 선택하면 될까.

불확실한 때의 의사 결정 중에서 불확실한 '낙관도 계수 α'를 추가로 도입함으로써 이론적으로는 재미있을지도 모르지만, 실용적인 면에서 불투명성을 더하는 감도 없지 않다.

더욱 합리적인 '낙관도 계수 α'를 스스로 골라야 한다는 사실을 기억해두길 바란다.

| *column* | 라플러스와 후르비츠는 어떤 사람인가?

'라플러스의 원리'에 등장하는 라플러스란, 특히 이과 출신인 사람이나 자연과학에 흥미가 있는 사람이라면 들어본 적 있는 이름이 아닐까 한다. 피에르 시몬 라플러스 (Pierre-Simon Laplace, 1749~1827)는 프랑스의 수학자로『천체과학』과『확률론의 해석 이론』이라는 명저를 남겼다.

이 책에서도 언급한 라플러스의 원리란 이 확률론의 공적과 관계되어 있고, 미래에 일어날 수 있는 상태에 대해 전혀 확률을 알 수 없을 때, 일어날 수 있는 각각의 상태는 같은 확률로 일어난다고 생각하자는 내용이다.

로봇 등 공학의 제어 이론에서 적용되는 라플러스 변환의 발견자이기도 하다. 나아가 라플러스의 악마라고 불리는 용어도 유명하다. 그밖에 라플러스의 성운설 등으로도 알려졌다.

이렇듯 자연과학과 공학 분야에서 빈번히 이름이 등장하는 저명한 학자다.

한편 '후르비츠의 원리'에 등장하는 후르비츠(Leonid Hurwicz)는 1917년 8월 21일에 태어난 미국의 경제학자이자 수학자다.

후르비츠의 원리는 1950년에 발표된 것으로, 이 책에서도 설명했듯이 '낙관도 계수 α'를 도입하여 맥시민 원리와 맥시맥스 원리와의 결합을 꾀했다. 그야말로 수학적 원리로 아름답게 정리해냈다.

후르비츠는 2007년 노벨 경제학상 수상자 3명 중 한 사람으로, 무려 90세의 나이로 수상하며 노벨상의 최고령 수상자에 올랐다.

정량×정성 분석
바이블

제4장

케이스 스터디 1

확실성이 높을 때
정량 분석을 통한
의사 결정

사 례 ①

파트 직원의 채용 면접에서 누구를 고를 것인가?

가중치 점수

인쇄 회사의 시간제 근로자로 경리사무를 담당하는 사람이 집안 사정으로 급히 회사를 그만두게 되었다. 월말이 가까워져 경리 집계 작업에 지장을 초래할 가능성이 생기자, 이를 피하기 위해서 경영자인 J 씨는 신문에 급히 모집 공고를 냈다.

다행히 5명의 지원자가 있었지만, 경영상 아무래도 한 사람으로 좁히지 않으면 안 된다. J 씨는 이 면접 희망자 5명 중 누구를 골라야 할까.

의사 결정의 접근법

채용 면접을 하는 측은 면접 희망자에게 특히 무엇을 기대하는지에 따라서 평가 항목을 정할 필요가 있다. 경리사무 작업이므로 우선은 경리 지식이나 기능은 필수이며, 실무 경험도 중요할 것이다.

또 업무 수행 능력뿐만 아니라 본인의 인품이나 때에 따라 고객과 접하는 기회도 있으므로 용모도 단정한 쪽이 좋다는 등, 면접을 실시하는 측의 희망 사항도 들기 시작하면 끝이 없다.

채용 면접을 보는 쪽에서 말하자면, 기업 측의 과대한 희망 사항을 안다면 도리어 중압감을 느낄 것이 틀림없다.

제1장
제2장
제3장
제4장
제5장
제6장
제7장
제8장
제9장
제10장
제11장
제12장

이런 상황에서 객관적인 평가를 내리고 선정하기 위해서 J 씨는 가령 다음 [도표 4-1]과 같은 면접 체크 시트를 작성하는 것이 바람직하다.

여기서는 면접 희망자 5명을 A 씨, B 씨, C 씨, D 씨, E 씨로 해서 평가 항목을 ① 전문 지식, ② 경력, ③ 인성, ④ 용모의 네 가지로 추렸다.

① 전문 지식에 관해서는 자격증 취득 상황이나 면접 시 간단한 필기시험으로 평가했다. 각 항목을 0~5점으로 기입했다.

또 네 항목 중, 결과를 더욱 중요하게 평가할 목적으로 1~5의 가중치를 두었다. J 씨는 경리 업무의 전문성과 인성을 중시해서 구체적으로는 ① 전문 지식은 5, ② 경력은 3, ③ 인성은 4, ④ 용모는 2로 가중치를 두었다. 그리고 면접 희망자 5명 중에서 가장 점수가 높은 1명을 선발하려고 생각하고 있다.

이때 면접 결과가 [도표 4-1]과 같았다고 하자.

평가 항목 면접 희망자	① 전문 지식	② 경력	③ 인성	④ 용모
A 씨	5	3	3	4
B 씨	4	4	5	3
C 씨	4	3	4	4
D 씨	5	4	4	3
E 씨	3	4	3	5

[도표 4-1]

A 씨의 총 득점은 다음과 같다.

5×5+3×3+3×4+4×2=54점

마찬가지로 나머지 사람도 계산해 보자.

B 씨의 총 득점 ⇨ 4×5+4×3+5×4+3×2=58점
C 씨의 총 득점 ⇨ 4×5+3×3+4×4+4×2=53점
D 씨의 총 득점 ⇨ 5×5+4×3+4×4+3×2=59점
E 씨의 총 득점 ⇨ 3×5+4×3+3×4+5×2=49점

결과적으로 최고 점수는 근소하지만 D 씨가 59점을 기록해 D 씨를 채용하기로 결정했다.

이 사례에서 알 수 있는 점

● 객관적인 평가를 내리거나 선정할 때 이 경우에서 적용한 체크 시트를 작성하는 편이 좋다. 더욱 상세한 평가 항목을 넣으면 평가의 정밀도가 높아진다. 그러나 면접 인원이 증가하면 집계 작업이 번거로워지므로 어느 정도로 할지 상황을 보며 작성해야 한다.

● 각 평가 항목의 점수 폭에 대해서는 5점으로 할지, 더욱 정밀하게 10점으로 할지, 나아가 가중치도 면접 평가를 하는 데 어떤 평가 항목을 중요시할지를 명확히 하고 나서 결정하는 편이 좋다.

제 1 장

제 2 장

제 3 장

제 4 장

제 5 장

제 6 장

제 7 장

제 8 장

제 9 장

제 10 장

제 11 장

제 12 장

ch4.
확실성이
높을 때
정량 분석을 통한
의사 결정

사례 ②

외국 기업으로부터의 상품 주문을 받을 것인가?

한계 이익·손익 분기점

대기업 정밀기기 S 사에는 한 종류의 제품 라인에서 생산부터 판매까지 담당하는 해외사업부가 있다.

비용	1개당 비용
① 직접재료비 · 소모비	3만 5,000엔
② 변동가공비 · 경비	1만 5,000엔
③ 직접노무비(2억 8,000만 엔÷1만 개)	2만 8,000엔
④ 각종 간접 경비(2억 엔÷1만 개)	2만 엔
⑤ 감가상각비(8,000만 엔÷1만 개)	8,000엔
합계	10만 6,000엔

[도표 4-2]

현재, 생산 라인 및 인원에도 여유가 있어서 국내에서의 생산에 더하여 추가로 수출용 증산도 가능한 상황이다.

이 해외사업부에서는 매출액을 증대하기 위해 수출도 추진하고 싶지만, 해외 시장이 최근 엔고 현상으로 인해 매출 수익이 일본 국내 시장보다 상당히 낮다.

그리고 최근 일본 국내에서의 월간 판매량은 1만 개로, 경리부에서 온 자료([도표 4-2])를 보면 1개당 제조 비용은 10만 6,000엔이었다.

또 제품의 판매 가격은 국내에서는 1개당 12만 엔으로, 즉 월간으로 보면 (12만 엔-10만 6,000엔)×1만 개=1억 4,000만 엔의 이익을 얻고 있다.

이러한 상황 속에서 이번 달 들어 외국상사 K 사로부터 매월 2,000개씩 S 사로부터 수입하고 싶다는 거래 요청이 들어왔다. 이 나라에 팔기 위해서는 파는 값에서 관세나 운임 등의 여러 경비를 제하면 최종적으로 1개당 판매 가격이 9만 5,000엔이 되고 만다. 과연 S 사의 해외사업부는 이 거래 요청을 받아들여야 할까?

참고로 [도표 4-2]에서 ③~⑤의 괄호 안은 월간 고정비를 제품 1개당 비용으로 환산한 점을 의미한다.

의사 결정의 접근법

S 사의 해외사업부는 외국상사 K 사로부터 주문을 받아야 할까, 아니면 받지 않는 편이 좋을까. 수주한다고 하더라도 이익이 나지 않는 일에는 주문을 받을 수 없다. 이것이 의사 결정을 내리는 판단 기준이 될 수 있다.

이미 제3장 손익분기점 분석(→77쪽)에서 설명했듯이,

이익=매출-비용

이었다.

제품 1개당 비용을 [도표 4-2]에서 10만 6,000엔으로 간주한다면,

126

> 이익=9만 5,000엔-10만 6,000엔=-1만 1,000엔 <0

이 되어 거래 요청을 거절하고 수출하지 않기로 할 것이다. (지금까지 이 외국 상사 K 사와의 거래 실적이나 양호한 비즈니스 파트너였는지 등도 감안하겠지만) 과연 이 판단은 틀리지 않았을까. 훗날 기회 손실로 후회하는 일로 남지는 않을까.

자, 125쪽의 [도표 4-2]를 다시 들여다보자.

제3장의 손익분기점 분석(→77쪽)에서 비용은 고정비와 변동비로 분해할 수 있다고 언급했다. [도표 4-2]에서 ①+②(=5만 엔)는 생산량(매출액)에 비례하는 변동비다. 한편 ③+④+⑤(=5만 6,000엔)는 생산량(매출액)에는 관계없는 일정한 고정비다.

고정비 5만 6,000엔은 제품 1개당 비용으로 환산하지 않고 월간값, 즉 2억 8,000만 엔+2억 엔+8,000만 엔=5억 6,000만 엔을 월간 고정비로 간주한다.

그렇게 되면 일본 국내 시장에서 12만 엔으로 팔리는 경우, 매달 이익은

> (제품 판매가-변동비)×생산량(판매량)-고정비
> =(12만 엔-5만 엔)×1만 개-5억 6,000만 엔
> =1억 4,000만 엔 >0

이 되므로 제대로 이익이 난다. 그렇다면 해볼 가치가 있다.

이 생각이 옳다면 외국상사 K 사에서 주문을 받았을 때, 이에 따라 발생하는 비용은 제품 1개당 변동비로 5만 엔뿐이다. 고정비까지 포함한 10만 6,000엔이 결코 아니라는 점에 주의해야 한다.

여담이지만, 전통적인 원가 계산인 '전부 원가 계산'에서는 고정비까지 안분하여 제품 1개당 비용으로 포함하기도 하지만, 이익계획을 보고 의사 결정을 내릴 때, 비용을 고정비와 변동비로 나누어 변동비만 제조원가로 보고 고정비를 기간 비용(그 기간의 비용)으로 처리하는 '직접 원가 계산'의 사고방식이 필요하다.

이 계산 방법은 손익분기점 분석과 연동되어 이익계획을 수립하는 데 대단히 유용하다.

해외 수출품에서 얻는 매출은 1개당 9만 5,000엔으로, 수출을 통해 증가하는 비용은 1개당 5만 엔이므로 4만 5,000엔(=9만 5,000엔-5만 엔)씩의 이득 폭(=한계이익)이 생긴다.

만일 매달 2,000개씩 주문을 받는다면 9,000만 엔(4만 5,000엔×2,000엔)의 이익이 수출을 통해 증가한다. 이 상황으로 보아도 외국상사 K 사로부터의 해외 주문은 현시점에서 받아야 한다고 판단할 수 있다.

이어서 정밀기기 S 사의 해외사업부가 국내용으로만 생산 및 판매한다고 가정하고 제3장에서 배운 손익분기점 분석을 해보자. 제3장에서 가로축은 매출액으로 되어 있었지만, 이때 매출액을 판매 가격 12만 엔으로 나누면 생산·판매량(개)으로 환산할 수 있다.

월액 고정비 5억 6,000만 엔, 제품 1개당 변동비 5만 엔으로 총비용곡선을 그릴 수 있다. 이때 제품 1개를 팔 때마다 12만 엔 중 변동비가 6만 엔이므로 변동 비율은 0.417(=5만 엔÷12만 엔)이 되어 손익분기점 매출액은 다음과 같이 산출된다.

제1장

제2장

제3장

제4장

제5장

제6장

제7장

제8장

제9장

제10장

제11장

제12장

$$\frac{5억\ 6,000만\ 엔}{1-0.417}=9억\ 6,000만\ 엔$$

또, 손익분기점에서의 생산·판매량은 다음과 같다.

9억 6,000만 엔÷12만 엔=8,000개(→[도표 4-3])

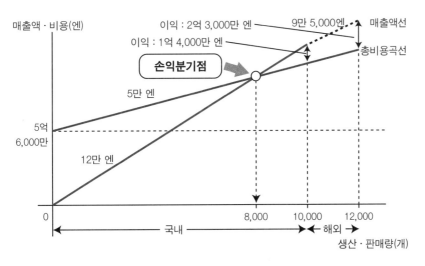

[도표 4-3]

국내에서의 월간 1만 개의 생산·판매량에서는,

매출액=12만 엔×1만 개=12억 엔

이 된다. 또 총비용은 다음과 같다.

총비용=고정비+변동비
=5억 6,000만 엔+5만 엔×1만 개=10억 6,000만 엔

지금까지의 내용으로부터 이익은 다음의 금액이 된다.

> 이익=12억 엔-10억 6,000만 엔=1억 4,000만 엔

현재 상태에서는 생산 라인과 인원에 여유가 있기에 추가로 수출용으로 1개 당 9만 5,000엔으로 2,000개를 수출한다면 생산·판매량은 합계 1만 2,000개가 되어 다음의 금액을 구할 수 있다.

> 매출액=12억 엔+9만 5,000엔×2,000개=13억 9,000만 엔
> 총비용=5억 6,000만 엔+5만 엔×1만 2,000개=11억 6,000만 엔
> 이익=13억 9,000만 엔-11억 6,000만 엔=2억 3,000만 엔

한계 이익의 관점에서 설명하자면, 일본 국내에서의 생산·판매량을 1개 늘릴 때마다 7만 엔(=12만 엔-5만 엔)씩 이익(=한계 이익이라고 한다)이 회수되므로, 월 액 고정비 5억 6,000만 엔을 회수하는 데는

> 5억 6,000만 엔÷7만 엔=8,000개

를 달성하여 손익분기점에 도달한다. 손익분기점을 넘으면 1개마다 7만 엔 씩 이익이 증가한다(→[도표 4-4]).

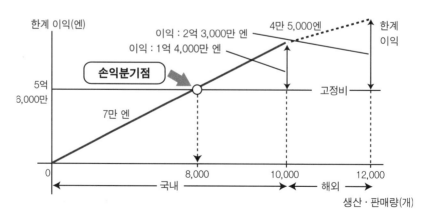

[도표 4-4]

제 1 장

제 2 장

제 3 장

제 4 장

제 5 장

제 6 장

제 7 장

제 8 장

제 9 장

제 10 장

제 11 장

제 12 장

S 사의 해외사업부에서는 생산 라인과 인원에 여유가 있는 상태지만, 외국 상사 K로부터 주문을 받을지에 관한 판단은 한계 이익=9만 5,000엔-5만 엔=4만 5,000엔>0이라는 점이 중요하다.

그리고 추가 주문을 받음으로써 설비나 인원과 같은 고정비 증가가 한계 이익을 초과하지 않는지도 체크할 필요가 있다.

만일 설비 투자나 인원 보강을 통해 고정비가 가령 9억 엔(>8억 9,000만 엔)과 같이 증가한다면 겨우 해외로부터의 추가 주문을 받아도 이익은커녕 손실을 보게 된다(→[도표 4-5]).

이번 케이스에서는 생산 라인과 인원에 여유가 있는 상태이므로 고정비의 증가는 생각하지 않아도 된다.

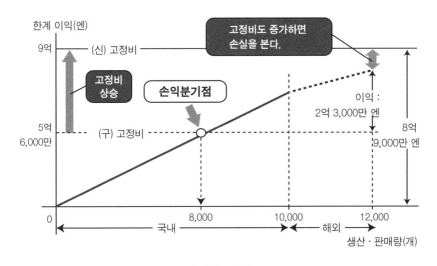

[도표 4-5]

이 사례에서 알 수 있는 점

● 정밀기기회사의 해외사업부가 국내용 제품만 생산·판매하는 경우, 추가로 외국상사로부터 추가 주문을 받을 것인지 말 것인지를 결정할 때 손익분기점 분석은 유용한 도구가 될 수 있다.

● 추가 주문에 관한 의사 결정을 내릴 때, 한계이익>0이라는 점이 중요한데, 이로 인해 고정비가 지나치게 증가하지 않도록 주의할 필요가 있다.

사 례 ③

| 사업 확장에 따라 신규 공장을 건설할 것인가?

현금 흐름과 NPV

화학약품 제조업체인 X 사는 현재, 유휴지인 회사 부지 내에 신제품 제조를 위한 새 공장 건설을 예정하고 있다. 이 투자 프로젝트의 채산성에 대해 검토를 맡게 된 담당자 B 씨는 회사의 재무부 담당자로부터 받은 각종 정보를 바탕으로 [도표 4-6]과 같은 예상 현금 흐름을 작성했다.

단위: 엔

	투자실행 시	1년 후	2년 후	3년 후	4년 후	…
투자액	100억	0	0	0	0	…
매출액	0	0	30억	40억	40억	…
영업비용	0	0	25억	35억	35억	…
감가상각비	0	0	5억	4억	4억	…
세전 이익	0	0	5억	10억	10억	…
세후 이익	0	0	3억	6억	6억	…
현금 흐름	▲100억	0	8억	10억	10억	…

※4년 후 이후는 3년 후의 숫자와 같다고 가정
※현금 흐름=감가상각비+세후 이익
※▲=마이너스

[도표 4-6]

B 씨는 새 공장 건설을 추진해야 할지 말아야 할지, 어떤 판단을 내리면 좋을까. 이때 B 씨는 초기 투자액 100억 엔에 대해서는 회사 내의 유휴지를 활용하므로 토지 대금은 포함되지 않는다.

의사 결정의 접근법

제3장에서 배운 현금 흐름과 순현재가치(NPV)(→84쪽)를 사용하여 의사 결정을 내리는 상황을 생각해 보자.

B 씨는 할인율을 5%로 예상하고 순현재가치를 계산하는 데 현금 흐름의 수치에 주목하고, 또 4년 후 이후에는 3년 후의 숫자와 같다는 점도 고려하여 순현재가치를 다음과 같이 산출하고자 했다.

$$\frac{8억}{1.05^2} + \frac{10억}{1.05^3} + \frac{10억}{1.05^4} + \frac{10억}{1.05^5} + \ldots - 100억 \ \Rightarrow (1)$$

이때 B 씨는 이 계산을 어떻게 할지 고민에 빠졌다.

$$\frac{1}{1+r} + \frac{1}{(1+r)^2} + \frac{1}{(1+r)^3} + \ldots = \frac{1}{r} \ \Rightarrow (2)$$

(2)는 이미 90쪽에서 설명했듯이 순현재가치를 산출하는 기간이 반영구적이라면 사용할 수 있는 공식이었다.

여기서 다시 (1)을 등장시켜서,

$$\frac{8억}{1.05^2} + \frac{10억}{1.05^3} + \boxed{\frac{10억}{1.05^4} + \frac{10억}{1.05^5} + \ldots} - 100억 \ \Rightarrow (1)$$

(1)에서 네모로 표시한 부분은 다음 (3)과 같이 계산한다.

$$\frac{10억}{1.05^4} + \frac{10억}{1.05^5} + \cdots$$

$$\Rightarrow (3)$$

$$= \frac{10억}{1.05^3} \times \left(\frac{1}{1.05} + \frac{1}{1.05^2} + \frac{1}{1.05^3} + \cdots \right)$$

여기에서 (3)의 괄호 부분은 3년째 이후의 현금 흐름의 현재 가치로, 공식 (2)를 적용하면

$$\frac{10억}{1.05^3} \times \frac{1}{0.05} \quad \Rightarrow (4)$$

로 손쉽게 계산할 수 있다.

결국, 순현재가치 (1)은,

$$\frac{8억}{1.05^2} + \frac{10억}{1.05^3} + \frac{10억}{1.05^3} \times \frac{1}{0.05} - 100억$$

=7.26억 엔+8.64억 엔+172.77억 엔-100억 엔

=89억 엔

즉, 순현재가치는 양수(플러스)가 되므로 이 투자 프로젝트를 실시하는 것은 문제 없다는 판단을 내릴 수 있다. 담당자 B 씨는 자신감을 가지고 담당 임원에게 설명할 수 있다고 확신했다. 곧바로 B 씨는 품의서를 정리해 담당 임원에게 설명하러 갔다.

B 씨가 담당 임원 앞에서 설명하자, 임원은 B 씨의 설명에 고개를 갸웃했다.

B 씨는 투자 집행 시의 초기투자액 100억 엔에 대해서는 회사 부지 내의 유휴지를 활용하므로 토지 대금은 포함하지 않았지만, 담당 임원은 이 점을 언급하면서 '유휴지가 현 시점에서 어느 정도의 가격으로 매각할 수 있는지 기회 비

제1장
제2장
제3장
제4장
제5장
제6장
제7장
제8장
제9장
제10장
제11장
제12장

용을 고려해 보라'라며 B 씨에게 재검토를 지시했다.

왜 그럴까? 기회 비용을 전혀 고려하지 않았던 B 씨는 낙담했지만, 다시 책상에 앉아 검토를 시작했다.

지역의 부동산 컨설턴트 등에게 의견을 구한 결과, 유휴지로 되어 있는 이 토지는 주택용지였으며 예상 매각 가격은 100~130억 엔대로 형성되어 있다는 사실이 판명되었다.

이 조사 결과를 임원에게 보고하자, 임원은 당초 유휴지를 건설 후보로 고려했지만 그 대신에 새 공장용 공업 용지로 100억 엔 이하의 물건이 없는지 조사하도록 B 씨에게 지시했다.

B 씨는 바로 새 공장용지 후보를 70억 엔에 찾아냈다. 결과적으로는 유휴지를 주택 부동산 업자에게 120억 엔에 매각하고 새 공장용지를 70억 엔에 구입하기로 결정했다.

정신없이 진행되었지만, 지금까지의 추이를 현금 수입과 지출 상황으로 나누어 그림으로 살펴보자.

우선 [도표 4-7]은 처음에 B 씨가 생각했던 이미지다.

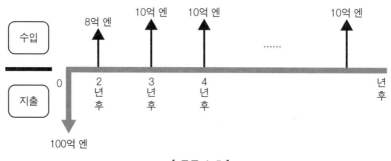

[도표 4-7]

다음으로 유휴지를 주택 부동산 업자에게 120억 엔에 매각하고 새로운 공장용지를 70억 엔에 구입하기로 결정한 상황은 다음 [도표 4-8]과 같다.

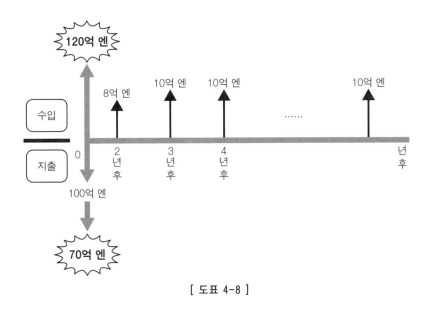

[도표 4-8]

[도표 4-8]은 결국 [도표 4-9]와 같이 바꿔 쓸 수 있다.

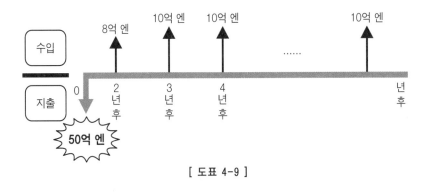

[도표 4-9]

당초 초기 투자액으로 생각한 100억 엔은 결과적으로는 그 절반인 50억 엔으로 줄었다.

[도표 4-9]의 순현재가치는 이미 계산하지 않아도 양수(플러스)라는 사실을 알 수 있지만, 참고로 계산해 보자.

$$\frac{8억}{1.05^2} + \frac{10억}{1.05^3} + \frac{10억}{1.05^4} + \frac{10억}{1.05^5} + ... - 50억$$

=7.26억 엔+8.64억 엔+172.77억 엔-50억 엔

=139억 엔

따라서 [도표 4-7]과 비교하여 50억 엔 증가했다.

이 사례에서 알 수 있는 점

● 순현재가치(NPV)법에 따라서 예상 현금 흐름에서 순현재가치를 실제로 산출했다. 이 방식을 사용하면 순현재가치가 양수(플러스)면 투자해야 한다는 판단을 내릴 수 있게 된다.

● 기회 비용이 있다면 현금 흐름은 기회 비용까지 포함해서 계산하는 것이 중요하다. 이를 통해 의사 결정의 정밀도가 더욱 높아진다. 물론 상사에게 설명할 때 설득력과 신뢰도도 덩달아 올라간다.

사 례 ④

영업 회의는
업무 시간과 야근 시간 중
언제 할 것인가?

기회 비용

중견 정보통신기업인 Z 사는 정기적으로 영업 회의를 매주 월요일에 2시간 동안 실시한다. Z 사에는 도쿄 본사와 나고야 지사가 있는데, 영업 담당자는 각각 10명씩 있다. 지금까지는 도쿄 본사에서 20명이 얼굴을 맞대고 회의해 왔다.

하지만 Z 사가 펼치는 사업의 최전선에 있는 영업부서는 매일 업무로 바빠서 업무 시간보다 가령 금요일의 잔업 시간 등에 영업 회의를 하는 편이 좋다는 의견이 경영진에게서 나왔다. 과연 어느 쪽이 옳을까. 그리고 더욱 비용을 줄이는 다른 방법은 없을까?

의사 결정의 접근법

경영 회의를 업무 시간 내 또는 야근 시간에 해야 하는가에 관한 판단 기준은 어느 쪽이 이익이 높은가, 여기서는 어느 쪽이 비용을 절감할 수 있는가와 같은 경제성 분석이 좌우한다. 회의를 업무 시간과 야근 시간에 하는 각각의 비용을 예측해 보자.

고려할 수 있는 비용은 우선 ① 교통비다. 나고야 지사는 영업 담당자 10명이 도쿄까지 출장을 가야 하므로 도쿄와 나고야 간의 왕복 신칸센 요금과 약간의 교통비를 포함해 1인당 2만 5,000엔으로 해서,

2만 5,000엔×10명=25만 엔

도쿄와 나고야 간이므로 전날 숙박은 필요하지 않은 것으로 간주한다.

그리고 ② 야근에 따른 인건비도 생각할 필요가 있다. 야근 시간에 회의한다면 2시간분의 시간 외 노동으로 인한 할증 임금이 추가 비용이 된다. 영업 담당자 1명의 시간당 급여를 3,000엔으로 하고 시간 외에는 30% 초과 수당을 지급한다면 2시간에서는

3,000엔×1.3(=30% 초과 수당)×2시간=7,800엔

영업 담당자 20명이라면,

7,800엔×20명=15만 6,000엔

이 결과를 [도표 4-10]에 정리해 보면,

단위 : 엔

	업무 시간	야근 시간
① 교통비	25만	25만
② 인건비(잔업 수당)	0	15만 6,000
합계	25만	40만 6,000

[도표 4-10]

이 결과에서 야근 시간이 업무 시간에 회의하는 것보다 비용이 더 듦으로 영

업 회의는 업무 시간 내에 해야 한다는 판단이 설 것이다. 하지만 과연 이걸로 옳은 판단일까. 대단히 중요한 무언가를 잊지는 않았는가. 그것은 기회 비용(→91쪽)이다.

기회 비용이란 어떤 의사 결정을 내릴 때 잃는, 다른 선택지를 선택했다면 얻었을 기회를 말한다.

그렇다면 영업 회의를 업무 시간 내에 함으로써 잃는 기회는 무엇인가.

그것은 바로 영업 담당자에게 할당량으로 부과되는 매출(이익)의 달성이다. 업무 시간 중 2시간을 회의에 쓰면 성사될 거래의 기회를 잃을 가능성마저 생긴다.

이 기회 비용을 측정해 보자. Z 사의 경영진은 평소 항상 영업 담당자는 급여의 2배에서 4배의 이익을 올려야 한다고 말한다. 이 점에서 보면 업무 시간 내에 회의를 함으로써 영업 담당자의 급여의 평균 3배의 이익을 잃었다고 생각할 수 있다.

이것은 상당한 비용이라고 예상되는데, 실제로 어느 정도일까.

우선 회의에 드는 시간을 가늠해 보자. [도표 4-11]과 같이 회의에 걸리는 2시간뿐만 아니라 회의를 위해 이동하는 시간도 고려해야 한다. 나고야에서 도쿄로 이동하는 시간은 왕복 5시간으로 한다.

도쿄 본사의 영업 담당자 10명은 2시간이 걸린다. 한편 나고야 지사에 소속된 10명은 회의 시간 2시간에 이동 시간 5시간을 더해 합계 7시간이나 걸린다. 이것은 상당한 시간의 손실이다.

제 1 장
제 2 장
제 3 장
제 4 장
제 5 장
제 6 장
제 7 장
제 8 장
제 9 장
제 10 장
제 11 장
제 12 장

	회의 시간	이동 시간	합계(1인당)
도쿄 본사(10명)	2시간	0시간	2시간
나고야 지사(10명)	2시간	5시간	7시간

[도표 4-11]

자, 영업 담당자 1명당 급여를 1시간에 3,000엔이라고 하면 그 3배의 이익이 기회손실이 되므로 도쿄 본사에서의 1인당 기회손실은 다음과 같이 된다.

3,000엔×3배×2시간=1만 8,000엔

10명이라면 그 10배인 18만 엔이다.

마찬가지로 나고야 지사에서 10명의 기회 비용은 다음과 같다.

3,000엔×3배×7시간×10명=63만 엔

즉, 18만 엔과 63만 엔의 합계 81만 엔이 기회 비용이다. 반복하자면 이 81만 엔이 영업 회의를 업무 시간 내에 하는 경우의 기회 비용이다. 기회 비용을 고려한 경우를 [도표 4-12]에 정리해 보았다.

단위 : 엔

	A 업무 시간 중에 회의	B 야근 시간 중에 회의
① 교통비	25만	25만
② 인건비(잔업 수당)	0	15만 6,000
③ 기회비용	81만	0
합계	106만	40만 6,000

[도표 4-12]

이렇듯 기회 비용을 고려하면 상황이 달라진다. 이번에는 업무 시간 쪽이 비용이 늘어서 오히려 야근 시간에 회의를 하는 편이 바람직하다고 느껴진다. 그만큼 업무 시간에서 차지하는 기회 비용의 무거움이 크다는 사실을 통감할 수 있다.

여담이지만 영업 담당자뿐만 아니라 일반 직원에게도 해당하는 이야기인데, 회의는 정해진 시간 내에 효율적으로 진행하여 성과를 얻을 수 있도록 하는 것이 바람직하다.

한편 [도표 4-12]의 B에서 야근 시간 중에 회의를 했을 때는 기회 비용이 없다고 산정했다. 정말 기회 비용이 없다고 단언할 수 있을까.

모두 그렇다고는 할 수 없지만, 영업 담당자는 밤에도 일한다. 즉, 회식 등에서 직접적인 일 이야기는 하지 않더라도 수면 아래서 여러 가지 정보 수집이나 기업과의 거래를 위한 사전 교섭을 한다. 이런 기회를 회의로 잃을 가능성이 있다.

이익을 올리기 위한 회의가 기회 비용을 만들어낸다면 주객전도이지만, 이 비용은 93쪽에서도 설명했듯이 금전 지출을 직접 동반하지 않는 비용으로, 산정하는 데는 어려움이 따른다.

기본적으로는 업무 시간보다도 야근 시간에 회의하는 편이 비용의 관점에서는 바람직하다고 말할 수 있다.

지금까지 살펴본 Z 사의 사례에서 더 비용을 개선할 수 있는 점은 없을까.

[도표 4-11]을 보면 교통비를 어떻게 줄일 수 없는지 검토해봄직하다. 나고야에서 도쿄까지 일부러 신칸센을 타고서까지 해야 하는 회의가 있을까.

화상 회의 시스템을 도입하거나 최근에는 웹 카메라를 사용한 회의로 대체하는 기업이 늘고 있다. 특히 웹 카메라라면 비용은 카메라 기재를 구입하는 정도라서 그렇게 많이 들지 않는다. 또 화상 회의 시스템도 대여해서 회의 2시간분으로 환산하면 비용은 상당히 저렴하다.

그리고 나고야에서 도쿄까지 이동 시간이 없어지므로 기회손실도 경감되는 등 일일이 언급하기 어려울 정도다. 그 결과를 [도표 4-13]에 정리해 보자.

단위 : 엔

	A 업무 시간 중에 회의	B 야근 시간 중에 회의
① 교통비	0	0
② 인건비(잔업 수당)	0	15만 6,000
③ 기회 비용	36만	0
④ 화상 회의 비용 (2시간으로 환산)	1,000	1,000
합계	36만 1,000	15만 7,000

[도표 4-13]

이 그림에서 화상 회의 시스템용 비용(러닝 코스트)을 월액 10만 엔의 대여료로 하면 하루로 환산했을 때 다음과 같다.

10만 엔÷30일=3,300엔

그리고 하루의 업무 시간 8시간 중 2시간으로 환산하면 3,300엔×(2시간÷8시간)이 되어 825엔이라는 값을 얻을 수 있다. 다시 말해 화상 회의의 비용은 고작해야 1,000엔 정도다.

또 기회 비용은 도쿄 본사에서는 1명당 다음과 같이 된다.

3,000엔×3배×2시간=1만 8,000엔

10명이라면 그 10배인 18만 엔이 된다.

도쿄 본사의 기회 비용은 변하지 않지만, 나고야 지사는 이동 시간이 없어지므로 도쿄 본사와 같아져서 18만 엔, 즉 합계 36만 엔이 기회 비용이 된다.

[도표 4-12]와 [도표 4-13]을 비교하면 화상 회의 시스템을 도입함으로써 비용은 확연하게 감소하는 것을 알 수 있다.

SFA라는 용어를 알고 있는가. 'Sales Force Automation'의 약자로 일본에서는 일반적으로 '영업 지원 시스템'이라고 불린다. 고객 정보와 영업 일지를 효율적으로 관리하는 시스템으로, 최근에는 노트북도 작고 가벼워지고 휴대전화로도 SFA를 사용할 수 있게 되어서 영업 담당자 활동을 지원하고 영업의 질을 높여가는 도구로 주목받고 있다.

이 도구를 활용함으로써 회의에 얽매이지 않는 자유로운 영업 활동이 가능해진다. 물론 이 도구를 사용할 수 있을 정도의 영업 센스와 IT 능력은 필수라는 사실은 말할 필요도 없다.

이러한 경우의 비용도 계산해 보면 공부가 될 것이다.

이 사례에서 알 수 있는 점

● 영업 회의를 업무 시간 내에 할지 업무 시간 외의 야근 시간에 할지를 정하는 이 사례처럼 기회 비용을 고려하는가, 하지 않는가로 판단은 바뀐다. 기회 비용은 금전 지출을 직접 동반하지 않는 비용이나 비용으로 환산하기에는 곤란한 것도 포함되는데, 의사 결정을 내릴 때는 가능한 한 고려하는 편이 좋다.

사례 ⑤

중고 SUV 차량을 새로 살 것인가?

매몰 비용

Y 씨는 외국계 투자 펀드사에 다니고 있어서 평일에는 격무에 시달린다. 주말에는 집에서 푹 쉬는 것이 아니라 재충전을 위해 교외에서 낚시하는 등 자연을 만끽하는 아웃도어파다. 어느 날 중고차 매장 A에서 괜찮은 중고 SUV(가격 190만 엔)를 발견하고 계약금으로 30만 엔을 냈다.

이대로 차를 산다면 문제는 없지만, 다른 지인에게 중고차 매장 B를 소개받고 Y 씨가 매장 A에서 사려는 SUV와 같은 종류의 중고차를 140만 엔에 팔고 있다는 조건을 듣게 된다. Y 씨는 지금껏 이렇게 자신의 조사 부족과 불운을 뼈저리게 느낀 적이 없다.

자, 그러면 Y 씨는 어떻게 해야 할까. 매장 A에 이미 낸 계약금이 아까우니 매장 A에서 잔금 160만 엔을 내야 할까. 아니면 과감하게 포기하고 지인에게 소개받은 중고차 매장 B에서 다시 사야 할까.

의사 결정의 접근법

제3장에서 설명한 매몰 비용(→93쪽)의 사례다. 앞에서는 매몰 비용은 적극적으로 잊고 앞으로의 의사 결정에 전념해야 한다고 말했다. 결론은 같지만,

사례를 통해 정량 분석으로 실감해 보자.

매몰 비용을 잘 모르는 사람은 이번 사례를 아래와 같이 판단할 수도 있다.

(1) 매장 A의 차는 앞으로 160만 엔에 살 수 있다.

(2) 매장 B의 차는 140만 엔이지만, 이미 낸 계약금 30만 엔은 돌려받을 수 없으므로 결국 170만 엔이 드는 셈이다.

위의 내용에서 매장 A의 차가 매장 B보다 10만 엔 싸므로 매장 A에서 사기로 한다는 결론을 내리는 사람이 분명 있을 것이다.

외국계 투자 펀드사에 근무하며 그야말로 금융 관련의 정량 분석에 정통한 Y 씨이니 이러한 생각은 하지 않겠지만, 틀림없이 이 사고방식은 잘못되었다. 올바른 결론을 얻기 위해서는 다음 두 가지 사고방식 중 하나가 정답이다.

① 과거에 낸 계약금은 더 이상 돌아오지 않는다. 깨끗하게 잊어버리고 앞으로 내야 할 금액만 생각해 보자.

▶ 매장 A의 차는 190만 엔-30만 엔=160만 엔

▶ 매장 B의 차는 틀림없이 140만 엔

이 점에서 전문점 B의 차가 20만 엔 싸므로 B로 결정한다.

② 매장 A와 B에서 각각 차를 샀을 때, 이미 낸 계약금을 포함한 비용의 총액을 구해본다.

▶ 매장 A의 차는 190만 엔

▶ 매장 B의 차는 30만 엔+140만 엔=170만 엔

①, ② 두 가지의 접근법 모두 매장 B가 20만 엔 더 싸므로 B의 차를 사는 편이 이득이라고 말할 수 있다. 이 내용을 [도표 4-14]에 정리해 보았다.

	가격	계약금	① 앞으로 내야 할 금액	② 총 금액
매장 A의 차	190만 엔	30만 엔	160만 엔	190만 엔
매장 B의 차	140만 엔	없음	140만 엔	170만 엔

[도표 4-14]

①, ② 두 가지 접근법 중 ①이 간편하고 이해하기 쉽다.

지금까지 설명한 계약금이 바로 매몰 비용이다. 이미 매몰되어 회수할 수 없는 비용이다. 여러 번 반복했지만, 매몰 비용은 회수 불가능한 비용으로 과감하게 버리고, 앞으로의 의사 결정이 잘못되지 않도록 해야 한다.

이 사례에서 알 수 있는 점

● 매몰 비용은 이미 회수 불가능한 비용으로 미련없이 버리고, 앞으로의 의사 결정에 전념해야 한다. 비즈니스의 세계에서 '아깝다'라는 마음은 버려야 한다.

ch4.
확실성이
높을 때
정량 분석을 통한
의사 결정

사 례 ⑥

신규 사업부에 경력직을 몇 명 채용할 것인가?

한계 효율

철강업계는 철강 수요의 호조에 힘입어 착실히 실적을 늘려나가고 있다. 그 중에서 대기업 철강 제조업체 Y 사는 자본력을 앞세워 신규 사업에 진입했고, 즉시 투입 가능한 우수한 기술자를 찾기 위해서 경력직 채용 공고를 냈다. 경력직 입사자는 한 달 정도의 기본 입사 연수 후 각 부서에 즉시 투입하여 이익에 이바지해 줄 것을 기대하고 있다.

신규 사업인 세 개의 사업부는 전자기기사업부, 반도체사업부, 부동산개발사업부로, 경력직 기술자를 각각 1명에서 3명 뽑으려고 한다.

신규 사업부의 담당 임원으로부터 만일 합해서 3명을 채용한다면 각 사업부에 어떻게 인원을 배치해야 할지, 또 4명이나 5명을 뽑았을 때는 어떻게 되는지를 조사해서 즉시 보고하라는 지시를 받았다.

인사부의 채용 담당자인 M 부장은 세 사업부에 어떻게 인원을 배치해야 하는지 곧장 조사하고 검토하기 시작했다.

의사 결정의 접근법

제3장에서 설명한 추가 이익(한계 효율)을 활용한 것을 다시 떠올려보자(→95쪽). 여기서는 인원의 채용 계획 등으로 몇 명을 뽑으면 될지 의사 결정을 내릴때, 추가 이익이라는 노하우를 사용한다.

M 부장은 경력직을 모집하는 세 사업부의 각 담당자에게 인건비를 제하기전의 이익 추정치를 받았다. 그 결과는 [도표 4-15]에 나타냈다. 그리고 1인당평균 인건비는 일정한데, 40만 엔으로 생각한다.

	채용 인원 수	인건비 차감 전 이익
전자기기사업부	1명	80만 엔
	2명	115만 엔
	3명	180만 엔
반도체사업부	1명	10만 엔
	2명	84만 엔
	3명	110만 엔
부동산개발사업부	1명	62만 엔
	2명	115만 엔
	3명	140만 엔

[도표 4-15]

우수한 경력직을 뽑는 것이니 채용 인원을 늘리면 각 사업부의 이익에 이바지할 것은 틀림없지만, 철강제조업체 Y 사의 사업부 특성을 감안하면 인원 보강에 따른 효율은 모두 같지 않다.

그렇다면 [도표 4-15]를 바탕으로 세 사업부의 순이익, 즉 인건비를 제한 이익을 구해 보자.

제1장
제2장
제3장
제4장
제5장
제6장
제7장
제8장
제9장
제10장
제11장
제12장

◎ 전자기기사업부

1명⇨ 80만 엔-40만 엔=40만 엔
2명⇨ 115만 엔-40만엔×2명=35만 엔
3명⇨ 180만 엔-40만 엔×3명=60만 엔

마찬가지로 반도체사업부, 부동산개발사업부도 [도표 4-16]과 같다.

	채용 인원 수	인건비 차감 전 이익	순이익	
	1명	80만 엔	40만 엔	
전자기기사업부	2명	115만 엔	35만 엔	
	3명	180만 엔	60만 엔	★
	1명	10만 엔	▲30만 엔	
반도체사업부	2명	84만 엔	4만 엔	★
	3명	110만 엔	▲10만 엔	
	1명	62만 엔	22만 엔	
부동산개발사업부	2명	115만 엔	35만 엔	★
	3명	140만 엔	20만 엔	

[도표 4-16]

순이익이 가장 커지는 채용 인원에 ★ 기호로 표시했는데, 전자기기사업부에서는 3명, 반도체사업부에서는 2명, 부동산개발사업부에서도 2명이다. 각 사업부에서 원하는 만큼 인원을 뽑아도 된다면 총 7명의 경력직을 뽑을 수 있지만, 말처럼 쉬운 일이 아니다.

담당 임원의 지시는 총 채용 인원 수가 3명, 4명, 5명일 때 각 사업부에서 어떻게 나누어 뽑을 것인지, 즉 최적의 인원 배치 계획을 세우라는 것이었다.

요점은 한계 효율, 즉 추가 이익률이다. 가로축을 채용 인원 수, 세로축을 인건비 차감 전 이익으로 해서 각 사업부의 도표를 그려보자.

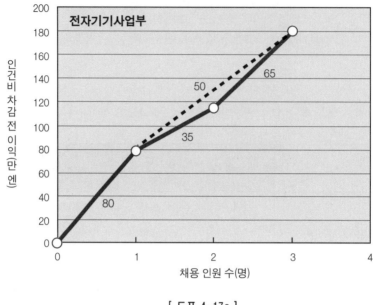

[도표 4-17a]

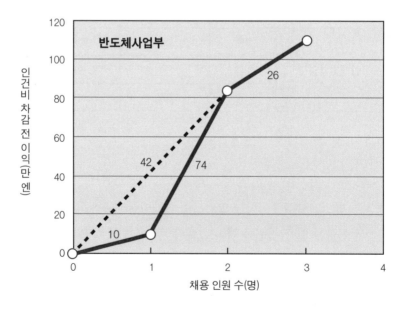

[도표 4-17b]

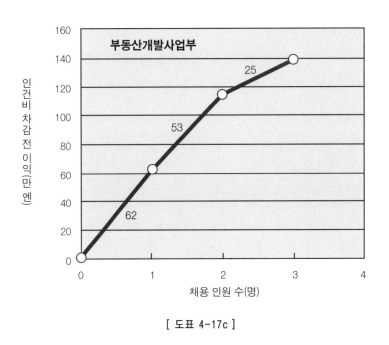

[도표 4-17c]

[도표 4-17(a~c)]에서 꺾은 선의 기울기는 추가 인원에 따른 한계 효율을 나타낸다.

일반적으로 이 꺾은 선은 위로 솟아오르지 않을 때 [도표 4-17a]와 [도표 4-17b]가 나타내듯이 점선과 같은 보정을 가할 필요가 있다.

가령 [도표 4-17a]에서 채용 인원 수가 2명일 때는 아래로 꺼지는 형태가 되므로 1명에서 3명으로 선을 그어서 위로 볼록 솟도록 보정했다. 그 결과 전자기기사업부에서는 2명을 채용하는 선택지는 생각하지 않는다. 즉, 전자기기사업부에서는 1명을 채용하거나 3명을 채용하게 된다.

똑같이 [도표 4-17b]의 반도체사업부도 채용 인원이 1명일 때는 아래로 꺼지는 형태가 되므로 0명에서 2명까지 선을 그어서 위로 볼록 솟도록 보정한다. 그 결과, 반도체사업부에서는 1명을 채용하는 선택지는 고려 대상에서 제외된다.

다음으로 추가 인원에 대한 한계 효율, 즉 [도표 4-17(a~c)]의 꺾인 선의 기울기를 큰 순서대로 늘어놓아 보자. 단, 위로 볼록 솟지 않아서 보정한 곳, 즉 전자기기사업부에서는 채용 인원 2명, 반도체사업부에서는 1명의 경우를 제외하도록 한다. 결과는 [도표 4-18]에 나타냈다. 총 채용 인원 수가 3명, 4명, 5명의 경우에 범위를 화살표로 나타냈다.

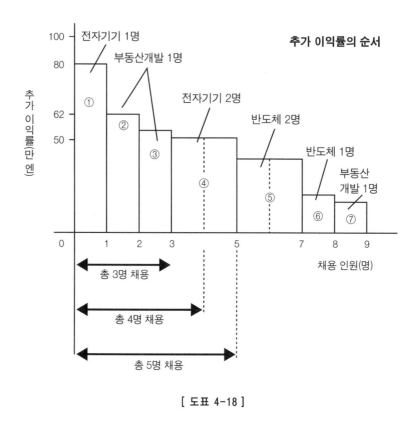

[도표 4-18]

그리고 순서 ①에서 ⑦까지의 각 정보는 다음의 [도표 4-19]에 나타낸 바와 같다.

제1장

제2장

제3장

제4장

제5장

제6장

제7장

제8장

제9장

제10장

제11장

제12장

순서	추가 이익률	채용하는 사업부 및 인원 수	누적 인원(명)
①	80만 엔	전자기기 · 1명	1
②	62만 엔	부동산개발 · 1명	2
③	53만 엔	부동산개발 · 1명	3
④	50만 엔	전자기기 · 2명	5
⑤	42만 엔	반도체 · 2명	7
⑥	26만 엔	반도체 · 1명	8
⑦	25만 엔	부동산개발 · 1명	9

[도표 4-19]

이 결과에서 경력직 채용이 총 3명일 때는 전자기기사업부 1명, 부동산개발 사업부 2명으로 총 3명이 된다.

또 총 5명을 채용한다면 전자기기사업부에 3명, 부동산개발사업부에 2명을 배치하는 것이 최적임을 알 수 있다.

그렇다면 4명일 때는 어떻게 될까. 4위의 전자기기사업에 2명을 채용하는 것을 한 명씩 나눌 수 없는 것이 병목이다. 요컨대 총 4명에 어떻게 밀어 넣을 것인지가 요점이 된다.

그리고 반도체사업부에서는 [도표 4-17b]에서 1명의 채용은 생각할 수 없으므로, 다음과 같은 두 가지 패턴 Ⓐ와 Ⓑ를 생각할 수 있다.

Ⓐ **순서 4위의 전자기기사업부(2명 채용)를 빼고 7위의 부동산개발 1명을 채용. 즉, 전자기기 1명, 부동산개발 3명.**
Ⓑ **순위 3위의 부동산개발(1명 채용)을 빼고 4위의 전자기기 2명을 채용.**

즉, 전자기기 3명, 부동산개발 1명.

이 두 가지 패턴에서 순수가치를 산출해 보자.

Ⓐ 80만 엔+140만 엔-4명×40만 엔=60만 엔
Ⓑ 180만 엔+62만 엔-4명×40만 엔=82만 엔

그 결과, 패턴 Ⓑ의 순수가치가 가장 높다는 사실을 알 수 있다. 총 4명을 채용한다면 전자기기사업부에서 3명, 부동산개발사업부에서 1명을 채용하는 경우가 최적의 채용 인원 배치라는 점을 알 수 있다.

이 사례에서 알 수 있는 점

● 세 곳의 사업부에서 경력직을 채용해서 최적의 인원 배치를 해야 할 때, 추가 이익률이 높은 것에서부터 낮은 것으로 순서를 매긴 후, 필요한 총 채용 인원 수에 맞춰 배치함으로써 의사 결정을 내릴 수 있다.

| *column* | 계층화 의사 결정법(AHP)이란?

보통 의사 결정을 내릴 때, 선택 기준(평가 기준)을 정하는데 이 책에서는 정량 분석을 통한 의사 결정을 다루므로 정량적(수치적)으로 표현할 수 있어야 함이 전제다. 하지만 현실에서는 정량적인 선택 기준만으로 의사 결정을 내리고 있을까. 가령 새 차를 살 때, 가격뿐만 아니라 브랜드나 디자인과 같은 여러 정성적 선택 기준에 따른 의사 결정이 필요하다.

이때 AHP가 힘을 발휘한다. AHP란 1970년대에 새티(Saaty)가 개발한 분석 방법으로 계층화 의사 결정법(analytic hierarchy process: AHP)이라고도 불린다.

더 구체적인 예를 살펴보자. 어느 기업에서 업무 생산성 향상을 위해 시급히 인쇄 복합기를 전사에 도입할 필요가 생겼다고 하자. 3개의 기종, 즉 X, Y, Z로 추리고 평가 기준은 '기능', '사용 편리성', '가격', '공간 활용성'의 4가지 기준으로 3개의 기종을 이미 평가 비교했다고 하자. 과연 3개의 기종 중 어느 것을 구입해야 할까. AHP는 여기에서 큰 힘을 발휘한다. AHP의 순서 개요를 다음과 같이 나타냈다.

① 문제 구조를 계층도로 나타낸다.
② 일대비교를 통해 평가 기준(이때는 4가지)의 중요도(Weight)와 더불어 3개 기종의 중요도(Weight)를 구한다.
③ 일대비교의 정합성을 체크한다.
④ 마지막으로 3개 기종의 종합 중요도를 계산하여 순위를 정한다.

AHP를 이해하기 위해서는 참고 문헌(예를 들면 미야카와 다다오의 『의사 결정론』 등)을 학습하기 바란다.

제1장
제2장
제3장
제4장
제5장
제6장
제7장
제8장
제9장
제10장
제11장
제12장

정량×정성 분석
바이블

제5장

케이스 스터디 2

리스크가 있을 때
정량 분석을 통한
의사 결정

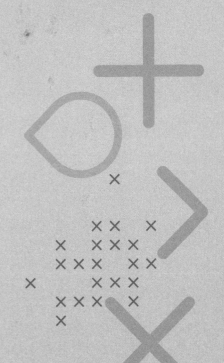

사 례 ⑦

세 그룹 중 회의 효율성이 가장 좋은 것은?

평균과 편차

S 씨는 경영 컨설턴트로 거래처인 K 사의 영업 차장으로부터 조사 의뢰를 받았다.

그 내용은, K 사에서는 정기적으로 경영 그룹 회의를 열고 있는데, 회의 시간 내에 제대로 결론을 내는 그룹이 있는가 하면 회의 시간이 길어지거나 다음 회의로 넘어가거나 하는 그룹도 있어 회의 효율이 그룹에 따라 제각각이다. 이로 인해 그룹마다 결과나 정보 공유, 또는 업무 의욕에 격차가 생겼다.

K 사는 본업인 영업 활동에 지장을 빚지 않는 회의 운영 및 효율성을 목표로 하는데, 우선 3개의 그룹에서 가장 회의 효율성이 높다고 판단되는 것은 어느 그룹일까. 또, 회의 효율성에 차이가 나는 원인은 무엇인가. 이러한 문제를 조사하고 검토해 주었으면 좋겠다는 의뢰였다.

자, 그렇다면 S 씨는 어떻게 대응해야 할까.

의사 결정의 접근법

이 문제를 의뢰한 영업 차장은 세 그룹 A, B, C를 관리하는 업무를 맡고 있다. 의뢰를 받은 경영 컨설턴트 S 씨는 각 그룹의 상황을 조사했다.

영업 직원은 각 그룹에 8명씩 있는데, 자택에서 회사까지 출퇴근 시간이 긴 사람도 있는가 하면 아침 10시인 영업 회의 전에 고객사에 들렀다 오는 사람도 있다. 조사하는 도중에 S 씨는 각 그룹에서 회의 효율성이 다른 이유 중 하나는 각 그룹에서 회의를 시작할 때 직원들이 모이는 시간 때문 아닐까 생각하고 우선 각 그룹의 회의 집합 시간을 조사해보았다. 이른바 가설을 세우는 것이다.

결과는 [도표 5-1]과 같다.

회의 집합 시간(오전 10시)

그룹 \ 멤버	1	2	3	4	5	6	7	8
A	9 : 55	9 : 56	9 : 57	9 : 57	9 : 57	9 : 59	9 : 57	9 : 58
B	9 : 50	10 : 08	9 : 54	10 : 00	10 : 07	9 : 52	9 : 54	9 : 51
C	9 : 57	10 : 03	9 : 55	10 : 03	9 : 57	10 : 03	9 : 57	10 : 05

[도표 5-1]

이 데이터를 회의 시작 시각인 오전 10시와의 차이, 즉 10시 이후라면 플러스로, 10시 이전이라면 마이너스로 해서 [도표 5-2]와 같이 구해 보았다. 이때 플러스는 부호를 생략했다.

오전 10시와의 차이(분)

그룹 \ 멤버	1	2	3	4	5	6	7	8
A	-5	-4	-3	-3	-3	-1	-3	-2
B	-10	8	-6	0	7	-8	-6	-9
C	-3	3	-5	3	-3	3	-3	5

[도표 5-2]

[도표 5-3]에서 나타냈듯이 차이 값은 0에 가까울수록 회의 예정 시각인 10

시에 출석하는 경향이 강하다. 또 차이 값이 플러스든 마이너스든 0에서부터의 값(정확히 말하자면 절댓값)이 클수록 회의 출석 시간에 대폭 늦거나 반대로 너무 여유 있게 모인다는, 즉 제각각으로 모이는 경향이 있음을 의미한다.

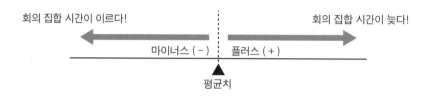

[도표 5-3]

여기서 회의 시작 시각보다 이르거나 늦은 정도의 평균값과 평균값과의 차이를 제곱하여 계산해 보자.

통계학에서는 어느 양의 평균값으로부터의 차이를 제곱한 값의 평균을 '분산'이라고 한다. 그리고 분산의 제곱근을 '표준편차'라고 한다. 모두 값의 '분산된 정도'를 나타내는 중요한 통계 지표다.

우선 회의 시작 시각보다 이르거나 늦은 정도의 평균값을 계산한 결과는 [도표 5-4]와 같다.

그룹 \ 멤버	1	2	3	4	5	6	7	8	평균값
A	-5	-4	-3	-3	-3	-1	-3	-2	-3
B	-10	8	-6	0	7	-8	-6	-9	-3
C	-3	3	-5	3	-3	3	-3	5	0

[도표 5-4]

예를 들면 A 그룹에서는 (-5)+(-4)+(-3)+(-3)+(-3)+(-1)+(-3)+(-2)=-24라는 합계에서 -24÷8=-3이라는 평균값을 얻을 수 있다.

다음으로 회의 시각보다 이르거나 늦은 정도에서 평균값을 뺀 값을 제곱한 평균(분산), 그리고 분산의 제곱근인 표준편차를 구해 보았다(→[도표 5-5]).

그룹 \ 멤버	1	2	3	4	5	6	7	8	분산	표준편차
A	4	1	0	0	0	4	0	1	**1.25**	**1.1**
B	49	121	9	9	100	25	9	36	**44.8**	**6.7**
C	9	9	25	9	9	9	9	25	**13**	**3.6**

[도표 5-5]

예를 들면 A 그룹의 분산과 표준편차를 구해 보자.

A 그룹의 평균값은 -3이므로 평균값을 뺀 제곱의 합은,

$$(-5-(-3))^2+(-4-(-3))^2+(-3-(-3))^2+(-3-(-3))^2+(-3-(-3))^2+(-1-(-3))^2+(-3-(-3))^2+(-2-(-3))^2$$
$$=(-2)^2+(-1)^2+0^2+0^2+0^2+2^2+0^2+1^2$$
$$=4+1+0+0+0+4+0+1$$
$$=10$$

제곱의 합 10을 영업 직원의 수인 8로 나누어 평균을 구하면,

$$분산=10\div8=1.25$$

표준편차는 분산의 제곱근이므로 다음과 같이 된다.

$$표준편차 =\sqrt{1.25} =1.1$$

우선은 눈에 띈다고 할까, 눈길이 간다고 할까, B 그룹의 회의 시간과 출석 시간과의 차이의 평균값은 -3으로, 그룹 전체에서 평균적으로 회의 시작 몇 분 전인 9시 57분 경에 집합해 있어서 문제는 없지만, 표준편차가 약 7분으로 대단히 크다.

즉, 가장 일찍 오는 사람과 가장 늦게 오는 사람 사이에 약 14분 정도 벌어져 있어, 그룹원이 제각각 모이는 경향이 강함을 의미한다. 실제로 회의 시작 10시에 10분 가까이 늦는 사람도 있어, 회의 시작이 늦추어지는 큰 원인이 됨을 예상할 수 있다.

다른 A 그룹, C 그룹은 어떨까.

A 그룹은 평균값은 -3으로 회의 시작 몇 분 전에 모이므로 문제없고, 표준편차도 1분 정도로 이상적이라고 말할 수 있다. 또 C 그룹에서는 평균값 0, 표준편차는 약 4분 미만으로 굳이 말하자면 회의 시작 전 몇 분 전에 여유를 가지고 모이면 더욱 좋을 것이다.

이러한 조사 결과에서 A 그룹은 회의 집합 시간에 관해서는 다른 그룹(B, C)보다 훨씬 좋고, 회의 자체의 운영 및 효율성도 다른 그룹보다 뛰어나다는 사실을 알 수 있었다.

경영 컨설턴트 S 씨는 K 사의 영업 차장에게 이번 조사 검토 보고서를 제시하며, 특히 B 그룹에 회의 시간 엄수(시작 몇 분 전에 집합)를 제안했다. 그 후 영업 회의는 A, B, C 세 그룹 모두 효율적으로 운영할 수 있게 되었다고 영업 차장으로부터 연락을 받았다.

이 사례에서 알 수 있는 점

● 회의 집합 시간과 차이라는 데이터에서 평균과 표준편차를 구해 회의 시작 상황을 추측할 수 있었다. 집합 시간과의 차이만으로는 단순한 데이터에 지나지 않는다. 통계 지표의 기본 중의 기본인 평균과 분산(표준편차)을 구함으로써 의사 결정을 내릴 때 판단 정보로 흡수하는 것이 중요하다.

사 례 ⑧

| 편의점의
점심 도시락 진열

리스크와 리턴

편의점 S 사에서는 새해를 맞아 신입 직원과 기존 직원이 회사 근처 공원에서 점심을 먹을 때를 대비해 점심 도시락 세 종류를 특별 판매하기로 했다. 이 세 종류의 점심 도시락을 기획하는 데는 S 사의 아르바이트 직원 3명이 각각 아이디어를 냈다. 도시락에는 편의점 본부의 양해를 얻어 자사 브랜드(이른바 PB)의 디저트를 세트로 한 세 종류의 A, B, C를, 개당 가격을 각각 450엔, 500엔, 600엔으로 설정했다. 판매 개시 후 2개월이 지나, 세 종류의 매주 매출액이 [도표 5-6]과 같이 보고되었다. 세 종류의 도시락 중, 매출이 가장 바람직한 것은 어느 것일까. 또 점장은 이 점심 도시락을 담당한 세 명 중, 한 사람의 시급을 올려준다면 누구를 골라야 할까.

매출액: 엔

		A 도시락	B 도시락	C 도시락
3월	첫째 주	114,300	117,000	123,600
	둘째 주	124,200	135,000	105,600
	셋째 주	119,700	124,000	98,400
	넷째 주	124,200	106,000	157,200
4월	첫째 주	109,800	124,000	110,400
	둘째 주	127,800	116,000	97,200
	셋째 주	119,700	114,000	108,000
	넷째 주	117,900	119,000	153,600

[도표 5-6]

의사 결정의 접근법

점장으로서는 우선 매주 평균적으로 어느 정도 팔렸는지를 볼 것이다. 2개월, 8주에 걸쳐 평균값을 계산해 보면 A 도시락은 119,700엔, B 도시락과 C 도시락은 각각 119,375엔과 119,250엔으로 세 종류 모두 약 12만 엔이 조금 못 미치는 금액으로 큰 차이는 없다.

점장은 세 종류의 점심 도시락 모두 우열을 가리기 힘들다는 결론으로 끝나게 될까. 표의 숫자만 노려 본다고 좋은 수가 생기지는 않는다. 그래프로 [도표 5-7]과 같이 나타내보자.

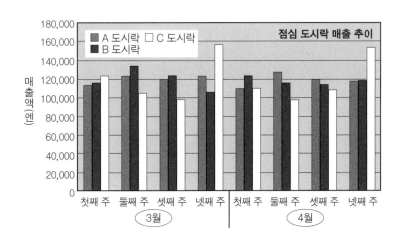

[도표 5-7]

세 종류의 점심 도시락의 주별 매출액 평균치는 거의 비슷하지만, 주에 따라 매출액의 추이는 다르다. 특히 C 도시락에서는 주별 매출액 변동이 크고, 월말에 해당하는 넷째 주의 매출액이 가장 크다.

C 도시락은 이른바 매출액의 편차가 크다. 참고로 앞의 사례 7에서는 평균과 편차를 구했다.

편차는 통계에서 분산이나 표준편차로 나타내는데, 이 경우에서도 이 값을 구해 보자. 결과만 나열했지만, [도표 5-8]을 참고하기 바란다.

단위: 엔

	A 도시락	B 도시락	C 도시락
평균	119,700	119,375	119,250
표준편차	5,437	7,999	22,224

[도표 5-8]

여기에서도 세 종류의 점심 도시락 평균은 거의 비슷하지만, C 도시락의 표준편차가 다른 도시락보다 압도적으로 크다는 점을 알 수 있다.

넷째 주에 매출액이 큰 것은 가격이 600엔으로 다른 도시락보다 고가이지만, 넷째 주는 회사의 급여일이 몰려 있어 상대적으로 여유가 있는 회사원이 많기 때문인 것으로 보인다.

표준편차가 크다는 것은 매주 매출액 변동(편차)이 크고 점장으로서는 판매(수요) 예측을 세우기 힘든 리스크가 큰 상품이라고 말할 수 있다. 보통이라면 리스크가 큰 상품은 회피하려고 한다. 이 때문에 리스크를 최소로 하는 선택을 내리는 것이 타당하다.

리스크가 있을 때의 의사 결정으로는 기대치·분산 원리가 있었다(→100쪽).

앞에서는 $\frac{기대치}{표준편차}$ 나 기대치-표준편차의 지표를 구해 그 지표가 가장 큰 행동을 선택한다는 것을 배웠다.

기대치는 평균으로, 리턴이라고도 불린다. 결과는 [도표 5-9]와 같다.

	A 도시락	B 도시락	C 도시락
기대치 표준편차	22.0	14.9	5.4
기대치 - 표준편차	114,263	111,376	97,026

[도표 5-9]

이 결과에서 A 도시락이 가장 뛰어나다고 말할 수 있다. 만일 점장이 세 명 중 한 사람만 시급을 올린다면 A 도시락 담당자가 된다.

그렇다면 점장은 A 도시락과 같은 유형, 즉 비교적 싸고 매주 매출액에 편차가 없는(점장으로서는 안심할 수 있는) 점심 도시락만 판매하면 될까.

그것은 틀렸다. C 도시락처럼 매출액의 변동은 크지만 급여일에 강한 상품을 갖출 필요도 있다. 금융에서는 이것을 포트폴리오라고 하는데, 결과적으로 리스크를 경감(회피)하는 효과가 있다.

편의점이나 슈퍼마켓에서는 다양한 상품이 전시 및 판매되고 있다. 이 점포가 위치한 상권의 고객의 소비 성향을 조사하여 상품을 어떻게 판매해 나갈 것인지 등, 고객의 니즈를 생각해서 상품을 갖추는 것이 중요하다.

그중에서 가격대 설정도 중요하다. A 도시락처럼 비교적 저렴한 것뿐만 아니라 B 도시락이나 급여일에 인기가 높은 C 도시락과 같은 고가의 상품도 넣어서 가격대의 폭을 어느 정도 두는 편이 매출 증대를 위해서라도 필요하다.

하지만 리스크가 높은 상태란, 과연 바람직하지 않은 상태뿐일까. 최근에는 금융 상품이 여러 가지 개발되어 자산을 운용하는 방법은 상당히 다양해졌다. 국채와 회사채 등 채권의 이율은 일정하고 리스크가 극히 작으므로 처음 투자하는 사람은 채권에서 출발하는 편이 무난하다. 한편 주식 투자나 FX(외환증거

금거래) 등의 외화투자는 수익의 변동 폭이 대단히 커서 크게 돈을 벌 수 있는 한편 큰 손해를 보는 등 리스크가 크다고 말할 수 있다. 리스크가 크다는 사실을 인지하고 자신의 책임으로 도전하는 것도 하나의 선택지가 될 수 있다.

'하이 리스크 하이 리턴'이라는 말이 있다. 리스크가 높을수록 리턴이 크다는 의미인데, 리스크가 높은 만큼 그에 걸맞은 리턴(평균 수익률)도 크지 않다면 투자 등은 타산이 맞지 않는다. 이러한 의미에서 주식이나 외화 투자는 '하이 리스크 하이 리턴'형의 투자라고 말할 수 있지만, 때로는 꿈이나 희망(사행심)을 품게 하는 금융 상품이 되기도 한다.

이 사례에서 알 수 있는 점

● 세 종류의 점심 도시락의 주별 매출 데이터에서 평균과 분산을 구했다. 분산은 리스크의 지표이므로 값이 작을수록 바람직하다고 여겨진다. $\frac{기대치}{표준편차}$ 등의 지표를 구해 세 종류 중 A 도시락이 가장 매출액의 안정성이라는 면에서 뛰어나다(안심할 수 있다)고 판단 내릴 수 있다는 사실을 깨달았다.

● 분산이나 표준편차는 변동(편차)의 크기, 즉 리스크의 지표도 될 수 있다. 리스크가 큰 상태란 반드시 바람직하지 않은 상태인 것은 아니다. '하이 리스크 하이 리턴'이라는 말대로, 높은 리스크에 맞춰 하이 리턴이라는 평균 수익률이 높은 기회가 찾아올 가능성도 있다.

제 1 장

제 2 장

제 3 장

제 4 장

제 5 장

제 6 장

제 7 장

제 8 장

제 9 장

제 10 장

제 11 장

제 12 장

ch5.
리스크가
있을 때
정량 분석을 통한
의사 결정

사례 ⑨

| 고급 와인과 가까운 곳에 놓을 상품은 무엇인가?

상관 분석

식품 전문 슈퍼마켓 M에서는 상품 재배치를 검토하고 있다. 고객으로부터 "○△는 어디에 있어요?" 하는 문의를 줄이려는 목적도 있다. 나아가 어떤 고객이 어떤 상품을 살 때, 동시에 사려는 상품이 가능한 한 가까운 곳(선반)에 전시함으로써 고객에게는 기능적인 구매가, 매장에는 매출 증대와 고객 충성도 유지 및 확대를 실현하고자 한다. 이 슈퍼마켓 M에서는 특히 아래 열 종류의 상품(군) 전시를 재배치하고 있다.

① 와인
② 맥주
③ 생선류
④ 냉동식품류
⑤ 정육류
⑥ 유제품류
⑦ 인스턴트 식품류
⑧ 통조림류
⑨ 과자류
⑩ 청과류

점장은 어떻게 상품을 전시해야 할까. 특히 이 슈퍼마켓은 고급 와인을 두루 갖추고 있고 싸게 판매하기도 한다. 이 고급 와인과 가까운 곳에 둘 상품군은 무엇일까.

점장으로서는 어떤 데이터와 정보에 주목해야 할까.

맥주를 사면 과자류도 무심결에 집어 든다는 고객 경향이 있다면 계산대 데이터에서 고객이 무엇과 무엇을 동시에 사는지를 분석하면 된다.

가령 어느 고객 5명이 3개의 상품(X, Y, Z)을 [도표 5-10]과 같이 구입했다고 하자. 이 도표는 5명의 고객 중 고객 1과 고객 4의 영수증을 나타낸다.

고객 1의 영수증	고객 4의 영수증
2018.7.10	2018.7.10
X 10개 1,200엔	Y 3개 300엔
Y 5개 500엔	Z 5개 1,500엔

[도표 5-10]

[도표 5-11]과 같이 상품을 산 경우에는 ○로 나타냈다. 가령 고객 1은 상품 X와 상품 Y를 동시에 샀음을 의미한다.

고객＼상품	상품 X	상품 Y	상품 Z
고객 1	○	○	
고객 2	○	○	○
고객 3	○	○	
고객 4		○	○
고객 5			○

[도표 5-11]

172

상품\고객	상품 X	상품 Y	상품 Z
고객 1	1	1	0
고객 2	1	1	1
고객 3	1	1	0
고객 4	0	1	1
고객 5	0	0	1

[도표 5-12]

[도표 5-11]을 [도표 5-12]와 같이 표기를 바꾼다. 샀다면 1로, 사지 않았다면 0으로 나타낸다.

상품 X, Y의 관계를 들여다보면 고객 1에서 고객 3까지는 동시에 샀으며 고객 5는 반대로 동시에 사지 않았다. 또 고객 4는 X를 사지 않았지만 Y를 샀다.

즉 5명 중 4명이 동시에 사거나 사지 않거나 했다. 횟수가 적으므로 단언할 수는 없지만, 상품 X, Y는 어느 쪽인가 하면 동시에 사거나 사지 않거나 하는 경향이 강한 상품 관계에 있다고 말할 수 있다.

상품 X, Y를 동시에 사거나 사지 않거나 하는 관계를 나타내는 상관계수를 구해 보자.

우선은 상품 X와 상품 Y의 평균을 구하면 0.6과 0.8을 얻을 수 있다(→[도표 5-13]).

상품 X의 평균=(1+1+1)÷5=0.6
상품 Y의 평균=(1+1+1+1)÷5=0.8

고객 \ 상품	상품 X	상품 Y	X - m	Y - m
고객 1	1	1	0.4	0.2
고객 2	1	1	0.4	0.2
고객 3	1	1	0.4	0.2
고객 4	0	1	- 0.6	0.2
고객 5	0	0	- 0.6	- 0.8
평균값(m)	0.6	0.8		

[도표 5-13]

다음으로 상품 X, Y의 각 데이터(데이터라고 해도 0과 1뿐이지만)에서 평균(m)을 뺀 값을 구하면, [도표 5-13]의 X-m이나 Y-m의 칸과 같아진다. 이때 m은 평균값을 의미한다.

그리고 고객 1에서 고객 5에 걸쳐,

① $(X-m) \times (X-m) = (X-m)^2$
② $(Y-m) \times (Y-m) = (Y-m)^2$
③ $(X-m) \times (Y-m)$

위의 식을 계산하여 5명의 합계를 구한다.

결과는 [도표 5-14]의 합계 (1), (2), (3)과 같다.

고객＼상품	$(X-m)^2$	$(Y-m)^2$	$(X-m) \times (Y-m)$
고객 1	0.16	0.04	0.08
고객 2	0.16	0.04	0.08
고객 3	0.16	0.04	0.08
고객 4	0.36	0.04	- 0.12
고객 5	0.36	0.64	0.48
합계	1.2	0.8	0.6
	(1)	(2)	(3)

[도표 5-14]

최종적으로 상품 X와 상품 Y와의 상관계수는,

$$\text{상관계수} = (3) \div \sqrt{(1 \times (2)}$$

로 구할 수 있다. √는 제곱근을 구하는 기호다.
따라서 상관계수는

$$0.6 \div \sqrt{1.2 \times 0.8} = 0.612$$

가 된다.

또 상품 X, Z는 어떤 관계일까. 상관계수를 똑같은 순서로 구하면 -0.667로 얻을 수 있다.

실제로 [도표 5-12]를 보면 5명 중 4명까지가 X를 구입할 경우는 Z를 구입하지 않거나, 또 반대로 X를 구입하지 않을 때는 Z를 사는 관계를 띤다.

이렇듯 상관계수는 일반적으로 -1에서 1까지의 값을 가지며, 상품을 동시에 구입했는지 또는 구입하지 않았는지에 관한 지표가 된다.

양수(플러스)인 상관계수에서 1에 가까울수록 두 상품 중 하나를 구입하면 다른 하나도 동시에 사는 경향이 강하다는 사실을 의미한다. 한편, 음수(마이너스)인 상관계수에서 -1에 가까워지면 둘 중 하나를 구입할 때 나머지 하나를 사지 않는 경향이 강해짐을 의미한다.

두 개의 수량 X, Y의 상관계수는 일반적으로 [도표 5-15]의 관계가 있다. 양의 상관계수에서 1에 가까울수록 X가 증가하면 Y도 증가하는 경향이 있다.

한편 음의 상관계수에서 -1에 가까울수록 X가 증가(감소)하면 반대로 Y는 감소(증가)한다.

또 0인 상관계수에서는 X, Y 사이에 뚜렷한 경향은 보이지 않는다.

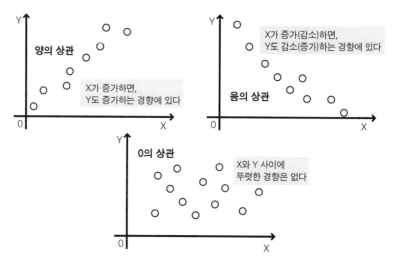

[도표 5-15]

그러나 이번 사례에서는 수량 X, Y의 값은 샀을 때 1, 사지 않았을 때 0이라는 두 가지 값밖에 가질 수 없지만, 상관계수가 양수인 1에 가까울수록 동시에 구입하거나 또는 동시에 사지 않는 경향이 강하다는 것을 의미한다. 반대로 음수 -1에 가까울수록 이 상품은 동시에 사지 않는 경향이 강함을 나타낸다.

그렇다면 이러한 상관 분석을 앞서 설명한 재배치하려는 10종류의 상품군에 적용해 보았다. 결과는 [도표 5-16]과 같다.

	와인	맥주	생선류	냉동식품류	정육류	유제품류	인스턴트식품류	통조림류	과자류	청과류
와인	1									
맥주	- 0.21	1								
생선류	0.43	0.56	1							
냉동식품류	0.32	0.71	0.34	1						
정육류	0.56	0.68	0.43	0.38	1					
유제품류	0.82	0.32	0.26	0.29	0.44	1				
인스턴트식품류	0.26	0.58	0.11	0.11	0.15	0.32	1			
통조림류	0.43	0.48	0.19	- 0.32	0.27	0.25	- 0.47	1		
과자류	0.64	0.43	0.39	0.22	0.44	0.14	0.38	0.59	1	
청과류	0.43	0.12	0.44	0.02	0.35	0.69	0.62	0.32	0.28	1

[도표 5-16]

특히 양의 상관계수가 0.6 이상인 식품의 조합은 진하게 표시했다. 이 결과에서 맥주와 냉동식품, 맥주와 정육류 등이 높은 양의 상관계수를 나타낸다. 특히 와인과 유제품류가 상관계수 0.82로 상당히 높은 양의 상관계수를 나타내며, 와인과 과자류의 상관계수도 높다. 또 청과류와 유제품류, 청과류와 인스턴트식품류의 상관계수가 비교적 높은 점도 이목을 끈다.

와인이나 맥주는 주류이므로 전용 매대가 고정되어 있지만, 상관 분석을 통해 고객이 동시에 사는 경향이 강하다면 가능한 한 선반을 가깝게 배치함으로써 고객이 한 장소에서 쇼핑할 수 있도록 하면 좋다. 즉, 동선 조정이나 매장 레이아웃 변경 등, 점포 매출을 향상시키기 위한 대책을 적극적으로 세워야 한다.

단, 상관 분석도 날씨 등의 기상 조건이나 영업 시각, 또 근처의 경쟁 슈퍼마켓의 세일 상황 등에 따라서 달라지므로 데이터와 정보를 다양한 각도에서 검증해 나갈 필요가 있다.

이 사례에서 알 수 있는 점

● 식품 등 상품을 재배치할 때, 고객이 무엇과 무엇을 동시에 샀는지 상관 분석을 실시하여 양의 상관이 높은 상품끼리 되도록 가까운 선반에 전시한다.

● 양의 상관이 높은 식품끼리 가까운 선반에 둠으로써 고객이 원스톱 쇼핑을 할 수 있도록 하여 효율적인 구매를 가능하게 한다. 고객은 만족감을 얻을 수 있고 충성도도 유지 및 확대된다. 슈퍼마켓 측에서는 매출액과 이익의 확대를 얻을 수 있는 등의 메리트가 있다.

사 례 ⑩

| 가전 판매점의 신규 매장을 어디에 낼 것인가?

회귀 분석

제1장

제2장

제3장

제4장

제5장

제6장

제7장

제8장

제9장

제10장

제11장

제12장

　가전 판매 업계는 경영 규모의 크기가 업계에서 살아남는 조건이 되며 물갈이가 대단히 빠른 것으로 유명하다.

　대형 가전 판매점 K는 지금까지 역 가까운 곳에 점포를 만들었다. 역 가까이에 있는 부도난 백화점을 눈여겨보거나 전철회사의 개발 예정지 등을 신규 매장의 입지 후보로 검토해 왔다.

　이런 가전 판매점 K의 신규 매장 후보지로 지금 시점에서는 세 지점(X, Y, Z)이 물망에 올랐다. 역에서 비교적 가깝다는 것이 공통점이고, 세 지점의 상권 분석 정보는 [도표 5-17]과 같았다고 하자.

신규 입지 후보	상권 인구 (만 명)	가장 가까운 역까지의 거리(km)	가장 가까운 역의 1일 평균 이용자 수(만 명)
X	9.8	1.1	76
Y	13.6	0.7	100
Z	8.1	1.2	69

[도표 5-17]

이 세 입지 후보와 가전 판매점 K의 기존 6개 매장의 조건은 비슷하다. 이 6개 매장의 상권 분석 정보를 [도표 5-18]에 나타냈다.

신규 입지 후보	연 매출액 (억 엔)	상권 인구 (만 명)	가장 가까운 역까지의 거리(km)	가장 가까운 역의 1일 평균 이용자 수(만 명)
A	11.3	10.0	0.8	67
B	10.0	11.7	0.4	45
C	12.0	8.5	1.0	95
D	14.0	15.6	0.6	117
E	7.5	6.0	1.2	40
F	10.5	4.6	0.9	74

[도표 5-18]

새 매장에서는 연 매출액으로 최소 12억 엔을 달성할 것이 필수 조건이다. 과연 이 세 후보지 중에서 신규 매장으로 출점할 수 있는 지점은 어디일까.

의사 결정의 접근법

신규 매장의 연 매출은 각각 12억 엔 이상이어야 하는 것이 필수 조건이지만, [도표 5-18]을 바탕으로 기존 6개 매장에서 연 매출액과 상권 인구, 역까지의 거리, 그리고 역의 1일 평균 이용자 수와의 관계는 어떠한지 살펴보자.

우선은 다음 [도표 5-19]와 같이 연간 매출액과 상권 인구 등의 산포도로 가시화해 보자.

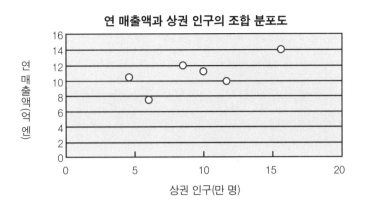

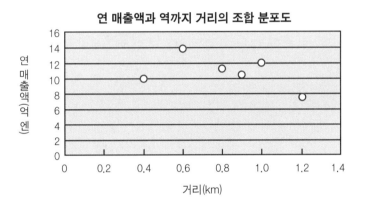

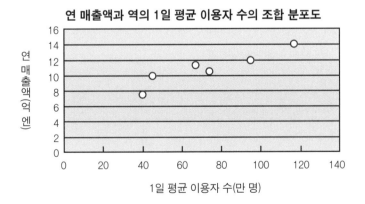

[도표 5-19]

제 1 장
제 2 장
제 3 장
제 4 장
제 5 장
제 6 장
제 7 장
제 8 장
제 9 장
제 10 장
제 11 장
제 12 장

[도표 5-19]에서는 ① 연 매출액과 상권 인구, ② 연 매출액과 역까지의 거리, ③ 연 매출액과 역의 1일 평균 이용자 수의 세 가지 관계를 분포도로 나타냈다.

① 연 매출과 상권 인구의 관계에서 상권 인구가 크면 연 매출도 높아지는 경향이 '왠지' 보인다.

② 연 매출과 역까지 거리의 관계에서는 역까지 멀수록 연 매출이 낮아진다는 점은 '어렴풋하지만' 경향이 있는 듯이 보인다.

③ 연 매출과 역의 1일 평균 이용자 수와의 관계는 지금까지 두 가지 관계와는 달리 '확연히' 역의 평균 이용자 수가 많으면 연 매출액이 높아지는 경향이 강하게 보인다.

위의 ①, ②, ③에서 나타낸 연 매출과의 관계에서 '왠지', '어렴풋이', '확연히'라는 세 가지 표현을 썼는데, 둘의 관계를 더욱 수량적으로 나타내는 방법은 없을까.

앞의 사례에서 배운 상관계수를 떠올리기 바란다. 바로 ①, ②, ③의 상관계수를 각각 구해 보자. 결과만 나타내면 다음의 [도표 5-20]과 같다(상관계수를 구하는 방법은 앞서 배운 내용을 참고할 것).

두 가지 수량의 관계	상관계수
① 연 매출과 상권 인구	0.691
② 연 매출과 역까지의 거리	- 0.464
③ 연 매출과 역의 1일 평균 이용자 수	0.925

[도표 5-20]

제1장

제2장

제3장

제4장

제5장

제6장

제7장

제8장

제9장

제10장

제11장

제12장

앞서 말로 설명한 양자의 관계를 상관계수로 나타내면 대단히 선명하게 표현할 수 있게 된다. 이것이 바로 정량 분석의 참 묘미다.

가령 ③의 '연 매출액과 역의 1일 평균 이용자 수의 관계'는 상관계수가 0.925로 양수(플러스)이며 1에 가깝다. 역의 1일 평균 이용자 수가 많으면 연 매출도 증대하는 경향이 강하다는 추정(가설)이 성립한다.

위의 분석에서는 기존 매장이 6개였는데, 만일 가전 판매점 K가 더 많은 매장을 운영하고 있다면 그 모든 데이터를 분석해 보자. 그리고 그 결과에서도 ③'연 매출과 역의 1일 평균 이용자 수의 관계'에서 양(플러스)의 상관계수가 높았다고 하자.

이때 한 발 더 나가 양의 상관계수가 높은 ③을 직선으로 근사시켜보자.

지금 둘의 관계를 직선으로 근사시키자는 표현을 썼는데, 이것이 바로 이 사례의 중요한 포인트인 '회귀 분석'이다.

회귀 분석이란 산포도에 있는 두 개의 수량(예를 들어 x와 y라고 하자)의 관계를 직선으로 나타내는 시도를 말한다.

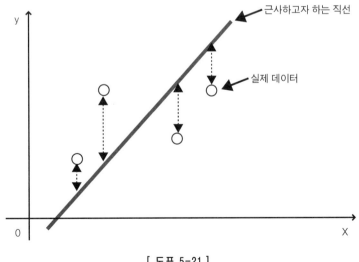

[도표 5-21]

[도표 5-21]에서는 두 가지 수량 x, y의 산포도로 ○로 표시한 4개의 점이 있다. 이 점을 직선으로 나타내고 싶다. 좀 더 멋있게 말하자면 '직선으로 근사시키고 싶다'라고 한다. 적당히 직선을 대충 그어서도 안 된다.

근사시키고 싶은 직선과 실제 데이터와 떨어진 정도를 점선으로 나타냈는데, 이 점선의 길이(정확히는 길이의 제곱)를 더한 것이 가장 짧아지는 직선을 긋는다. 이것이 최소제곱법으로 직선을 구하는 방법이다. 아주 명쾌하지 않은가. 이 결과로 얻은 직선을 '회귀 직선'이라고 한다.

두 개의 수량 x, y의 관계에서 직선은

$$y=ax+b \Rightarrow (1)$$

이라는 식으로 나타낼 수 있다는 것은 이해했으리라 생각한다.

중학교 수학에서 배운 일차 함수다. a와 b는 정수로 a는 기울기, b는 절편이라고 불린다.

회귀 직선에서의 기울기와 절편 구하는 방법은 통계학 교과서에 해설되어 있으므로 상세한 내용을 알고 싶은 사람은 참고하기 바란다.

그런데 표 계산 소프트웨어인 엑셀에서 직선으로 근사시키고 싶은 데이터를 클릭하고 '근사 곡선 추가'를 하고 선형 근사를 선택하면 손쉽게 직선으로 근사시킬 수 있다. 또 직선의 식도 동시에 구할 수 있다.

다시 본론으로 돌아가자. 양의 상관관계가 가장 강한 연 매출과 역의 1일 평균 이용자 수의 관계를 직선으로 근사시킨 결과를 [도표 5-22]에 나타냈다.

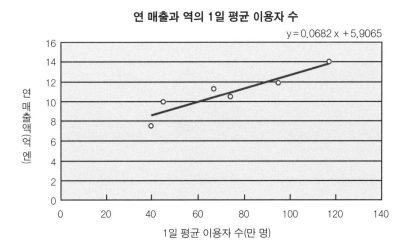

제 1 장
제 2 장
제 3 장
제 4 장
제 5 장
제 6 장
제 7 장
제 8 장
제 9 장
제 10 장
제 11 장
제 12 장

[도표 5-22]

회귀 직선 역시,

$$y=0.0682x+5.9065 \Rightarrow (2)$$

로 구할 수 있다.

다시 확인해 보면 y는 연 매출액(억 엔)이고 x는 1일 평균 이용자 수(만 명)였다. 지금 구한 회귀 직선을 사용함으로써 적당한 평균 이용자 수에서 연 매출을 어느 정도 추정(예측)할 수 있다. 이것은 상관계수가 양수로 1에 가깝다는 뒷받침이 있기 때문이다.

[도표 5-17]의 데이터를 다시 들여다보자. 입지 후보 X에서는 가장 가까운 역의 1일 평균 이용자 수가 76만 명이었다. 회귀 직선 (2)에 수치를 대입하면,

◎ 입지 후보 X

$$y=0.0682×76만 명+5.9065=11.1억 엔$$

마찬가지로 Y, Z 지점 후보에서는 각각

◎ 입지 후보 Y

$$y=0.0682×100만\ 명+5.9065=12.7억\ 엔$$

◎ 입지 후보 Z

$$y=0.0682×69만\ 명+5.9065=10.6억\ 엔$$

그렇다면 이 결과에서 입지 후보 Y는 필수 조건(→180쪽)이었던 연 매출액 12억 엔을 넘을 가능성이 있다고 보고 세 후보 중에서 신규 매장 후보지로 선택한다고 판단할 수 있다.

이 사례에서는 양의 상관관계가 가장 강했던(컸던) 연 매출액과 가장 가까운 역의 1일 평균 이용자 수의 관계에 주목하여 연 매출액을 설명할 수 있는 수량(다소 어렵지만 '설명 변수'라고 한다)을 평균 이용자 수라는 하나로 추려서 회귀 직선을 구했다. 이것을 '단회귀 분석'이라고 한다.

또 처음부터 연 매출에 대해 상권 인구나 가장 가까운 역까지의 거리라는 복수의 설명 변수로도 분석할 수 있다. 이것은 '중회귀 분석'이라고 한다. y를 연 매출로 하고 x_1은 상권 인구, x_2는 가장 가까운 역까지의 거리, x_3은 1일 평균 이용자 수로 하면,

$$y=ax_1+bx_2+cx_3+d \Rightarrow (3)$$
$$(a, b, c, d는 정수)$$

라는 식으로 구할 수 있다.

중회귀식 (3)에서는 정수 a, b, c, d까지 구할 필요가 있는데, 컴퓨터로는 손쉽게 계산할 수 있다.

이 사례에서 알 수 있는 점

● 가전 판매점의 연 매출액을 가장 잘 추정(예측)할 수 있는 설명 변수는 상관계수를 계산함으로써 찾아냈다. 설명 변수를 하나로 좁힐 때, 연 매출액과 가장 상관계수가 높은 역의 1일 평균 이용자 수로 설정했다.

그 결과 단회귀 분석을 통해 신규 매장 입지 후보로 연 매출액 기준을 충족할 수 있는지 판단할 수 있게 되었다.

제1장

제2장

제3장

제4장

제5장

제6장

제7장

제8장

제9장

제10장

제11장

제12장

사 례 ⑪

| 회전 초밥 체인점에 새로운 하이테크 시스템 도입하기

기대치 원리

터치 패널로 주문하거나 자동 계산 시스템으로 결제하는 등, 최근에는 회전 초밥집에서도 기술화가 진전되고 있다. 최근 어느 업체가 더욱 향상된 새로운 시스템을 개발하여 회전 초밥 체인점인 K 본사에 소개하러 갔다.

이 본사에서는 업체로부터 여러 가지 제안과 선택지를 받았다. K 본사의 담당자는 이 새로운 시스템을 도입(특허료+사용료를 지불)하거나 도입을 미루는 등, 다음의 5개 선택지 중 하나를 골라야 하는 상황이다.

D_1 : 특허료 500만 엔을 낸다.

D_2 : 특허료 250만 엔과 매출의 사용료 10%를 낸다.

D_3 : 특허료 100만 엔과 매출의 사용료 20%를 낸다.

D_4 : 특허료 30만 엔과 매출의 사용료 30%를 낸다.

D_5 : 도입을 보류한다.

그리고 회전 초밥집을 새롭게 운영하는 데 매장 건축비와 인건비가 총 500만 엔 든다. 초밥 가격은 한 접시에 200엔으로 한다면 재료비 등의 필요 경비를 뺀 이익은 한 접시에 120엔이 된다. 또 회전 초밥집을 열면 초밥의 수요는 다음의 세 가지로 예상된다.

제1장
제2장
제3장
제4장
제5장
제6장
제7장
제8장
제9장
제10장
제11장
제12장

S_1: 수요가 1만 접시다.

S_2: 수요가 30만 접시다.

S_3: 수요가 10만 접시다.

세 가지 상태 S_1~S_3의 확률 분포는 다른 체인점의 실적으로 미루어 보아 [도표 5-23]과 같이 세 가지 수요 시나리오로 수치가 달라진다.

수요 시나리오 \ 미래에 일어날 수 있는 상태	S_1 (1만 접시)	S_2 (30만 접시)	S_3 (10만 접시)
1. 강한 수요 시나리오	10%	70%	20%
2. 표준 수요 시나리오	20%	20%	60%
3. 약한 수요 시나리오	60%	10%	30%

[도표 5-23]

리스크가 있을 때의 의사 결정에서 사용하는 도구인 기대치 원리를 사용하면 앞에서 말한 D_1~D_5의 다섯 가지 선택지 중, K 본사에서는 3개의 수요 시나리오에서 각각 어느 것을 선택해야 할까.

의사 결정의 접근법

보수행렬을 활용한 의사 결정에서는 보수행렬의 내용인 이익이나 비용을 미리 준다는 착각을 하기 마련이다. 의사 결정의 연습 문제나 케이스 메소드 등에서는 의사 결정의 원리(알고리즘)를 이해하는 것이 먼저이므로 전 단계인 보수행렬의 산출이나 미래에 일어날 수 있는 상태의 확률 분포가 주어지는 경우가 많기 때문이다.

하지만 현실에서는 현상 파악, 과거의 실적이나 미래의 수요 예측 등을 바탕으로 보수행렬을 산출하는 데서부터 출발한다.

이 사례에서는 구체적으로 보수행렬을 구하는 단계에서부터 시작해보려고 한다.

우선 보수행렬인데, 다음 [도표 5-24]와 같이 그려지리라는 것은 금세 떠올릴 수 있으리라 생각한다.

행동의 선택지는 5개(D_1~D_5), 미래에 일어날 수 있는 상태는 3개(S_1~S_3)다.

		미래에 일어날 수 있는 상태		
		S_1	S_2	S_3
		(발생 확률 1)	(발생 확률 2)	(발생 확률 3)
선택지	D_1	…	…	…
	D_2	…	…	…
	D_3	…	…	…
	D_4	…	…	…
	D_5	…	…	…

[도표 5-24]

세 가지 수요 시나리오에 따라서 미래에 일어날 수 있는 상태의 확률 분포가 각각 다르다. 각 수요 시나리오에서 5개의 선택지(D_1~D_5) 중 어느 것을 골라야 할지, 리스크가 있을 때의 의사 결정 중 가장 대중적인 방법인 '기대치 원리'를 사용해 보자.

우선 선택지 D_1과 상태 S_1, 생략해서 (D_1, S_1)에서의 보수행렬을 계산해 보자. 이에 해당하는 조건을 정리해 보면 다음 두 가지로 요약할 수 있을 것이다.

1. 업체에 내는 금액은 특허료 500만 엔이다.

2. 회전 초밥의 수요는 1만 접시다.

그러면 이때의 이익에 주목해 보자.
한 접시의 이익은 120엔이므로 이익 합계는

120엔×1만 접시=120만 엔

내는 비용은 특허료 500만 엔과 매장 건축비와 인건비를 합친 500만 엔을 더한 금액이므로, 다시 말해 비용 합계는 1,000만 엔이 된다.

따라서 보수행렬(D_1, S_1)에는

120만 엔-1,000만 엔=-880만 엔

이 들어간다.

이어서 선택지 D_2와 상태 S_2, 생략하여 (D_2, S_2)에서의 보수행렬을 계산해 보자. 이번 조건은 다음 두 가지다.

1. 업체에 내는 금액은 특허료 250만 엔과 매출액의 10%다.
2. 회전 초밥의 수요는 30만 접시다.

이때 이익 합계는 다음과 같다.

120엔×30만 접시=3,600만 엔

내는 비용은 매장 건축비와 인건비를 합한 500만 엔, 거기에 특허료 250만 엔

+매출액의 10%를 더해 비용 합계는 다음과 같이 된다.

> 500만 엔+250만 엔+200엔×30만 접시×0.1
> =1,350만 엔

즉 (D_2, S_2)에는

> 3,600만 엔-1,350만 엔=2,250만 엔

이 들어간다.

이렇게 보수행렬을 작성할 때 계산 자체는 어렵지 않지만, 계산 조건이 혼동되지 않도록 신중하게 해야 한다. 모두 계산한 최종 결과를 [도표 5-25]에 나타냈다.

단위: 만 엔

		미래에 일어날 수 있는 상태		
		S_1	S_2	S_3
		(발생 확률 1)	(발생 확률 2)	(발생 확률 3)
선택지	D_1	▲880	2,600	200
	D_2	▲650	2,250	250
	D_3	▲520	1,800	200
	D_4	▲470	1,270	70
	D_5	0	0	0

[도표 5-25]

보수행렬에서 숫자가 플러스면 이익, 마이너스면 손실이라는 사실은 말할 나위 없다.

자, 보수행렬이 정해졌다면 [도표 5-25]의 세 가지 수요 시나리오에 따라서 기대치 원리로 '기대치'를 구해 보자.

> ■ **강한 수요 시나리오(상태 S_1: 10%, 상태 S_2: 70%, 상태 S_3: 20%)일 때의 기대치**

- 선택지 D_1: $(-880) \times 0.1 + 2,600 \times 0.7 + 200 \times 0.2 = -88 + 1,820 + 40 =$ **1,772만 엔**
- 선택지 D_2: $(-650) \times 0.1 + 2,250 \times 0.7 + 250 \times 0.2 = -65 + 1,575 + 50 = 1,560$만 엔
- 선택지 D_3: $(-520) \times 0.1 + 1,800 \times 0.7 + 200 \times 0.2 = -52 + 1,260 + 40 = 1,248$만 엔
- 선택지 D_4: $(-470) \times 0.1 + 1,270 \times 0.7 + 70 \times 0.2 = -47 + 889 + 14 = 856$만 엔
- 선택지 D_5: $0 \times 0.1 + 0 \times 0.7 + 0 \times 0.2 = 0$

기대치가 최대인 것은 선택지 D_1의 1,772만 엔이다. 즉, 특허료를 500만 엔 내는 방법을 선택하는 편이 좋다.

> ■ **표준 수요 시나리오(상태 S_1: 20%, 상태 S_2: 20%, 상태 S_3: 60%)일 때의 기대치**

- 선택지 D_1: 464만 엔
- 선택지 D_2: **470만 엔**
- 선택지 D_3: 376만 엔
- 선택지 D_4: 202만 엔
- 선택지 D_5: 0

이렇게 기대치를 구하면 기대치가 최대인 것은 근소한 차이지만 선택지 D_2의 470만 엔이다. 즉 특허료 250만 엔과 로열티로 매출의 10%를 내는 방법을 선택하는 편이 좋다.

> ■ 약한 수요 시나리오(상태 S_1: 60%, 상태 S_2: 10%, 상태 S_3: 30%)일 때의 기대치

· 선택지 D_1: -208만 엔

· 선택지 D_2: -90만 엔

· 선택지 D_3: -72만 엔

· 선택지 D_4: -134만 엔

· 선택지 D_5: 0

약한 수요 시나리오에서는 D_1~D_4 선택지에서 이익이 마이너스가 되어 손실을 나타낸다. 이 시나리오일 때는 도입을 유보하는 편이 좋다고 할 수 있다.

이 사례에서 알 수 있는 점

● 이 사례에서는 우선 세 가지 미래에 일어날 수 있는 상태, 다섯 가지 선택지를 대상으로 실제로 보수행렬을 구했다.

● 구한 보수행렬에서 세 가지 수요 시나리오별로 '기대치 원리'에 따라 의사 결정을 내렸다. 결과적으로 강한 수요 시나리오, 표준 수요 시나리오, 약한 수요 시나리오일 때 각각 선택해야 하는 행동이 달라진다는 사실을 알 수 있었다.

제 1 장

제 2 장

제 3 장

제 4 장

제 5 장

제 6 장

제 7 장

제 8 장

제 9 장

제 10 장

제 11 장

제 12 장

| *column* | 데이터 마이닝이란?

데이터 마이닝(Data mining)이란 대량의 데이터를 망라하여 적용함으로써 어떠한 규칙성과 지식을 이끌어내는 데이터 해석의 과정이다. 영어로는 knowledge-discovery in database(데이터베이스에서 지식 발견)의 첫 글자를 따서 KDD라고도 말한다.

데이터 마이닝이란 이전부터 익숙하게 사용된 통계 해석, 다변량 해석과 비슷한 처리도 있지만 주된 목적으로 어떠한 규칙성(룰이나 패턴)을 추출하는 데 있다. 한편 통계 해석, 다변량 해석에서는 해석 기법이 이미 확립되어 있어서 이 기법을 검증하기 위해 실시되어 왔다고도 말할 수 있다.

데이터 마이닝의 주요 해석 기법을 다음과 같이 정리했다.

| 01 | 빈출 패턴 추출

POS 등 대량의 데이터에서 동시에 일어나는 사건을 상관관계가 높은 사건의 관계로 추출하는 기술이다. 거래 로그에 포함된 구매 이력을 이용한 장바구니 해석이 유명하다. 이 책에서는 사례 9에서 소개했다.

| 02 | 회귀 분석

주어진 데이터를 설명 변수로 예측하는 문제를 두고, 선형 회귀나 로지스틱 회귀를 적용한다. 이 책에서는 사례 10에서 소개했다.

| 03 | 클러스터링

데이터 집합을 클러스터라고 하는 그룹으로 나눈다. 클러스터란 같은 클러스터의 데이터라면 서로 비슷하고, 다른 클러스터라면 비슷하지 않은 데이터의 모음을 말한다.

데이터 마이닝은 최근 주목을 받는 기계학습과도 관련이 있는데, 정량 분석에서도 강력한 도구가 될 수 있다. 이 책과 참고 문헌을 통해 기본적인 해석 기법을 꼭 이해해두기 바란다.

정량×정성 분석
바이블

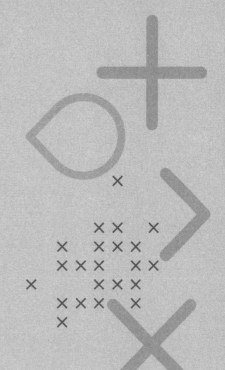

제6장

케이스 스터디 3

불확실할 때
정량 분석을 통한
의사 결정

사례 ⑫

의류 전문점의 여름 의류 생산 계획을 어떻게 세울 것인가?

각종 원리의 적용

의류 업계의 전문점 Y 사는 올여름을 위한 의류 생산 계획을 검토하고 있다. Y 사는 SPA라고 불리는 제조소매형 기업으로 제조한 의류를 계열 소매점에 직접 판매한다. 이렇게 생산, 물류, 판매 일체를 관리함으로써 효율적이고 전략적으로 영업할 수 있다.

그런데 Y 사는 자사 브랜드(PB)인 여름용 비즈니스 의류 상품 생산에 관한 계획을 수립 중으로, 이번 여름은 어떻게 생산할지를 기상청이 발표하는 기상 정보를 토대로 해서 최종적으로 [도표 6-1]과 같은 보수행렬을 작성했다.

[도표 6-1]은 서늘, 평년 수준, 무더위라는 세 가지 상태에 대해 다섯 가지의 계획, 다시 말해 ① 작년 수준의 생산, ② 작년보다 10% 증산, ③ 작년보다 20% 증산, ④ 작년보다 10% 감산, ⑤ 작년보다 20% 감산을 각각 보수행렬로 나타낸 것이다.

단위: 엔

	서늘	평년 수준	무더위
①작년 수준	2억 8,000만	7억	10억
②10%증산	4억	17억 5,000만	16억
③20%증산	▲1억	15억	18억
④10%감산	3억 5,000만	13억	10억
⑤20%감산	7억	6억 5,000만	5억

[도표 6-1]

제 1 장

제 2 장

제 3 장

제 4 장

제 5 장

제 6 장

제 7 장

제 8 장

제 9 장

제 10 장

제 11 장

제 12 장

Y사는 기상청의 장기 예보를 참고로 하여 올여름에 일어날 상황의 확률을 예측하기란 어렵다고 판단하여 확률을 사용하지 않는 이른바 불확실한 때의 의사 결정을 내리기로 했다.

Y사는 109쪽 이후에 소개한 '라플러스의 원리', '맥시민 원리', '맥시맥스 원리', '후르비츠의 원리'의 4종류의 원리를 적용한다면 다섯 가지 계획 중 어느 계획을 선택하는 것이 좋을지 검토했다.

의사 결정의 접근법

제3장에서 설명한 '불확실한 때의 의사 결정'의 구체적인 도구(→109~119쪽)를 [도표 6-1]의 보수행렬에 적용해 보자. 이 작업은 어느 정도 기계적으로 실시할 수 있다.

■ 라플러스의 원리

라플러스의 원리는 올여름에 일어날 수 있는 세 가지 기상 예보가 불확실하므로 같은 확률로 일어난다고 가정하여 보수행렬의 기대치를 구하는 원리였다.

즉 서늘, 평년 수준, 무더위가 각각 확률 $\frac{1}{3}$ 로 일어난다고 하여,

① 2억 8천만 엔 $\times \frac{1}{3} + 7$억 엔 $\times \frac{1}{3} + 10$억 엔 $\times \frac{1}{3}$

= (2억 8천만 엔 + 7억 엔 + 10억 엔) $\times \frac{1}{3} = 6$억 6천만 엔

똑같은 방법으로 계산하면,

② 12억 5,000만 엔

③ 10억 6,700만 엔

④ 8억 8,300만 엔

⑤ 6억 1,700만 엔

즉, ②의 12억 5,000만 엔이 최대가 된다는 사실을 알 수 있다. 라플러스의 원리에서는 작년보다 '10% 증산'을 선택하는 편이 좋은 것으로 보인다.

■ 맥시민 원리

맥시민 원리는 각 증감 계획인 ①에서 ⑤의 최소 이득을 구해 그중에서 최대의 이익을 내는 선택지를 고르는 것이었다. 각 계획에서 최소의 이득은 [도표 5-1]에서 바로 알 수 있다. 결과는 [도표 6-2]와 같다.

단, 단위는 100만 엔이라는 점에 주의하자(이하 동일).

단위: 100만 엔

	최소 이득
①작년 수준	280
②10%증산	400
③20%증산	▲100
④10%감산	350
⑤20%감산	500 ← **최대 이득**

[도표 6-2]

그 결과, 맥시민 원리에서는 이 중에서 최대의 이익을 고르므로 ⑤가 선택된다. 즉, 작년보다 '20% 감산'하는 것이다.

■ 맥시맥스 원리

맥시맥스 원리는 각 증감 계획인 ①에서 ⑤의 최대 이득을 구해 그중에서도 가장 큰 이익을 내는 선택지를 고르는 것이었다. 결과를 [도표 6-3]과 같이 나타냈다.

	최대 이득
①작년 수준	1,000
②10%증산	1,600~1,750
③20%증산	1,800 ← 최대 이득
④10%감산	1,000~1,300
⑤20%감산	500~700

단위: 100만 엔

[도표 6-3]

그 결과, 맥시맥스 원리에서는 이 중에서 최대의 이익을 고르므로 ③이 선택된다. 다시 말해 작년보다 '20% 증산'하는 것이다.

이렇듯 세 가지 원리의 결과에서 보아도 맥시민 원리와 맥시맥스 원리는 선택하는 행동안이 달라진다.

맥시민 원리에서는 작년보다 20% 감산이라는 극히 소극적인 선택을 내리게 된다는 사실을 알았으리라 생각한다. 증산하면 서늘한 날씨가 이어질 때 생각하고 싶지도 않은 이득이 된다는 점을 중요시하여 그 결과 20% 감산을 선택하는 결과에 이른다.

한편 맥시맥스 원리에서는 작년의 20% 증산으로 아주 긍정적이고 적극적인 의사 결정을 내리게 된다. 무더운 날씨가 이어지는 상황의 이득을 중요시한다.

공격적인 성향의 경영자에게 맞는 선택인지도 모른다.

또 라플러스의 원리에서는 작년보다 10% 증산하는 선택을 내리게 된다. 라플러스의 원리는 소극적인 맥시민 원리와 적극적인 맥시맥스 원리의 중간에 위치하며 정통 원리라고도 말할 수 있다.

■ 후르비츠의 원리

후르비츠의 원리는 다소 계산은 복잡하지만 도전해 보자.

후르비츠의 원리는 낙관도 계수 α를 도입하여 '결정 계수'를 계산하여 결정 계수가 최대가 되는 행동 방안을 선택하는 것이었다.

다섯 가지 계획에 각각,

결정 계수=최대 이득×α+최소 이득×$(1-\alpha)$

를 계산해 보자. 결과는 다음과 같다.

① $1,000\alpha+280(1-\alpha)$

② $1,750\alpha+400(1-\alpha)$

③ $1,800\alpha-100(1-\alpha)$

④ $1,300\alpha+350(1-\alpha)$

⑤ $700\alpha+500(1-\alpha)$

낙관도 계수 $\alpha=0$일 때, ① 280, ② 400, ③ ▲100, ④ 350, ⑤ 500으로 이들 중 최대치는 ⑤의 500으로 맥시민 원리와 일치한다.

한편 낙관도 계수 $\alpha=1$에서는 ① 1,000, ② 1,750, ③ 1,800, ④ 1,300, ⑤ 700으로 최대치는 ③ 1,800이 되어 맥시맥스 원리의 결과와 일치한다.

α가 0과 1의 사이에 위치하는 값에서는 결정 계수가 어떻게 될까? 이것을 계산한 결과를 참고용으로 [도표 6-4]에 나타냈다. 결정 계수가 최대가 되는 곳(선택지)은 굵게 표시했다.

단위 : 100만 엔

낙관도 계수 α의 값	선택지				
	①	②	③	④	⑤
0.0	280	400	▲100	350	**500**
0.1	352	**535**	90	445	520
0.2	424	**670**	280	540	540
0.3	496	**805**	470	635	560
0.4	568	**940**	660	730	580
0.5	640	**1,075**	850	825	600
0.6	712	**1,210**	1,040	920	620
0.7	784	**1,345**	1,230	1,015	640
0.8	856	**1,480**	1,420	1,110	660
0.9	928	**1,615**	1,610	1,205	680
1.0	1,000	1,750	**1,800**	1,300	700

[도표 6-4]

낙관도 계수 α에 대한 '각 선택지의 결정 계수' 그래프는 [도표 6-5]와 같이 된다.

이 그림에서도 선택지 ②(작년보다 10% 감산)가 대부분 결정 계수가 크지만, α가 0에 가까울 때는 선택지 ⑤(20% 감산), α가 1에 가까울 때는 선택지 ③(20% 증산)가 우위라는 사실을 알 수 있다.

제1장
제2장
제3장
제4장
제5장
제6장
제7장
제8장
제9장
제10장
제11장
제12장

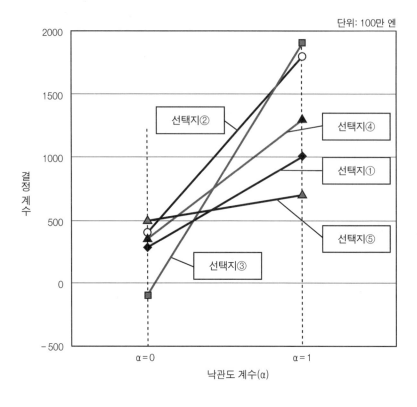

단위: 100만 엔

선택지②

선택지④

선택지①

선택지⑤

선택지③

결정계수

α=0   α=1

낙관도 계수(α)

[도표 6-5]

이 사례에서 알 수 있는 점

● 의류 전문 매장에서 여름 의류 생산 계획을 두고 불확실한 상황에서 의사 결정을 내릴 때,
각종 원리를 이용해 보았다.

즉, '라플러스의 원리', '맥시민 원리', '맥시맥스 원리', '후르비츠의 원리'의 네 가지 원리를 적용
할 때, 다섯 가지 계획안 중 어느 계획이 선택되는지를 살펴본 결과 적용되는 원리에 따라 선
택되는 결과가 달라진다는 사실을 확인할 수 있었다.

요점은 의사 결정을 내리는 사람이 놓인 상황을 종합적으로 고려하여 의사 결정자가 최적이라
고 판단되는 원리를 적용해야 할 것이다.

ch6.
불확실할 때
정량 분석을 통한
의사 결정

사 례 ⑬

지질 조사 회사에 의한 자원 채굴의 채산성

감도 분석

일본의 상사 A 사는 해외에 철광석 자원을 개발하는 프로젝트 투자를 하고 있다. 올해 들어 위탁한 지질조사 회사로부터 어느 나라에서 새로운 철광석 광상이 발견되었다는 보고를 받고 개발에 나설지 말지 검토를 시작했다.

초기 투자액은 채굴 처리 설비, 항만 공사, 수송 설비 등 150억 엔이 예상된다. 철광석의 추정 매장량은 조사 결과에서 20억 톤으로 예상된다. 매년 1,000만 톤씩 수요가 있다고 하고 채굴한다면 매장량이 20억 톤이므로 200년분에 해당한다. 철광석 1톤은 1,000엔에 팔린다고 하고 매년 100억 엔의 매출이 예상된다.

한편 조업 비용으로 매년 80억 엔이 들고, 내역으로는 40억 엔이 고정비, 나머지 40억 엔이 채굴량에 비례하는 변동비로 예상된다.

자, 여러모로 불확실성이 높은 자원 투자 프로젝트지만 이 최초 예측치로 보아 투자 프로젝트는 추진해야 할까. 또 철광석의 추정 매장량이 실제는 예측보다 적어서 예정했던 양의 10%인 2억 톤이 되었을 때, 개발은 추진해야 할까. 또 수요량이 10% 줄어서 900만 톤이 되었다면 개발은 추진해야 하는가.

검토 대상으로 하기 쉬운 지표가 할인율인데, 이 나라의 경제 상황으로부터 미루어 보아 10%로 보기로 한다.

의사 결정의 접근법

이 경우와 같은 투자를 추진해야 할지 정하는 의사 결정에서는 제3장에서 설명한 순현재가치(NPV)를 산출하여 판단하는 것이 상투적인 수단이다. 이 경우는 여러 정보에 따른 수치가 등장해서 언뜻 복잡한 의사 결정처럼 보이지만 현금 흐름에 주목하여 [도표 6-6]으로 바로 나타낼 수 있다는 점을 이해할 수 있다.

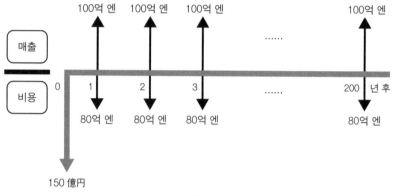

[도표 6-6]

[도표 6-6]은 매년 순수한 현금 흐름액으로 [도표 6-7]과 같이 바꿔 쓸 수 있다.

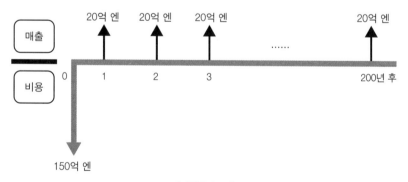

[도표 6-7]

그렇다면 [도표 6-7]에서 결국은 매년 현금 흐름은 100억 엔-80억 엔=20억 엔이므로 순현재가치(NPV)를 구하면,

$$NPV = \frac{20}{1 + .01} + \frac{20}{(1 + 0.1)^2} + \frac{20}{(1 + 0.1)^3} + ... + \frac{20}{(1 + 0.1)^{200}} - 150$$

$$= \frac{20}{1.1} + \frac{20}{1.1^2} + \frac{20}{1.1^3} + ... + \frac{20}{1.1^{200}} - 150$$

$$= 20 \times (\frac{1}{1.1} + \frac{1}{1.1^2} + \frac{1}{1.1^3} + ... + \frac{1}{1.1^{200}}) - 150$$

위 마지막 줄의 괄호 안의 계산은 공식을 이용하여(→88쪽)

$$\frac{1}{0.1} \times (1 - \frac{1}{1.1^{200}})$$ 이 된다.

이때 $\frac{1}{1.1^{200}}$ 은 거의 0에 가까워지므로 괄호 안은 결국 $\frac{1}{0.1}(= 10)$이 된다. 따라서 NPV는

NPV=20억 엔×10-150억 엔
=200억 엔-150억 엔=50억 엔

따라서 순현재가치(NPV) > 0, 다시 말해 양수이므로 처음 예측대로라면 이 계획은 추진해야 한다고 판단할 수 있다.

하지만 세상만사는 생각한 대로 이루어지지 않는다. 만일 추정 매장량이나 수요량이 예상보다 적어진 경우, 투자 판단은 어떻게 변화할까. 바로 이때 '감도 분석'이 힘을 발휘한다.

제1장
제2장
제3장
제4장
제5장
제6장
제7장
제8장
제9장
제10장
제11장
제12장

1. 철광석의 추정 매장량이 10%로 적어져서 실제로는 2억 톤이라면 개발을 추진해야 하는가.

자, 추정 매장량이 20억 톤이었지만 10%인 2억 톤이 된다면 어떻게 될까. 매년 1,000만 톤을 발굴하여 200년분이라고 예측했지만 10%인 20년분으로 줄어드는 셈이다.

이때도 순현재가치(NPV)를 산출해 보자.

$$NPV = \frac{20}{1+0.1} + \frac{20}{(1+0.1)^2} + \frac{20}{(1+0.1)^3} + ... + \frac{20}{(1+0.1)^{20}} - 150$$

$$= \frac{20}{1.1} + \frac{20}{1.1^2} + \frac{20}{1.1^3} + ... + \frac{20}{1.1^{20}} - 150$$

$$= 20 \times (\frac{1}{1.1} + \frac{1}{1.1^2} + \frac{1}{1.1^3} + ... + \frac{1}{1.1^{20}}) - 150$$

위 마지막 줄의 괄호 안은 $\frac{1}{0.1} \times (1 - \frac{1}{1.1^{200}})$ 이 된다.

이번에는 $\frac{1}{1.1^{20}} = 0.1486$ 이므로 0이 되지 않는다.

$$NPV = 20억\ 엔 \times \frac{1}{0.1} \times (1 - 0.1486) - 150억\ 엔 = 20억\ 엔$$

이때 NPV > 0이므로 개발을 진행해도 좋다고 판단할 수 있다.

2. 철광석의 수요량이 10% 감소하여 이에 따라 매년 채굴량이 900만 톤이 되었을 때, 개발을 추진해야 하는가.

이때는 매년 매출 수익이 1톤당 1,000엔이므로 900만 톤이면 90억 엔이 된다. 조업 비용이 중요한데, 고정비는 40억 엔으로 변하지 않는다. 변동비는 40억 엔×(1-0.1)=36억 엔, 즉 조업 비용은 매년 40+36=76억 엔이므로 결국 90-76=14억 엔의 수입(이익)이 예상된다. 200년간 계속 채굴한다는 가정 아래

NPV를 구해 보자.

$$NPV = \frac{14}{1+0.1} + \frac{14}{(1+0.1)^2} + \frac{14}{(1+0.1)^3} + ... + \frac{14}{(1+0.1)^{200}} - 150$$

$$= \frac{14}{1.1} + \frac{14}{1.1^2} + \frac{14}{1.1^3} + ... + \frac{14}{1.1^{200}} - 150$$

$$= 14 \times (\frac{1}{1.1} + \frac{1}{1.1^2} + \frac{1}{1.1^3} + ... + \frac{1}{1.1^{200}}) - 150$$

위 마지막 줄의 괄호 안은 $\frac{1}{0.1} \times (1 - \frac{1}{1.1^{200}})$이 된다.

NPV=14억 엔×10-150억 엔=-10억 엔

이번 경우에는 NPV<0으로 음수가 되므로 개발하지 않는 편이 좋다는 결단을 내려야 한다.

이 사례에서 알 수 있는 점

● 철광석 매장량이 10% 감소해도 개발 프로젝트는 문제없이 진행되지만, 수요량 예측이 10% 줄었을 때는 프로젝트 진행은 치명적이 될 수 있다. 이 점에서 수요량 예측을 충분하고 상세하게 분석할 필요가 있다는 사실을 알 수 있는 동시에 프로젝트를 추진하는 데는 적극적으로 수요량을 늘리는 조치가 필요할 것이다.

● 불확실할 때는 '감도 분석'을 통해서 변수에 일정한 변동 폭을 주어 결과의 진폭을 계산해 리스크를 정량으로 파악하여 대책을 마련한다.

사 례 ⑭

| 친환경 상품 전문점이 주목하는 친환경 상품은?

의사 결정 나무와 베이지안 결정 이론

친환경 상품 전문점인 ECO 사는 친환경 상품에 대한 관심과 수요 증가에 따라 취급하는 상품을 강화하려고 한다. 현재 ECO 사는 세 종류의 친환경 상품 A, B, C를 취급하고 있다. 친환경 상품 A는 농약이나 화학 비료를 사용하지 않는 자연 식품이다. 친환경 상품 B는 선크림이나 비누 등의 자연 화장품이며 친환경 상품 C는 바닷물에서 채취한 자연 소금과 심층수다.

이 세 종류의 친환경 상품 중에서 판매 강화에 적극적으로 나서야 할 상품은 어느 것인지 검토하고 있다. 물론 가장 많은 이득을 기대할 수 있는 상품을 판매 강화할 예정이다.

다만 친환경 상품 시장은 지구 환경은 물론이고 세계 각국이 환경 문제에 대처하는 방식이나 법률 규제가 얽혀있어 불확실성이 높다. 이 업계에 정통한 컨설턴트에게 향후 환경 시장 예측을 타진하는 것도 검토하고 있다.

앞으로 환경 시장의 경기감이 상승하여 시장이 활황세를 띠는 상태를 N_1, 반대로 경기감이 하강하는 상태를 N_2로 하여 그때 판매하는 친환경 상품 A, B, C의 보수행렬이 [도표 6-8]과 같았다고 하자.

단위: 100만 엔

경기감 상품 종류	N₁ 경기감 상승	N₂ 경기감 하강
A	130	▲10
B	100	30
C	65	45

[도표 6-8]

[도표 6-8]과 같은 보수행렬은 지금까지 몇 번이나 이 책에서 설명해 왔지만, 이번에는 [도표 6-9]와 같은 '의사 결정 나무'로 나타내보자. 의사 결정 나무란 의사 결정 문제를 나무가 가지치기하는 듯한 모양의 그림으로 나타낸 것이다.

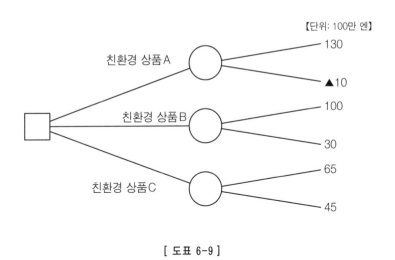

【단위: 100만 엔】
130
▲10
친환경 상품 A
100
친환경 상품 B
30
65
친환경 상품 C
45

[도표 6-9]

[도표 6-9]에는 □와 ○ 기호가 있다.

□로 표시한 곳은 의사 결정을 내리는 노드(자신의 결정이나 선택에 따라 가지치기 되는 것을 가리킴)다.

○로 표시한 노드에서는 몇 개로 가지가 나뉘는데 각 가지에는 각 상태가 일

어나는 상태(알 수 있다면 그 확률)와 가지의 끝에는 보수행렬이 표시된다.

[도표 6-8] 또는 [도표 6-9]에서는 상태 N_1과 상태 N_2가 일어날 확률을 알 수 없는 불확실한 상태이므로 '라플러스의 원리'를 이용한다.

확률을 각각 50%로 하여 친환경 상품 A, B, C 각각의 기대 이익을 계산하면 다음과 같다.

◎ **친환경 상품 A: 130×0.5+(-10)×0.5**

=60백만 엔=6,000만 엔

◎ **친환경 상품 B: 100×0.5+30×0.5**

=65백만 엔=6,500만 엔

◎ **친환경 상품 C: 65×0.5+45×0.5**

=55백만 엔=5,500만 엔

기대치 원리의 결과에 따라 친환경 상품 B의 기대치 이익이 6,500만 엔(=65백만 엔)으로 최대가 되므로 친환경 상품 B의 판매 강화에 가장 힘을 쏟아야 한다.

여기까지라면 불확실한 때의 의사 결정 중 하나인 '라플러스의 원리'를 반복해서 설명한 것에 지나지 않는다. 이때 만일 신뢰할 만한 조사 기관에서 실제로 일어날 환경 시장의 경기감 상승 N_1과 경기감 하강 N_2인 상태에 대해 각각 n_1과 n_2로 예측했다고 하자. 각각의 대응을 [도표 6-10]에 나타냈다.

	실제로 일어날 상황	
	N₁(경기감 상승)	N₂ (경기감 하강)
경기예측 n₁ (경기감 하강)	①	②
경기예측 n₂ (경기감 하강)	③	④

[도표 6-10]

[도표 6-10]과 같은 표는 어떻게 읽어야 할까. 가령 ①은 실제 경기감이 상승하는 (N_1)일 때에 경기감이 상승하는 (n_1)로 예측한 비율을 가리킨다. 이 값이 크다는 사실은 예측이 정확하다는 것을 말하므로 신뢰성의 지표가 되기도 한다.

또 ④도 마찬가지로 실제 경기감이 하강하는 (N_2)일 때 경기감이 하강한다는 (n_2)로 예측한 비율로, 이 값도 클수록 예측이 정확하다는 것을 말한다.

반대로 ②와 ③은 실제 경기감과 반대로 예측이 틀렸을 때의 지표로, 작은 쪽이 신뢰성이 높다.

또 ①+③=1, ②+④=1가 된다는 점에도 주의해 두자.

잠시 다른 이야기로 빠지자면, 100% 신뢰할 수 있는 예측일 때는 [도표 6-10]은 [도표 6-11]과 같이 된다.

	실제로 일어날 상황	
	N₁ (경기감 상승)	N₂ (경기감 하강)
경기예측 n₁ (경기감 상승)	1.0	0
경기예측 n₂ (경기감 하강)	0	1.0

[도표 6-11]

반대로 전혀 신뢰할 수 없는 엉터리 예측 정보라면 [도표 6-12]과 같이 될 것이다.

		실제로 일어날 상황	
		N₁ (경기감 상승)	N₂ (경기감 하강)
경기 예측	n₁ (경기감 상승)	0.5	0.5
	n₂ (경기감 하강)	0.5	0.5

[도표 6-12]

다시 말해 [도표 6-13]과 같이 오른쪽으로 내려가는 방향의 실선 타원으로 표시한 곳의 값이 크면, 또 오른쪽으로 올라가는 방향의 점선 타원으로 표시한 곳의 값이 작으면 신뢰성이 높다고 말할 수 있다.

		실제로 일어날 상황	
		N₁ (경기감 상승)	N₂ (경기감 하강)
경기 예측	n₁ (경기감 상승)	①	②
	n₂ (경기감 하강)	③	④

[도표 6-13]

요점은, 현시점에서는 시장 경기감이 실제로 상승하는 상태 N_1과 하강하는 상태 N_2가 각각 50%밖에 알 수 없다는 점이다.

이 확률을 사전 확률이라고 하는데, 조사 기관에서 경기에 관한 예측 정보를 구입함으로써(물론 컨설팅 비용은 내야 하겠지만) 다음과 같은 내용을 알 수 있다.

▶ (1) 예측을 n_1이라고 한 경우와 예측을 n_2로 한 경우에서 상태 N_1가 일어날 확률이 각각 어떻게 변할까([도표 6-13]의 ①, ③).

⇨ [도표 6-11]에서 ①에서는 크고 ③에서는 작아지는 것을 추측할 수
있다.

▶ ⑵ 예측을 n_1로 한 경우와 예측을 n_2로 한 경우에서 상태 N_2가 일어날 확
률이 각각 어떻게 변하는가([도표 6-13]의 ②, ④).
⇨ [도표 6-11]에서 마찬가지로 ②에서는 작고 ④에서는 커진다는 것
을 추측할 수 있다.

그러면 다시 본론으로 돌아가자. 조사 기관에서 입수한 예측 정보가 [도표
6-14]였다고 한다.

		실제로 일어날 상황	
		N_1 (경기감 상승)	N_2 (경기감 하강)
경기예측	n_1 (경기감 상승)	0.9	0.2
	n_2 (경기감 하강)	0.1	0.8

[도표 6-14]

지금까지 설명한 관점에서 보아 [도표 6-14]의 정보는 상당히 신뢰할 수 있
는 정보라고 할 수 있다. [도표 6-14]에서 다음과 같은 사실을 알 수 있다.

◎ 실제로 경기감이 상승할 확률 N_1: 50%(사전 확률)
◎ 조사 기관에서 받은 예측 정보로, 경기감이 상승할 예측 n_1: 0.9

◆ 실제로 경기감이 상승(N_1)하고 예측도 상승(n_1)일 확률

$$=0.5 \times 0.9 = 0.45$$

◆ 실제로 경기감이 상승(N₁)하고 예측이 하강(n₂)일 확률

$$=0.5 \times 0.1 = 0.05$$

이렇듯 두 가지 상태가 동시에 일어날 확률을 '동시 확률'이라고 한다. 계산상으로는 각각 일어날 확률을 곱하면 된다. 이것은 확률의 기본 중의 기본이므로 꼭 기억해두기 바란다.

그리고 [도표 6-14]에서 다음과 같은 사실도 알 수 있다.

◎ 실제로 경기감이 하강할 확률 N₂: 50%(사전 확률)
◎ 조사 기관에서 받은 예측 정보로, 경기감이 상승할 예측 n₁: 0.2

◆ 실제로 경기감이 하강(N₂)하고 예측이 상승(n₁)일 확률

$$=0.5 \times 0.2 = 0.1$$

◆ 실제로 경기감이 하강(N₂)하고 예측도 하강(n₂)일 확률

$$=0.5 \times 0.8 = 0.4$$

이 계산 결과를 [도표 6-15]로 정리해 보자. 또 n₁과 n₂의 각 행에 두 가지 동시 확률의 합, 다시 말해

$$0.45 + 0.1 = 0.55$$
$$0.05 + 0.4 = 0.45$$

는 '주변 확률'이라고 불린다.

주변 확률이란 실제 경기감이 N_1인지 N_2인지 따지지 않고, 조사 기관에서 받은 n_1이라는 예측이 55%, n_2라는 예측이 45%로 제공된다는 정보다.

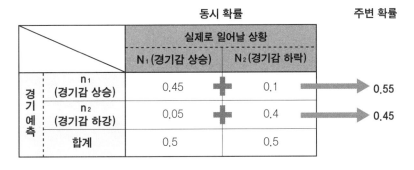

		동시 확률		주변 확률
		실제로 일어날 상황		
		N_1(경기감 상승)	N_2(경기감 하락)	
경기예측	n_1 (경기감 상승)	0.45 ➕	0.1 ➡	0.55
	n_2 (경기감 하강)	0.05 ➕	0.4 ➡	0.45
	합계	0.5	0.5	

[도표 6-15]

'사전 확률'에서 조사 기관으로부터 받은 정보를 바탕으로 '동시 확률'을 계산한 후 '주변 확률'까지 구했다. '사후 확률'이라는 최종 확률을 구하기 위해서는 다른 계산이 필요하다.

다시 말해 예측 정보가 n_1 혹은 n_2라고 조사 기관으로부터 받았을 때 실제로 N_1, N_2로 일어날 확률은 어떻게 변화하는지를 최종적으로 구해야 한다. 이것은 [도표 6-16]과 같이 주변 확률에서 해당하는 각각의 동시 확률을 나누어주면 된다.

		동시 확률		주변 확률
		실제로 일어날 상황		
		N_1(경기감 상승)	N_2(경기감 하락)	
경기예측	n_1 (경기감 상승)	0.45	0.1	0.55
	n_2 (경기감 하강)	0.05	0.4	0.45
	합계	0.5	0.5	

[도표 6-16]

◆ 예측 정보에서 경기감이 상승(n_1)하고 실제로도 경기감이 상승(N_1)할 확률

0.45÷0.55=0.82

◆ 예측 정보에서 경기감이 상승(n_1)하고 실제로는 경기감이 하강(N_2)할 확률

0.1÷0.55=0.18

◆ 예측 정보에서 경기감이 하강(n_2)하고 실제로는 경기감이 상승(N_1)할 확률

0.05÷0.45=0.11

◆ 예측 정보에서 경기감이 하강(n_2)하고 실제로도 경기감이 하강(N_2)할 확률

0.4÷0.45=0.89

최종 결과, 즉 사후 확률을 정리하면 [도표 6-17]과 같다.

		실제로 일어날 상황		합계
		N_1 (경기감 상승)	N_2 (경기감 하락)	
경기예측	n_1 (경기감 상승)	0.82	0.18	1
	n_2 (경기감 하강)	0.11	0.89	1

[도표 6-17]

사후 확률이 조사 기관으로부터 예측 정보를 받아 사후 확률로 어떻게 변화했는지를 삼차원 막대 그래프로 나타낸 것이 [도표 6-18a], [도표 6-18b]다.

[도표 6-18a]는 사전 확률, [도표 6-18b]는 사후 확률을 나타낸다.

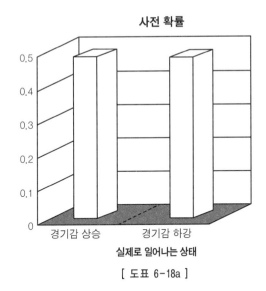

[도표 6-18a]

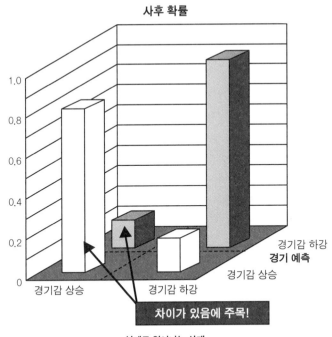

[도표 6-18b]

실제 경기감 상승인 N_1이나 경기감 하강 N_2가 고작 0.5였던 사전 확률 [도표 6-18a]가 조사 기관으로부터 예측 정보를 받아 사후 확률 [도표 6-18b]로 변화했다.

가령 예측에서는 상승이고 실제로도 상승한 것이 0.82, 또 예측에서 하강이었지만 실제로는 상승한 것이 0.11로 사후 확률은 차이가 또렷하다는 점을 눈여겨보기 바란다.

또 실제로는 하강한 경우라도 똑같이 확률의 차이는 드러난다. 즉, 이것은 예측 정보를 사는 효용이다. 이 사실은 다음 [도표 6-19]에서도 유추할 수 있다.

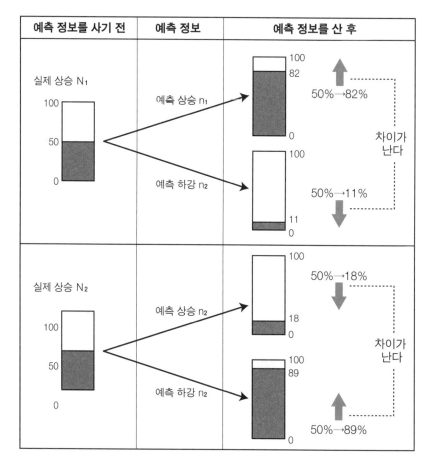

[도표 6-19]

그렇다면 이렇게 구한 사후 확률을 211쪽의 [도표 6-9](의사 결정 나무)에 적용해 보자. [도표 6-9]는 예측 정보를 사지 않는 경우였지만, 이번에는 예측 정보를 산 경우도 포함한다. 결과를 [도표 6-20]에 나타냈다.

[도표 6-20]에는 사전 확률, 그리고 주변 확률과 사후 확률도 적혀있다는 점에 주의하기 바란다.

【단위 : 100만 엔】

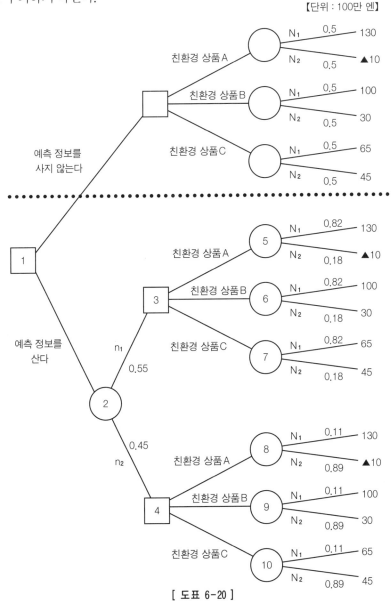

[도표 6-20]

[도표 6-20]의 굵은 점선 윗부분은 예측 정보를 사지 않은 경우다. 이미 이때의 기대 이익은 계산해 보았는데, 친환경 상품 B의 기대 이익치가 6,500만 엔(=65백만 엔)으로 최대였다. 마찬가지로 굵은 점선 아랫부분인 예측 정보를 구입했을 때의 기대 이익을 구해 보자.

[도표 6-20]의 ⑤노드에서 ⑦노드까지 기대 이익을 계산하면,

⑤ 노드 ⇨ 130×0.82+(-10)×0.18=104.8백만 엔

⑥ 노드 ⇨ 100×0.82+30×0.18=87.4백만 엔

⑦ 노드 ⇨ 65×0.82+45×0.18=61.4백만 엔

즉 **3**의 노드에서 기대 이익이 최대가 되는 것은 ⑤노드로, 친환경 상품 A의 1억 480만 엔(=104.8백만 엔)이 된다.

마찬가지로,

⑧ 노드 ⇨ 130×0.11+(-10)×0.89=5.4백만 엔

⑨ 노드 ⇨ 100×0.11+30×0.89=37.7백만 엔

⑩ 노드 ⇨ 65×0.11+45×0.89=47.2백만 엔

다시 말해 **4**노드에서 기대 이익이 최대가 되는 것은 친환경 상품 C의 4,720만 엔(=47.2백만 엔)이다.

결국 ②노드에서, 즉 예측 정보를 산 경우의 기대 이익은

104.8×0.55+47.2×0.45=79백만 엔=7,900만 엔

으로 구할 수 있다.

그러면 예측 정보를 사지 않았을 때의 기대 이익은 6,500만 엔이었는데(→212쪽),

예측 정보를 샀을 때는 무려 7,900만 엔(=79백만 엔)으로 뛰어올랐다.

이 차이, 7,900만 엔-6,500만 엔=1,400만 엔은 어떻게 해석해야 할까. 이 차이야말로 조사 기관에서 사들인 예측 정보를 통해서 기대 이익이 1,400만 엔 높아졌다고 해석할 수 있으므로 예측 정보의 구입 가격이라고 간주할 수 있다. 당연하다면 당연한 이야기다.

일부러 돈을 내면서까지 예측 정보를 샀으니 기대 이익이 오르는 것은 당연한 일이다. 만일 기대 이익이 낮아졌다면 예측 정보의 가치가 없다는 것이고, 그렇다면 이 정보를 제공한 조사 기관도 신용할 수 없다.

또 조사 기관을 이용하는 비용은 아무리 기대 이익이 오를 것이라 예상된다 하더라도 일정한 값(금액)을 한도로 정해야 한다. 이 값이야말로 차이로 구한 1,400만 엔으로 비용이 1,400만 엔 이하라면 예측 정보를 사서 이용하는 편이 좋다는 결론에 이른다.

이 사례의 제목에는 '베이지안 결정 이론'이라는 용어가 포함되어 있다. 베이지안 결정 이론이란 영국의 목사 베이즈(Thomas Bayes)에 의해 발견된 '베이즈의 정리'를 이용한 이론 체계를 말한다.

'베이즈의 정리'란, 사전 확률이 예측 정보와 같은 신뢰성을 가지는 정보(이것을 조건부 확률이라고 한다)에 의해 사후 확률을 변화시키는 것을 의미한다. 이를 통해서 불확실한 상황일 때 예측 정보를 더함으로써 정확도가 높은 의사 결정을 내릴 수 있게 된다.

그렇다면 정리를 겸해서 베이지안 결정 이론의 계산 방법을 [도표 6-21]로 나타냈다. 이 그림에서 알 수 있듯이 베이지안 결정 이론에서는 사전 확률이라는 형태로 의사 결정자의 판단(주관)을 계산에 포함하여 이를 새로운 정보(객관)로 수정하는 과정을 거쳐 주관적인 정보와 객관적인 정보를 유기적으로 잘 연결 지어 결과적으로는 정확도가 높은 의사 결정을 내릴 수 있게 된다.

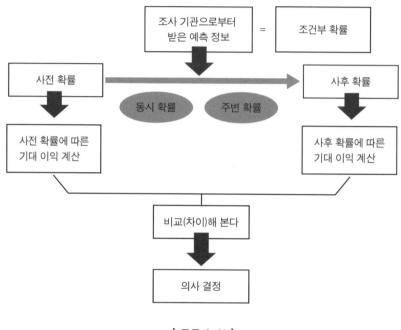

[도표 6-21]

　　기업에서는 의사 결정을 내릴 때, 과거에 같은 사례가 없고 객관적 정보가 없다면 아무래도 의사 결정자의 경험에 의지하지 않을 수 없을 때가 많다. 베이지안 결정 이론은 바로 이러한 상황에서 강점을 발휘한다. 기업에서 내리는 의사 결정 과정에서 베이지안 결정 이론은 없어서는 안 될 강력한 수단으로 자리 잡았다.

이 사례에서 알 수 있는 점

● 주관적인 정보인 사전 확률에 신뢰할 수 있는 예측 데이터를 추가하여 사후 확률을 구하는 방식으로 정확도 높은 유연한 의사 결정을 가능하게 하는 '베이지안 결정 이론'은 오늘날의 불확실한 때의 의사 결정에서 필수불가결한 존재로 자리매김했다.

사 례 ⑮

| 벤처 기업에 어떻게 투자할 것인가?

리얼 옵션

벤처캐피털 K 사는 벤처기업 F 사에 투자를 검토하고 있다. 벤처캐피털은 벤처기업에 주식 등으로 투자하여 투자 후의 지원 성과로 기업 가치를 높여 자본이득(Capital gain, 주식 등의 매각 대금과 투자 금액과의 차이)을 얻는 것을 주된 업무로 하며, 통상 몇 개의 단계로 나누어 자금을 투입한다.

K 사에서는 다음 세 개의 단계마다 검토하고 있다.

① 스타트업 시기

시행 단계에서 핵심 기술을 확립하는 상태. 하이 리스크 상태이기도 하며, 상품 개발이나 사업화에 따른 자금이 필요하다.

② 얼리 스테이지

사업을 본격적으로 시작하는 기간으로 설비나 인건비로 많은 액수의 자금이 필요하다.

③ 미들 레이터 스테이지

확립된 핵심 기술의 강화 및 다각화, 사업의 확대로 주식 공개 및 상장(IPO:

Initial Public Offering)도 염두에 두기 시작하는 상태다.

　벤처 기업 F 사는 바이오 기술을 활용하는 설립한 지 얼마 되지 않은 기업으로, 스타트업 시기에서 목표를 잘 달성한다면 얼리 스테이지로 나아갈 수 있다. 하지만 목표를 달성하지 못한다면 벤처캐피털 K 사는 이후의 자금을 투입하지 않는다.

　이렇듯 벤처기업 F 사는 세 단계를 뛰어넘어 드디어 주식 공개 및 상장할 권리를 얻는다.

　한편 벤처캐피털 K 사는 벤처 기업 F에 자금을 투입한 보답으로 자본 이득을 기대한다. 이때 벤처캐피털 K 사는 벤처 기업 F 사에 필요한 자금 계획을 [도표 6-22]와 같이 세웠다고 하자.

단계	필요 자금	단계 기간	성공 확률	할인율
① 스타트업 기간	0.5억 엔	3년	—	0.3
② 얼리 스테이지	1억 엔	4년	40%	0.3
③ 미들 레이터 스테이지	5억 엔	3년	75%	0.3
상장 시 시가총액 추계액	50억 엔	—	30% (40%×75%)	—

[도표 6-22]

　그렇다면 벤처캐피털 K 사는 벤처 기업 F 사에 자금을 투입해야 할까?

의사 결정의 접근법

　우선 사례 3(→133쪽)에서도 다룬 NPV(순현재가치)법으로 접근해 보자. NPV법은 DCF(Discount Cash Flow)법이라고도 불린다.

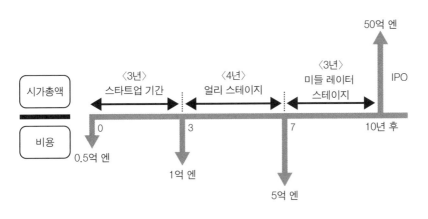

[도표 6-23]

[도표 6-23]을 토대로 각 단계에서 필요한 투자 자금의 현재 가치를 구하면,

$$0.5 + \frac{1}{(1+0.3)^3} + \frac{5}{(1+0.3)^7} = 1.75 억 엔$$

주식 공개 시의 시가총액의 현재 가치는,

$$\frac{50}{(1+0.3)^{10}} = 3.63 억 엔 이 된다.$$

벤처 기업 F 사에 대한 투자의 순현재가치를 구하면,

NPV=3.63억 엔×0.3(=IPO 때의 성공 확률 30%)-1.75억 엔=-0.66억 엔

그 결과, 순현재가치가 마이너스가 되므로 F 사에 대한 투자는 실시해서는 안 된다고 판단할 수 있다.

하지만 다소 힘 빠지는 결론이다. 그래서 이번 사례에서는 NPV와는 다른 접근법인 '리얼 옵션'을 이용한 경영 판단을 적용해 보자.

리얼 옵션이란 불확실성이 높은 '단계적인 의사 결정'이 이루어지는 투자 프로젝트의 경영 선택권(옵션)을 의미한다. 즉, 투자 과정에서 중지 또는 연기, 사업 규모를 축소 또는 확대하는 일이 행해지는 투자 프로젝트에서 선택하는 권리를 의미한다.

한편 앞서 설명한 'DCF법'은 프로젝트 도중에 예기치 못한 사태가 발생할 가능성이 있더라도 한번 의사 결정을 내린 후에는 그때 계획한 시나리오로 프로젝트를 수행한다. 하지만 이 사례와 같이 불확실성이 높은 사업 환경에서는 처음부터 몇 년이나 앞날의 시나리오를 불변으로 유지하는 것은 합리적이라고 말할 수 없다.

프로젝트의 도중에 '어라? 잠깐. 이대로 진행할까, 아니면 철수할까?' 와 같이 투자의 진척 상황을 평가하며 나아가는 의사 결정이 중요하다.

리얼 옵션의 한 종류인 '의사 결정 나무 분석'은 미래의 경영상 옵션을 포함할 수 있어서 한눈에 볼 수 있다는 이점이 있다. 사례 14(→210쪽)에서 설명한 바와 같다. 계속해서 의사 결정 나무 분석을 살펴보자.

최근 사업 환경은 과거보다 금융 시장의 세계화나 IT 기술의 폭발적인 진보로 변동성이 높아져 더욱 유연한 의사 결정을 경영에 요구하게 되었다.

그렇다면 벤처 기업 F 사에 대한 투자의 의사 결정 나무를 [도표 6-24]와 같이 나타내보자.

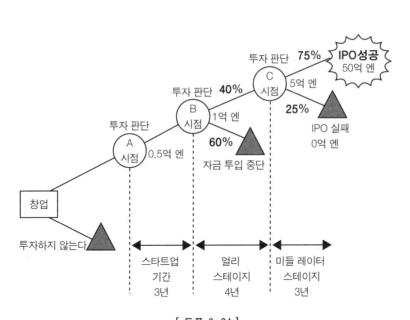

[도표 6-24]

우선 C 시점에서의 투자 현재 가치를 구해보자.

IPO 시에 추계한 시가총액 50억 엔을 할인율 30%로 3년간 할인한 가치에서
미들 레이터 스테이지의 투입 자금 5억 엔을 빼면,

$$\frac{50}{(1+0.3)^3} - 5 = 17.76억 엔$$

그리고 미들 레이터 스테이지의 성공 확률 75%로 기대치를 구하면 다음과
같다.

17.76억 엔×0.75+0×0.25=13.3억 엔

다음으로 B 시점의 투자 현재 가치를 구한다. 다시 말해 위에서 구한 C 시점
의 투자 현재 가치를 할인율 30%로 4년간 할인한 가치에서 얼리 스테이지의

투입 자금 1억 엔을 차감한다.

$$\frac{13.3}{(1+0.3)^4} - 1 = 3.66억\ 엔$$

그리고 얼리 스테이지의 성공 확률 40%로 기대치를 구한다.

3.66억 엔×0.4+0×0.6=1.47억 엔

마지막으로 A 시점의 투자 현재 가치를 구한다. 즉, 위에서 구한 B 시점의 투자 현재 가치를 할인율 30%로 3년간 할인한 가치에서 스타트업 기간의 투입 자금 0.5억 엔을 뺀다.

$$\frac{1.47}{(1+0.3)^3} - 0.5 = 0.17억\ 엔$$

지금까지 계산한 결과에서 A 시점의 벤처 기업 F에 대한 투자의 순현재가치는 0.17억 엔으로 플러스가 되었다. 그렇다면 투자를 마다할 이유가 없다. 투자를 추진해야 한다고 판단할 수 있다.

이번 사례에서 맨 먼저 DCF법으로 구한 순현재가치는 ▲0.66억 엔으로 마이너스였지만, 의사 결정 나무 분석에서는 무려 0.17억 엔의 플러스로 바뀌었다. 이 차이를 구하면,

0.17-(-0.66)=0.83억 엔

그렇다면, 이 차이는 어떻게 해석할 수 있을까.

사례 14에서 베이지안 결정 이론을 배웠다. 이것은 어떤 조사 기관으로부터 얻은 예측 정보 등을 활용함으로써 불확실성이 높은 상황보다 정확도가 높은

의사 결정을 내릴 수 있다는 것이었다. 예측 정보를 활용하기 전과 후는 기대 이익이 높아졌을 때, 이 차이가 예측 정보의 가치라고 해석할 수 있었다. 이번 사례도 마찬가지다.

[도표 6-25]에 나타냈듯이 0.83억 엔이 바로 리얼 옵션을 활용함으로써 증가한 기대 이익이다.

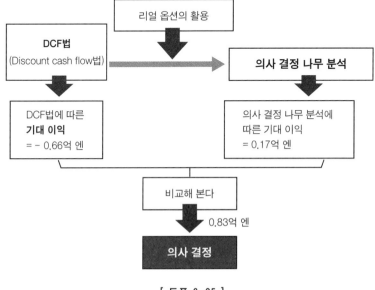

[도표 6-25]

이 사례와 같이 불확실성이 높은 사업 환경에서는 벤처캐피털 K 사에게 투자 과정에서 사태가 바람직하지 않은 방향으로 전개되면 투자 중단도 불사한다는 견해가 만들어내는 '가치의 증가분'으로 해석할 수 있다.

옵션 행사를 통한 우위 가치인 셈이다.

한편 의사 결정 나무 분석의 [도표 6-24]에서 얼리 스테이지, 미들 레이터 스테이지의 성공 확률은 각각 40%와 75%였다. 당연히 IPO 시점의 성공 확률은 두 확률의 곱이므로 40%×75%=30%다.

만일 얼리 스테이지, 미들 레이터 스테이지의 성공 확률이 둘 다 100%였을 때를 계산해 보자.

우선 계산에 앞서 어떤 결과를 예측할 수 있을까. 또, 왜 이런 계산을 해야 하는지 감이 좋은 독자라면 뭔가 느낌이 왔을 것이다.

성공 확률이 100%라는 것은 불확실한 요소 없이 벤처 기업 F 사가 스타트업 기간에서 우여곡절 없이 착실하게 IPO까지 달성하여 시가총액 50억 엔을 달성하는 것을 의미한다.

이것은 제일 처음 계산한 DCF법의 전제이기도 하다.

우선은 DCF법에서는 이미 구했듯이 각 단계에서 필요한 투자 자금의 현재 가치는,

$$0.5 + \frac{1}{(1+0.3)^3} + \frac{5}{(1+0.3)^7} = 1.75억 \ 엔$$

주식 공개 시의 시가총액의 현재 가치는,

$$\frac{50}{(1+0.3)^{10}} = 3.63억 \ 엔$$

벤처 기업 F 사에 대한 투자의 순현재가치는 DCF법에서

NPV=3.63억 엔×1(=IPO 시의 성공 확률 100%)-1.75억 엔
=1.88억 엔

으로 구해진다.

한편 의사 결정 나무 분석에서는 이미 구했듯이 C 시점의 투자 현재 가치는,

제1장

제2장

제3장

제4장

제5장

제6장

제7장

제8장

제9장

제10장

제11장

제12장

$$\frac{50}{(1+0.3)^3} - 5 = 17.76억\ 엔$$

이번에는 미들 레이터 스테이지의 성공 확률이 100%이므로 결국 기대치는 17.76억 엔이 된다.

다음으로 B 시점의 투자 현재 가치는,

$$\frac{17.76}{(1+0.3)^4} - 1 = 5.22억\ 엔$$

이것도 얼리 스테이지의 성공 확률은 100%이므로 기대치는 5.22억 엔이다.

마지막으로 A 시점의 투자 현재 가치는,

$$\frac{5.22}{(1+0.3)^3} - 0.5 = 1.88억\ 엔$$

이 값은 DCF법으로 구한 순현재가치와 일치한다.

이 사례에서 알 수 있는 점

● 오늘날과 같이 불확실성이 높은 경영 환경에서는 사업 환경의 변동성도 높아져, 더욱 유연한 의사 결정이 경영자에게 요구된다.

● 이렇게 불확실성이 높아 '단계적 의사 결정'이 이루어지는 투자 프로젝트 등에서 리얼 옵션은 DCF법보다도 유연성이 뛰어나며, 투자 시나리오 변경 등에도 대응할 수 있다. 향후 적극적으로 활용해야 할 수단이다.

사 례 ⑯

| 경쟁 관계에 있는 중고 책 판매점 S 매장과 F 매장의 출점, 이용객을 어떻게 확보할 것인가?

게임 이론

M 시에서는 신규 주택지가 개발되며 A 역과 B 역에서 모두 갈 수 있다. 둘 중 한 곳의 역에 중고 책 판매점 S 매장과 F 매장이 가게를 내려고 계획하고 있다.

중고 책 판매점에서도 요즘에는 게임 소프트웨어나 CD, DVD도 취급하며, A 역에 중고 책 판매점이 생겼을 때는 하루에 1,500명이, B 역에 생겼을 때는 300명이 이용할 것으로 예상한다.

만일 두 매장이 서로 다른 역에 가게를 낸다면 그밖에 중고 책 판매점이 없어서 모든 이용객을 차지할 수 있다고 하자. 또 같은 역에 가게를 낸다면 S 매장이 F 매장보다 2배의 이용객을 끌어모을 수 있다고 하자.

즉, 같은 A 역이라면 S 매장은 1,000명, F 매장은 500명이 찾아오고, 또 같은 B 역이라면 S 매장은 200명, F 매장은 100명의 이용객이 매장을 찾는다고 하자. 1일 평균 객단가는 S 매장과 F 매장 모두 500엔으로 한다.

이용객을 얼마나 많이 얻을 수 있느냐는 관점에서 중고 책 판매점 S 매장과 F 매장은 A 역과 B 역 중 어느 쪽에 매장을 내야 할까.

의사 결정의 접근법

사례를 읽고 지금까지 해온 의사 결정과는 뭔가 패턴이 다르다는 생각이 들지 않는가.

지금까지는 한 명의 사람이나 기업이 의사 결정을 내리는 사례를 다루었지만, 이 사례에서는 중고 책 판매점 S 매장과 F 매장 양쪽에서 의사 결정을 내린다는, 이른바 의사 결정을 내리는 주체가 둘이라는 복수로, 각각 상대방의 선택에 따라 자신의 의사 결정이 달라질 가능성이 생긴다.

이러한 의사 결정의 이론 체계를 '게임 이론'이라고 한다.

지금까지 살펴본 의사 결정에서는 보수행렬(이득표)을 사용해서 고찰했지만, 게임 이론에서도 이와 비슷한 접근이 가능하다.

게임 이론의 보수행렬(게임 이론에서는 보수행렬을 보수행렬 매트릭스라고도 부른다)을 작성하기 위해 다시 사례로 돌아가자.

중고 책 판매점 S 매장과 F 매장이 각각 A 역과 B 역에 출점하는 네 가지 경우를 생각하여 각 경우의 매출액을 이득으로 계산한다.

(1) 중고 책 판매점 S 매장이 A 역에 가게를 열었을 때

◎ 중고 책 판매점 F 매장이 A 역에 가게를 열었을 때

⇨S 매장에 1,000명의 이용객이 방문

500엔×1,000명=50만 엔

⇨F 매장에 500명의 이용객이 방문

500엔×500명=25만 엔

◎ 중고 책 판매점 F 매장이 B 역에 가게를 열었을 때

⇨S 매장에 1,500명의 이용객이 방문

500엔×1,500명=75만 엔

⇨F 매장에 300명의 이용객이 방문

500엔×300명=15만 엔

(2) 중고 책 판매점 S 매장이 B 역에 가게를 열었을 때

◎ 중고 책 판매점 F 매장이 A 역에 가게를 열었을 때

⇨S 매장에 300명의 이용객이 방문

500엔×300명=15만 엔

⇨F 매장에 1,500명의 이용객이 방문

500엔×1,500명=75만 엔

◎ 중고 책 판매점 F 매장이 B 역에 가게를 열었을 때

⇨S 매장에 200명의 이용객이 방문

500엔×200명=10만 엔

⇨F 매장에 100명의 이용객이 방문

500엔×100명=5만 엔

이 계산 결과를 [도표 6-26]에 정리해 보자. 단, 단위는 천 엔이라는 점에 주의하기 바란다.

단위 : 천 엔

중고 책 판매점 S 매장 〈／〉 중고 책 판매점 F 매장	A 역	B 역
A 역	(500, 250)	(750, 150)
B 역	(150, 750)	(100, 50)

[도표 6-26]

보수행렬인 [도표 6-26] 읽는 법을 알아보자.

가령 중고 책 판매점 S 매장과 F 매장이 둘 다 A 역에 가게를 냈을 때, 각각 S 매장은 500천 엔(=50만 엔), F 매장은 250천 엔(=25만 엔)의 매출이 생기므로 (500, 250)로 나타낸다. (○, □)라고 표시되었을 때, ○는 S 매장의 매출, □는 F 매장의 매출을 말한다.

[도표 6-26]에서 중고 책 판매점 S 매장과 F 매장은 어디에 가게를 내야 할까. 그 답은 S 매장과 F 매장 각각의 입장에서 생각해보면 된다.

우선은 중고 책 판매점 F 매장이 A 역에 가게를 열었을 때, S 매장의 입장을 생각해 보자.

[도표 6-27]을 보자. S 매장은 굵은 선으로 표시한 칸의 이득(→68쪽)으로, 500천 엔(=50만 엔)과 150천 엔(=15만 엔)을 비교하여 500천 엔(=50만 엔)을 얻을 수 있는 A 역을 고르게 된다. 매출이 많은 곳은 A 역이므로 당연하다고 말할 수 있다.

단위 : 천 엔

중고 책 판매점 S 매장	중고 책 판매점 F 매장	A 역	B 역
A 역		(500, 250)	(750, 150)
B 역		(150, 750)	(100, 50)

[도표 6-27]

이번에는 중고 책 판매점 F 매장이 B 역에 가게를 열었다고 하자.

[도표 6-28]에서 S 매장은 굵은 선으로 표시한 칸의 이득으로, 750천 엔(=75만 엔)과 100천 엔(=10만 엔)을 비교하여 750천 엔(=75천 엔)인 A 역을 고르게 된다.

단위: 천 엔

중고 책 판매점 S 매장	중고 책 판매점 F 매장	A 역	B 역
A 역		(500, 250)	(750, 150)
B 역		(150, 750)	(100, 50)

[도표 6-28]

다시 말해 중고 책 판매점 S 매장은 F 매장이 어디에 가게를 내든, A 역에 가게를 내는 선택지를 고르게 된다.

다음으로, 중고 책 판매점 S 매장이 A 역 또는 B 역에 가게를 열었을 때, F 매장의 입장에서 생각해보자.

S 매장이 A 역을 고른 경우, [도표 6-29]에서 250천 엔(=25만 엔)과 150천 엔(=15만 엔)을 비교하여 F 매장은 A 역을 고를 것이다.

단위: 천 엔

중고 책 판매점 S 매장 〉 중고 책 판매점 F 매장	A 역	B 역
➡ A 역	(500, 250)	(750, 150)
B 역	(150, 750)	(100, 50)

[도표 6-29]

또 중고 책 판매점 S 매장이 B 역을 골랐을 때, [도표 6-30]에서 보아 750천 엔(=75만 엔)과 50천 엔(=5만 엔)을 비교하여 F 매장은 750천 엔(=75만 엔)을 얻을 수 있는 A 역을 고르게 된다.

단위: 천 엔

중고 책 판매점 S 매장 〉 중고 책 판매점 F 매장	A 역	B 역
A 역	(500, 250)	(750, 150)
➡ B 역	(150, 750)	(100, 50)

[도표 6-30]

다시 말해 중고 책 판매점 F 매장은 S 매장이 A 역, B 역 어디에 가게를 내든 A 역에 가게를 내는 선택을 하게 된다.

이 사례에서는 중고 책 판매점 S 매장과 F 매장 모두 A 역에 가게를 여는 것이 합리적인 선택으로, 게임 이론의 해라고 할 수 있다.

그렇다면, 다음으로 수치를 바꿔보자.

당초 B 역에 300명의 이용객이 예상된다고 했는데, 다소 과소평가한 사실이
드러났으므로 600명으로 변경하자. 이때의 보수행렬은 [도표 6-31]과 같다.

단위: 천 엔

중고 책 판매점 S 매장 　　　　중고 책 판매점 　　　　　　　　　　F 매장	A 역	B 역
A 역	(500, 250)	(750, 300)
B 역	(300, 750)	(200, 100)

[도표 6-31]

지금까지와 같은 사고방식으로 짚어보면, 중고 책 판매점 S 매장은 F 매장이
어디에 가게를 내든 A 역에 가게를 내는 선택을 내린다. 이 사실은 변하지 않
는다. 하지만 중고 책 판매점 F 매장의 선택이 달라진다.

다시 말해 중고 책 판매점 S 매장이 A 역을 선택하면 F 매장은 B 역(이득: 300
천 엔)을 선택한다. 또 중고 책 판매점 S 매장이 B 역을 선택하면 F 매장은 A 역
(이득: 750천 엔)을 선택한다.

다시 말해 F 매장은 경쟁 상대인 S 매장의 선택에 따라 자신의 선택을 바꾸
는, 아니 바꾸지 않을 수 없는 상황에 직면하게 된다.

그렇다면 중고 책 판매점 S 매장과 F 매장에서 합리적인 의사 결정은 없을까.

아니, 사실은 존재한다. 이때 중고 책 판매점 S 매장이 A 역에 가게를 내므로
F 매장은 B 역을 고르는 것으로 끝난다. 즉, 중고 책 판매점 S 매장은 A 역, F 매
장은 B 역에 가게를 여는 것이 이때의 합리적 선택, 게임 이론의 해가 된다.

그렇다면 사례에서 게임의 해를 구했는데, 하나하나 [도표 6-27]에서 [도표
6-30]과 같이 접근하는 방법으로는 시간이 너무 많이 걸린다.

이 문제를 해결하기 위해 [도표 6-31]을 이용하여 해를 기계적이고 자동적으
로 구하는 방법을 소개한다.

[도표 6-32]에서 굵은 선 안의 숫자에서 (○, □)의 ○에 해당하는 500천 엔(=50만 엔)과 300천 엔(=30만 엔) 중 큰 쪽, 즉 500천 엔(=50만 엔)에 밑줄을 긋는다.

중고 책 판매점 S 매장　　　중고 책 판매점 F 매장	A 역	B 역
A 역	(<u>500</u>, 250)	(750, 300)
B 역	(300, 750)	(200, 100)

[도표 6-32]

다음으로 [도표 6-33]에서 마찬가지로 750천 엔(=75만 엔)에 밑줄을 긋는다.

단위: 천 엔

중고 책 판매점 S 매장　　　중고 책 판매점 F 매장	A 역	B 역
A 역	(<u>500</u>, 250)	(<u>750</u>, 300)
B 역	(300, 750)	(200, 100)

[도표 6-33]

그리고 [도표 6-34]의 굵은 선 안의 숫자에서 (○, □)의 □를 비교하여 250천 엔(=25만 엔)과 300천 엔(=30만 엔) 중 큰 쪽, 즉 300천 엔(=30만 엔)에 밑줄을 긋는다.

단위: 천 엔

중고 책 판매점 S 매장　　　중고 책 판매점 F 매장	A 역	B 역
A 역	(<u>500</u>, 250)	(<u>750</u>, <u>300</u>)
B 역	(300, 750)	(200, 100)

[도표 6-34]

똑같이 [도표 6-35]의 굵은 선 안의 숫자에서 (○, □)의 □를 비교하여 큰 쪽인 750천 엔(=75만 엔)에 밑줄을 긋는다.

중고 책 판매점 S 매장　　　중고 책 판매점 F 매장	A 역	B 역
A 역	(500, 250)	(750, 300)
B 역	(300, 750)	(200, 100)

[도표 6-35]

위와 같이 처리한 최종적인 [도표 6-36]에서는 밑줄이 두 번 그어진 굵은 선 안, 즉 중고 책 판매점 S 매장이 A 역, F 매장이 B 역에 가게를 내는 선택이 합리적인 의사 결정이 된다.

단위 : 천 엔

중고 책 판매점 S 매장　　　중고 책 판매점 F 매장	A 역	B 역
A 역	(500, 250)	(750, 300)
B 역	(300, 750)	(200, 100)

[도표 6-36]

그리고 위와 같은 방법으로 구한 합리적인 의사 결정, 즉 게임의 해는 게임 이론에서 '내쉬 평균'이라고 불린다.

마지막으로 다음 예는 어떻게 될지 생각해 보자.

A 역, B 역 모두 중고 책 판매점이 이미 몇 개 있다고 하자. 특히 A 역에서는 앞으로 새로 생기는 매장 한 곳 정도는 매출이 나오지만, 두 개를 동시에 내면 카니벌리제이션(cannibalization)이 일어나 두 곳 모두 매장 운영이 어려울 것으로 예상된다고 하자. 이 예는 죄수의 딜레마라고 불리는데, 보수행렬을 [도표 6-37]에 나타냈다.

중고 책 판매점 S 매장 ／ 중고 책 판매점 F 매장	A 역	B 역
A 역	(－50, －50)	(80, －100)
B 역	(－100, 80)	(0, 0)

[도표 6-37]

[도표 6-37]에서 합리적인 의사 결정, 게임 이론에서 말하는 '내쉬 평균'을 구해 보면 중고 책 판매점 S 매장, F 매장 모두 A 역에 가게를 내는 결과를 얻을수 있다. 즉, (-50, -50)이 바람직하다는 결과다. 뭔가 조금 이상하지 않은가.

카니벌리제이션 현상을 일으키는 (-50, -50)은 합리적인 의사 결정이라고 말할 수 있을까. 실제로는 S 매장과 F 매장 모두 B 역에 가게를 내는 (0, 0)이 양쪽매장에 이득이 크고 합리적인 선택이다.

즉, 이 예와 같이 중고 책 판매점 S 매장, F 매장 각각의 입장에서 보면 같이 A역에 가게를 여는 편이 좋지만, S 매장과 F 매장의 두 곳 전체에서 보면 같이 B역을 선택하는 편이 이득이 높다.

참고로 게임 이론의 전문 용어를 써서 설명하자면, [도표 6-37]에서 게임의해인 내쉬 균형은 같이 A 역에 가게를 내는 (-50, -50)이지만, 파레토 최적은 아니다. 파레토 최적은 같이 B 역을 고르는 (0, 0)이다. '파레토 최적'이란 게임 이론에 참여하는 구성원 전체에서 이것보다 유리해질 수 없는 상태를 말한다.

이 사례에서는 중고 책 판매점 S 매장과 F 매장은 동시에 의사 결정을 내리는전략형 게임이었지만, 가령 S 매장이 먼저 A 역에 가게를 연 후에 F 매장이 어떤 선택을 내릴지 결정하는 전개형 게임도 있다. 전개형 게임에서는 해를 구하는 방법이 달라진다.

지금까지 설명한 전략형 게임에서는 보수행렬에서 접근하지만, 전개형 게임에서는 사례 14에서 설명한 의사 결정 나무와 유사한 '게임 나무'로 표현한다. 상세한 내용은 참고 문헌 중 와타나베 다카히로가 쓴 『세미나 게임 이론 입문』

을 참고하기 바란다.

이 사례에서 알 수 있는 점

● 상대방의 행동을 읽고 자신의 행동을 결정할 때 활용하는 '게임 이론'은 의사 결정에서 중요하고 불가결한 수단이다.

● 게임 이론의 해를 구하면 의사 결정을 내리는 주체가 복수(둘 이상)라도 상대방의 선택을 보고 자신의 의사 결정을 내리는 합리적 판단이 가능해진다.

제1장
제2장
제3장
제4장
제5장
제6장
제7장
제8장
제9장
제10장
제11장
제12장

| *column* | 시나리오 플래닝이란?

지금은 그야말로 불확실성, 지금 이러하니 미래는 어떠할 것이라는 단순한 태도로는 모두 대응해 낼 수 없는 불투명한 시대다.

이러한 상황에서 내리는 의사 결정 중, 불확실성을 띠는 사건마다 각각 다른 미래를 여러 개 예측해 두고 각각의 미래에 맞춘 대응책을 검토해 두는 것이 최선이라 할 수 있다. 시나리오 플래닝이란 가정하는 미래 환경을 '시나리오'로 불리는 여러 개의 스토리로 표현하여 미래에 어느 시나리오가 실현되더라도 대응할 수 있게 하는 기법을 말한다.

시나리오 플래닝을 활용하는 실제 사례로는, 1970년대의 석유 위기 때에 석유회사 로열더치쉘이 경쟁회사보다도 빠른 단계에서 궤도를 수정해 위기를 기회로 바꿔 업계 일인자가 된 것을 대표적인 사례로 꼽는다.

상투적인 수단으로 실제 시나리오를 작성하는 데는 무턱대고 시나리오를 많이 쓴다고 해서 실천적인 것이 아니라, 세 개 정도가 적당하다. 우선 출발점으로 현재의 경향에 큰 변화가 없는 채로 미래까지 유지되는 '평온 시나리오'를 작성한다. 그리고 이 '평온 시나리오'에서 양극단으로 갈리는 '대체 시나리오'를 두 개 정도 작성한다.

시점이 먼 미래일수록 불확실성은 증폭되므로 '평온 시나리오'는 현실감이 떨어지고, '대체 시나리오'의 가능성이 더 커진다. 나아가 당초 3개 정도로 시작된 시나리오에서 파생되어 여러 개의 시나리오 숫자가 증가할 가능성이 생긴다. 이때, 여러 개의 시나리오에 대해 최적성과 합리성을 잃지 않는 의사 결정 방안을 구할 수 있다.

변화가 심하고 기업을 둘러싼 외부 환경이 요동치는 현대 사회에서 기업이 예상외의 방향으로 향하고 있음을 알아차렸을 때에는 즉시 방향을 전환할 수 있도록 불의의 사태에 대비한 시나리오를 작성해 두는 것은 오늘날 불가결하다. 이것은 리스크 매니지먼트이기도 하고, 조기 경계를 위한 처방전이기도 하며, 나아가 리스크를 좋은 기회로 바꿀 둘도 없는 천재일우이기도 하다.

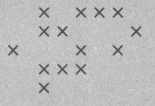

정량 × 정성 분석
바이블

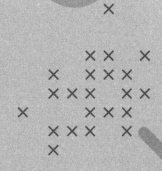

제7장
_____
세 가지
정성 분석을
구분해 사용하면
문제 해결에
효과적이다

정성 분석은 '세 가지 사고법'을 이용하라

이 장부터는 '정성 분석'에 초점을 맞춰 아래의 세 가지 사고법을 이용한다.

① 논리 사고(로지컬 싱킹)
② 창조적 사고(크리에이티브 싱킹)
③ 시스템 사고(시스템 싱킹)

실제로는 이 세 종류의 사고법을 문제나 상황에 따라 조합하거나 분별하거나 해서 정성 분석으로 최대의 효과를 내고자 하는 것이 대단히 중요하다. 이 부분이 이 책의 주제이기도 하다.

하나가 아닌 세 종류의 사고법을 주장하는 데는 그 나름의 이유와 근거가 있는데, 제7장에서는 세 종류의 사고법을 각각 설명하고 차이점을 이끌어내 보기로 한다.

이를 통해 어떤 상황에서 세 종류의 사고법을 통한 분석을 나누어 쓸 수 있을지, 또 조합할 수 있을지가 보이기 시작한다. 그리고 다양한 유형의 문제와 마주하더라도 적절한 정성 분석을 할 수 있어서 문제 발견이나 규명, 문제 해결에 이르는 길을 효율적으로 얻을 수 있다는 사실을 강조해 두고 싶다.

1 논리 사고(로지컬 싱킹)

제1장

제2장

제3장

제4장

제5장

제6장

제7장

제8장

제9장

제10장

제11장

제12장

논리 사고는 최근 갑자기 유명해진 사고법으로 기업의 연수 세미나에서도 적극적으로 활용하고 있다.

논리 사고란, 어떠한 근거(전제)에서 객관적인 결론을 도출하는 사고 과정이다. 이 사고 과정이 취약하면 근거(전제)에서 결론을 이끌어낼 때, 이른바 비약이나 차이가 생겨서 미심쩍은 결론에 이를 가능성이 있다.

비즈니스 미팅이나 프레젠테이션을 할 때, 제안하는 쪽에서 논리적인 비약이 생겨서는 상대방에게 전해야 하는 주장이 이해할 수 없는 내용으로 변질되어 신용을 주지 못하는 상태에 빠지고 만다. 또 상대방을 설득할 때는 가령 'A라는 근거가 있다. 그래서 B가 된다'라는 논리적 비약이나 모순이 없는, 이른바 이론이 잘 들어맞게 이야기함으로써 설득력도 더해진다.

이러한 사정이나 배경이 있기에 논리 사고의 힘을 기르고 싶어 하는 직장인이 많고, 연수 세미나도 활발하다.

이 책에서는 논리 사고를 본격적으로 설명하기 위해 상당한 지면을 할애했다. 제7장의 설명은 논리 사고만 특정해서 살펴보는 것이 아니므로 여기서는 아래의 논리 사고의 두 가지 기본적인 과정, '연역법'과 '귀납법'을 언급하는 정도로 한다. 로직 트리나 프레임 워크 등 구체적인 도구에 관해서는 제8장을 살펴보기 바란다.

'연역법'과 '귀납법' 모두 표현이 전문적인 느낌이 나서 문턱이 높아 보이지만, 논리 사고의 기본 개념이므로 꼭 익혀두자.

| 01 | 연역법

연역법은 일반적 원리에서 논리적 추론을 통해 결론으로 개별 사건을 도출하는 사고 과정이다. 가령 'A 사는 기업이다', '기업은 사회적인 책임이 있다'라고 한다면 'A 사는 사회적 책임이 있다'라고 결론짓는 것이다. 따라서 연역법은 삼단논법이기도 하다(→[도표 7-1]).

위의 예문에서 '기업은 사회적 책임이 있다'는 대전제로, 여기서는 일반적인 원리다. 'A 사는 기업이다'는 소전제로, 어떠한 사실이다. 이 두 전제에서 'A 사는 사회적 책임이 있다'라는 개별 사건을 도출해 낸다. 간단한 기호로 표현하자면 'A 사'를 A로, '기업'을 B로, '사회적 책임'을 C라고 한다면 대전제는 'B→C', 소전제는 'A→B'로, 이것으로부터 'A→C'라는 결론을 얻을 수 있다.

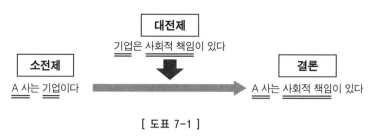

[도표 7-1]

| 02 | 귀납법

귀납법은 연역법과는 정반대의 접근법이다. 즉, 개별 사건에서 일반적인 원리를 이끌어내는 사고 과정이다. 예를 들어 'A 사의 매출이 감소했다', 'B 사의 매출이 감소했다', 'C 사의 매출이 감소했다'라는 세 개의 개별 사실에서 '기업의 매출이 감소했다'라는 일반적인 원리를 도출하는 것이다(→[도표 7-2)]. 개별 사실의 수가 많으면 많을수록 도출하는 일반적 원리의 정확도와 신뢰성은 높아진다.

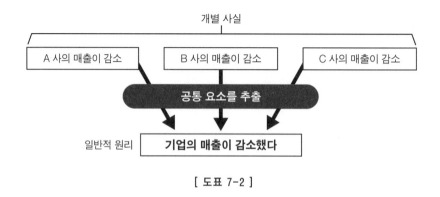

[도표 7-2]

그렇다면 이 예에서 A 사, B 사, C 사의 세 회사에서 일어난 개별 사실관계만으로 과연 '기업의 매출이 감소했다'라고 일반적으로 결론지을 수 있는지 의문을 품는 독자도 있으리라 생각한다.

귀납법에서 주의해야 할 점은 개별 사실의 수, 즉 샘플링의 수가 적으면 일반적 원리를 도출할 때 비약이나 모순이 생길 위험성이 있다는 점이다. 따라서 샘플링의 수는 되도록 많은 쪽이 바람직하다.

그리고 [도표 7-2]에도 있듯이 개별 사실에서 공통된 요소를 추출해야 한다. 지금 예에서는 A 사, B 사, C 사의 개별 사실만 보고 '기업은 매출이 감소했다'라고 기업 전체로 확대했다. 이것으로는 무리가 따른다. 적어도 A 사, B 사, C 사라는 세 회사가 가령 자동차 제조사 등 같은 업계 내의 기업이라면 비약이나 모순은 줄어든다. 즉, '기업의 매출이 감소했다'가 아니라 '자동차 업계의 매출이 감소했다' 쪽이 일반적 원리로 설득력을 지닌다.

논리 사고를 활용한 정성 분석에서는 현안을 논리적 비약이나 모순이 없도록 분해해 나간다. 그리고 분해한 요소 사이의 구조나 인과 관계를 알아보며 문제를 일으키는 원인을 추린 후, 문제를 해결해 나가는 식으로 분석한다.

논리 사고를 적용할 수 있는 문제는 보통 정적(static)이며 복잡한 인과 관계를 포함하지 않는 문제다. 단기간에 해결할 수 있거나 해결해야 하는 문제는 대체로 논리 사고를 적용할 수 있다고 보아도 무방하다.

2 창조적 사고(크리에이티브 싱킹)

창조적 사고는 수평 사고(래터럴 싱킹, lateral thinking)라고도 한다. 논리 사고와는 완전히 대조적인 사고법이다. 즉, 논리적 비약도 신경 쓰지 않고 비약이나 모순도 대체로 괜찮다고 보는 대담한 사고법이다. 모순도 논리적 비약도 개의치 않는 사고법이 과연 비즈니스의 세계에서 쓰일까.

비즈니스의 세계에서는 회의가 빈번하다. 단순한 보고도 있지만, 대부분은 지금 일어나는 문제의 원인 규명이나 해결책을 검토하는 자리가 많다. 이때 몇 개의 안(선택지)으로 압축하여 가능한 한 논점에 모순이 없도록 신중하고 합리적으로 정한다.

하지만 신상품을 개발할 때 등, 아이디어를 척척 내놓아야 하는 회의도 있다. 이때는 의견이나 아이디어의 비약, 모순은 중요하지 않으며, 엉뚱한 아이디어가 때로는 회사의 운명을 결정짓는 상품을 탄생시키는 계기가 되기도 한다. 이런 상황이야말로 창조적 사고가 활약하는 때다.

또 논리 사고를 통한 정성 분석을 하기 전에 창조적 사고를 조합하는 것은 어떨까. 창조적 사고로 참신한 아이디어가 차례차례로 나와서 더 이상 아이디어가 나오지 않을 때 논리 사고를 통해 한 번에 간추리는 접근법이다. 맨 처음 창조적 사고로 가능성과 자유로움을 마음껏 펼쳐두고, 다음으로 해당하는 요소를 좁혀 나가므로 최종적으로 최고의 방안을 얻을 가능성이 커진다.

3 시스템 사고(시스템 싱킹)

시스템이라는 단어가 들어가 있어서 아주 난해한 사고법이라고 생각하는 독자가 많지 않을까 한다. 처음부터 거부 반응을 보이는 독자도 있을 수 있다. '시스티매틱', '시스템 엔지니어', '시스템 제어' 등 시스템이 붙는 용어가 많은데 대단히 어려워 보이는 이미지가 앞서서 문턱이 높고 다가가기 어렵게 느껴진다.

변화의 속도가 한층 가속화된 현대 사회에서 비즈니스는 다양한 사회 현상이나 환경 문제 등, 여러 가지 요소로 구성된 집합체, 즉 시스템으로 움직이고 있다. 시스템을 구성하는 각 요소는 동적(dynamic)으로 변화한다. 여기에는 복잡하게 얽힌 인과 관계가 내재한다.

앞서 설명한 논리 사고에서는 일반적으로 시간적 변화라는 개념이 없다. 비교적 단순하고 정적(static)인 문제 구조를 다루는 데 능하다.

시스템 사고는 현상이나 문제를 구성하는 요소 사이에 복잡한 인과 관계가 숨은 문제를 해명하는 데 최적화된 사고법이다. 이 요소 간의 복잡한 인과 관계를 편리한 '인과 지도'라는 도구를 사용하여 나타낼 수 있다. 인과 지도에 관해서는 제10장(→332쪽)에서 설명하는데, 인과 지도를 그리거나 읽어낼 수 있다면 시스템 사고 마스터의 지름길을 안다고 말할 수 있다.

제1장

제2장

제3장

제4장

제5장

제6장

제7장

제8장

제9장

제10장

제11장

제12장

| 세 가지 사고법의 강점과 약점

여기서는 정성 분석에 활용하는 세 가지 사고법의 특징(강점과 약점)을 정리한다.

1 논리 사고(로지컬 싱킹)

① 수속적 사고

논리 사고를 활용한 정성 분석에서는 논리적으로 다양한 요소로 분해하여 요소 간의 구조를 알아보며 최종적으로 옳은 답을 좁혀 나가는 수속적인 방식이다(→[도표 7-3]).

따라서 논리 사고를 활용할 때는 가장 먼저 가능한 한 많은 데이터와 정보를 모아두는 편이 좋다. 이것은 오히려 논리 사고가 아니라 창조적 사고가 잘하는 분야다.

② 단기간에 성과를 내는 단기 결전적 사고법

해결법(솔루션)을 단시간, 단기간에 찾아내야 하는 상황에서 사용된다. 그만큼 문제도 어느 정도 단순하고 패턴화된 것에 한정되지만, 문제 대부분은 논리 사고로 어느 정도의 성과를 얻을 수 있다.

하지만 문제가 동적(dynamic)이고 요소 간의 인과 관계가 복잡하게 얽혀있는 경우, 논리 사고로는 감당할 수 없는 문제도 생긴다.

이 경우에 논리 사고는 약한 면이 있는데, 시스템 사고가 강점을 발휘한다.

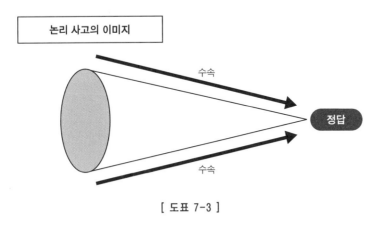

[도표 7-3]

2 창조적 사고(크리에이티브 싱킹)

① 확산적 사고법

논리 사고가 수속적 사고라면, 창조적 사고는 반대로 확산적 사고로 자유분방한 아이디어를 만들어낸다([도표 7-4]). 창조적 사고는 고정관념이나 기성관념을 버린, 어떤 것에도 구속되지 않는 자유로운 발상을 얻기 위해 이용되는 사고법이다.

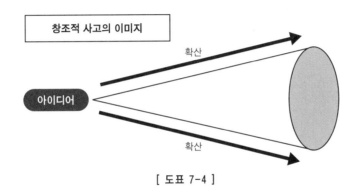

[도표 7-4]

② 검토 시작 전이나 도중에 아이디어가 떠오르지 않을 때 등, 사고 모드를 전환하기 위한 사고법

논리 사고나 시스템 사고로 검토하기 전에 아이디어의 수를 늘리거나, 논리 사고나 시스템 사고로 검토를 추진하는 도중에 아이디어가 고갈되어 벽에 부딪혔을 때, 창조적 사고로 기어를 바꾸어 사고를 활성화하는 데 효과적이다.

3 시스템 사고(시스템 싱킹)

① 복잡한 인과 관계로 동적(dynamic)인 변화에 대처할 수 있는 사고법

여러 요소의 인과 관계가 복잡하게 얽힌 경우나 시간적으로 동적(dynamic)으로 변화하는 경우에는 더 이상 논리 사고를 통한 분석은 어렵다. 즉 시스템 사고에 기댈 수밖에 없다.

인과 관계라는 개념은 제10장에서 설명하겠지만, 논리 사고의 경우에는 기본적으로 직선적인 인과 관계다(→[도표 7-5]). 즉 요소 A가 일어나면 결과적으로 요소 B가 일어나고, 요소 B가 일어나면 결과적으로 요소 C를 일으키는, 즉 요소 A가 일어나면 요소 C도 일어나는 직선적인 인과 관계로 나타난다.

직선적인 인과 관계 [논리 사고]

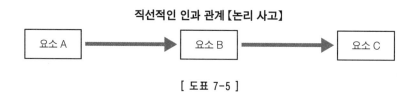

[도표 7-5]

하지만 현실은 이렇게 단순하지 않다. 여러 요소가 복잡하게 얽힌 경우가 있다. 직선적인 인과 관계에서는 각 요소에서 하나의 화살표만 생긴다. [도표 7-5]에서는 최종적으로 요소 C가 최종적인 결과로 끝난다. 하지만 [도표 7-6]은 어떠한가. [도표 7-6]이 나타내는 그림을 시스템 사고에서는 인과 지도라고 부

르는데, 요소 B에서는 요소 C와 요소 D의 두 가지 인과 관계를 나타내는 화살
표가 생기고, 또 요소 D에서 요소 A로, 나아가 최종적인 사실로 볼 수 있는 요
소 C가 요소 A로 돌아온다. 이것을 피드백이라고 하는데, 결과가 원인에도 영
향을 미친다는 복잡한 인과 관계를 띤다. 이러한 상황에서 시스템 사고는 위력
을 발휘한다.

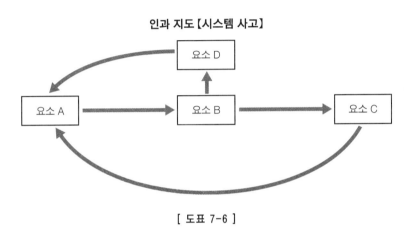

인과 지도 【시스템 사고】

[도표 7-6]

이 세 종류의 사고법은 어떤 경우에는 논리 사고, 다른 경우에는 시스템 사
고, 또 다른 경우에는 창조적 사고가 적용되는 것과 같이 각각의 경우에 맞춰
서 사고법을 나누어 적용할 수 있을 정도로 현실은 단순하지 않다. 때에 따라
서 세 종류의 사고법을 어떻게 유기적으로 조합하여 최대한의 효율을 끌어낼
것인지가 중요하다.

다음으로 세 종류의 사고법의 포지셔닝 맵을 통해 사고법을 조합하는 것의
이점에 대해 언급하고자 한다.

세 가지 사고법의 포지셔닝 맵

앞에서는 세 가지 사고법의 특징을 살펴보았다. 이번에는 세 가지 사고법을 '포지셔닝 맵'으로 표시한다.

[도표 7-7]에서는 가로축에 '사용하는 사고법'의 수평적 확산을 나타낸다. 왼쪽으로 갈수록 좁아지는 수속적인 특징이 있고, 반대로 오른쪽으로 갈수록 확산적으로 퍼져나가는 특징이 있다. 바꿔 말하자면 왼쪽은 논리 사고, 오른쪽은 창조적 사고가 위치한다고 보면 된다.

한편 세로축은 시간적 변화를 나타내는데, 위로 갈수록 동적(dynamic)이고 변화가 심한 상황을, 아래로 갈수록 정적(static)이고 변화가 완만한 상황을 나타낸다. 즉 위에는 시스템 사고가, 아래에는 논리 사고가 위치한다.

논리 사고는 일반적으로는 비교적 단순하고 시간적 변화도 그다지 빠르지 않은 문제를 두고 해결책을 좁혀 나가는 사고법이다. 한편 시스템 사고는 시간적 변화를 동반하는 동적인 움직임이 있는 복잡한 문제에 강점을 드러낸다고 알려져 있다. 또 창조적 사고는 논리 사고와는 정반대로 해결법을 확산시켜 나가는 사고법이다.

논리 사고, 창조적 사고, 시스템 사고의 위치는 [도표 7-7]과 같다.

이 도표에서도 세 가지 사고 단독으로는 해결할 수 있는 영역이 한정되어 있다는 사실을 알 수 있다. 하지만 '논리 사고+창조적 사고', '창조적 사고+시스템 사고', '논리 사고+시스템 사고' 등, 두 가지 사고를 조합하면 해결할 수 있는 영역이 상당히 늘어난다.

세 가지 사고를 단독으로 적용하는 경우에 두 가지 사고를 조합하는 경우를 더하면 [도표 7-7]의 영역 대부분을 해결할 수 있다. 두 가지 사고를 조합함으로써 얻을 수 있는 이점은 바로 여기에 있다.

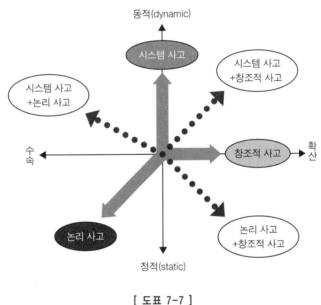

[도표 7-7]

이 책에서는 활용할 수 있는 사고법을 세 종류 소개했는데, 단순히 활용할 수 있는 사고의 레퍼토리를 늘리는 것이 아니다. [도표 7-7]에서도 알 수 있듯이 두 가지 사고법을 조합함으로써 해결할 수 있는 문제 영역을 확대할 수 있을 뿐만 아니라, 대상이 되는 문제의 배후에 있는 참된 실태를 더욱 정확하게 파악할 가능성이 커진다.

논리 사고만으로는 왜 답이 나오지 않는가

이번에는 비즈니스에서 기본이 되는 논리 사고만으로는 왜 답을 얻을 수 없는지에 대해서 이야기해보기로 한다.

앞서 언급했듯이 논리 사고는 대중적이며 기업 연수에서도 단연코 가장 많이 쓰인다. 하지만 이 정도의 인기나 평판에도 불구하고 논리 사고는 만능이라고 부를 수 없는 구석이 있다.

비즈니스에서는 여러 가지 유형의 문제에 맞닥뜨린다. 비교적 용이한 일상 업무나 정형화된 업무 내의 문제에서부터 고도의 의사 결정을 요구하는 문제까지 다양하다. 그러나 복잡하고 고도의 문제가 빈번하게 일어날 확률은 낮다. 이러한 문제는 경영자층에 가까운 단계에서 대처하게 되는 문제다.

그러나 직장인 대부분이 다루는 문제는 사내나 고객, 일부 경쟁사로 한정되어 있고 기껏해야 몇 달이나 1년 후 정도의 시간 개념이다. 즉 공간적·시간적 규모가 비교적 왜소한 문제와 빈번히 마주하는 일이 많다. 이렇게 공간적·시간적 규모가 비교적 소규모인 문제에 확실하게 대응하는 방법이 논리 사고다.

다른 표현을 쓰자면 논리 사고는 사고 나무(logic tree)로 분해할 수 있고 프레임 워크로 수속되는 비교적 단순한 문제를 두고 확실한 성과를 기대할 수 있는 사고법이라고 말해도 좋다. 자세한 내용은 제8장에서 다시 설명한다.

논리 사고에서는 논리적 비약이 없고 모순이 없으며 그 결과 설득력이 요구된다. 그야말로 비즈니스의 기본이므로 직장인이 되면 이른 시기에 익혀두어야 한다. 이것이 기업 연수에서 적극적으로 도입하는 이유일 것이다. 그리고 공간적·시간적인 규모가 비교적 작은 여러 문제에 적용할 수 있으므로 대단히 실천적이다. 논리 사고를 실제로 사용함으로써 논리 사고의 힘을 한층 더 갈고 닦을 수 있다.

그러나 일상 업무나 정형화된 업무 속에서 신상품 개발, 품질 회의나 개선 회의 등에서 논리 사고를 적용할 수 있을까.

논리 사고는 공간적·시간적 규모가 작은 문제에 확실한 성과를 기대할 수 있다고 이미 말했지만, 신상품을 위한 아이디어를 낼 때 선택지를 좁혀가는 상황에서는 논리 사고가 어울리지 않는다. 이때는 논리 사고가 그다지 필요하지 않다.

논리 사고에서는 획기적인 답을 기대하기 힘들다. 오히려 기성개념에서 탈피하고 비약과 모순을 받아들이며 번뜩이는 아이디어가 바람직하다.

품질 회의나 개선 회의에서도 그러하다. 이때도 논리나 이론은 그다지 필요가 없다. 생각지도 못한 말에서 기업의 체질이나 생산 현장이 크게 바뀌는 일도 생길 수 있다.

아이디어의 공간적 규모가 아주 커지면 창조적 사고로 무대를 옮겨 간다.

논리 사고로는 사고의 공간적 규모를 좁혀 나감으로써 해결하기 좋지만, 창조적 사고로는 사고의 공간적 규모가 퍼진다. 즉, 사고의 자유도가 대단히 증대된다.

다음 예를 생각해 보자. 어느 기업에서 신상품을 개발하여 새로운 사업으로 시장에 진입해야 할지 검토하고 있다. 업계는 어떤 상황이며 경쟁사는 어떻게 나올 것인가, 시장은 충분히 채산성이 있는지, 목표한 이익을 달성할 수 있는지 등을 검토해야 한다.

이 예에서는 신상품을 개발할 때, 창조적 사고를 활용한다고 앞서 밝혔다. 또 업계나 경쟁사의 동향이나 시장의 분석에서는 논리 사고, 특히 프레임 워크(→269쪽)를 통한 분석이 효과적이다.

그리고 신규 사업을 펼칠 때, 처음에는 매출이 호조를 보였지만 1년, 2년 시간이 지남에 따라 서서히 매출 신장률이 떨어졌다고 하자. 이러한 상황에서는 논리 사고나 창조적 사고로는 분석이 극히 어렵다.

다른 나라를 포함하는 정치·경제의 거시적인 환경 변화, 업계의 동향이나 경쟁사 및 고객의 움직임, 그리고 사내의 생산 체제나 영업 인원 수, 추진하는 체제에 문제는 없는지 등 시간 단위가 길고 동적이며 복잡한 인과 관계를 포함한 문제 해결을 해낼 수 있는 사고법이 필요하다. 이 사고가 바로 시스템 사고다.

시스템 사고를 통해 신규 사업 진출 후의 매출액 성장률 둔화와 같은 문제가 어떠한 원인과 결과로 구성되며, 이것이 어떤 인과 관계로 복잡하게 영향을 미치는지 분석한다면 어느 원인이 문제의 병목으로 작용하는지, 병목을 해소하려면 어떻게 해야 하는지, 또 앞으로 어떤 문제가 발생할지 예측할 수 있다.

다시 말하자면 논리 사고는 만능이 아니다. 비즈니스의 많은 순간에서 사용되지만, 때로는 창조적 사고나 비즈니스 사고로 해결해야 하는 문제도 있다는 점을 꼭 기억해두기 바란다.

ch7.
세 가지 정성 분석을
구분해 사용하면
문제 해결에
효과적이다

세 가지 사고법을 구분하여 사용하는 관점

세 가지 사고법의 차이를 염두에 둔 포지셔닝 맵을 앞서 살펴보았는데, 여기서 다시 한번 세 가지 사고법을 나누어 사용하는 관점을 짚어본다.

포지셔닝 맵과 마찬가지로 가로축에 사고의 공간적 확산이나 자유도를 표시한다. 세로축은 사고 대상의 시간적 규모나 시간적 변화의 크기를 표시한다. 이른바 사고의 시공간 좌표를 그래프 상에 나타내는 것이다([도표 7-8]).

논리 사고는 [도표 7-8]에서 왼쪽 아래에 위치한다. 즉 논리 사고는 공간적 규모도 시간적 규모도 비교적 작은 문제에 대해 확실한 성과를 기대할 수 있다. 가령 어떤 부서 내의 일상 업무, 부문 회의 등의 정형화된 회의, 단기 경영 계획 등이 논리 사고에 적합하다. 이 영역은 일반 기업에서는 피해갈 수 없으며, 기업 활동의 기본이 되는 부분이다. 이 점에서도 논리 사고는 필수 불가결한 스킬이라고 말할 수 있다.

그러나 사고의 공간적인 규모, 즉 자유도가 커지는 영역은 창조적 사고의 독무대다. 신상품 개발 등의 아이디어 회의나 기획 회의, 품질 회의, 개선 회의 등 자유분방한 분위기 속에서 아이디어를 창출해야 하는 상황에서는 창조적 사고

261

의 스위치를 켜야 한다.

또 사고 대상인 시간적 규모가 커지면 지금까지 단시간 내에서는 고정되어 있던 다양한 요소가 움직이며 서로 영향을 주고받는 복잡한 인과 관계를 띠게 된다. 이 상황에서는 논리 사고를 통한 분석으로는 적용하기가 대단히 어렵고, [도표 7-8]처럼 시스템 사고로 옮겨갈 수밖에 없다.

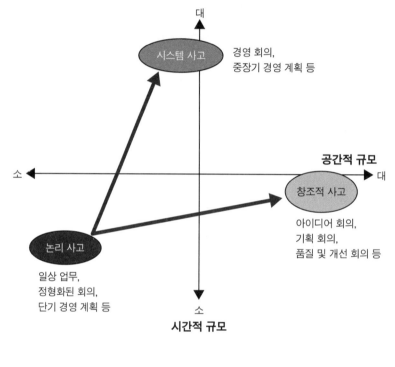

[도표 7-8]

시스템 사고를 적용하는 상황으로는 경영 회의나 중장기 경영 계획 등, 기업 내의 각 부서끼리 상호 관계, 그리고 기업을 둘러싼 거시적·미시적인 외부 환경과의 상호 관계와 같은 복잡한 인과 관계가 포함된다. 그 결과, 불확실성이 존재하는 아래 경영 전략 사고를 얻을 수 있다. 불확실성이 높은 상황에서는 시스템 사고가 안성맞춤이라고 말할 수 있다.

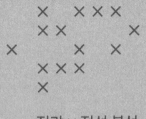

정량 × 정성 분석
바이블

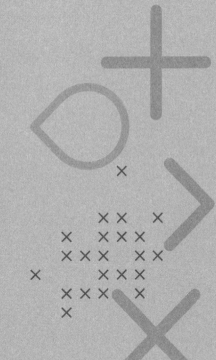

제 8 장
———
목적을 향해
결론을 도출하는
논리 사고
로지컬 싱킹

논리 사고의 대전제가 되는 MECE

논리 사고의 대전제로, 문제나 논점을 빠짐도 중복도 없는 요소로 분해한다는 중요한 사고방식이 있다. 이 빠짐도 중복도 없는 상태를 MECE라고 한다. 'Mutually Exclusive, Collectively Exhausive'의 머리 글자를 따서 만든 표현이다. '미시'라고도 말하며, 논리 사고를 논할 때 피해갈 수 없는 중요한 개념이다.

MECE하다는 것은 퍼즐의 조각과 같은 상태로 중복되지도 않고 빈틈도 없는 상태다(→[도표 8-1]).

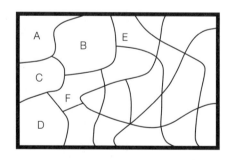

[도표 8-1]

예를 들면 어떤 기업의 영업부에 영업 1과와 영업 2과라는 두 개의 과가 있다고 하자. 이 영업부를 요소로 분해하는 데는 다음 세 가지 방법이 있다.

① 남자 직원, 여자 직원

② 20세 미만, 20세 이상 40세 미만, 40세 이상 60세 미만, 60세 이상

③ 영업 1과, 영업 2과

이 중에서 MECE하지 않은 분해는 어느 것일까.

언뜻 모두 MECE하게 보인다. ①②는 설명할 것까지도 없이 MECE에 해당한다. 그러나 ③은 잘 생각해 보면 영업 1과도 영업 2과도 아닌 공통 업무를 담당하는 총무 역할의 직원도 있을 것이다. ③은 △ 정도의 내용이다. 그렇다면,

④ 좋아하는 스포츠로 야구, 테니스

이렇게는 어떨까. 이것은 바로 MECE하지 않다고 알 수 있다. [도표 8-2]와 같이 영업부 내에는 야구와 테니스를 동시에 좋아하는 사람도 있을 것이다. 이것은 중복이다. 또 축구나 골프 등, 야구나 테니스 이외의 스포츠를 좋아하는 사람도 있을 수 있다. 다시 말해 야구와 테니스만으로는 누락과 중복이 모두 생기므로 MECE가 될 수 없다.

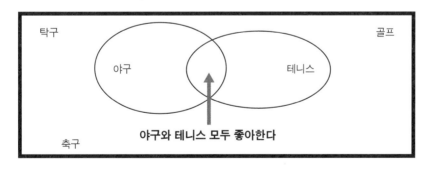

[도표 8-2]

이 MECE는 다음에 설명하는 로직 트리나 프레임 워크의 기본 개념이 된다.

로직 트리를 통한 분석

로직 트리에서는 문제나 논점을 MECE에 따라서 요소를 분해하여 헤쳐나간다. 로직 트리의 요소 중에 만일 중복이 있으면 분석할 때 효율이 떨어지고, 누락이 있으면 중요한 포인트를 놓칠 위험성이 있다.

요소들이 MECE이기 위해서는 다음에 설명할 프레임 워크에 등장하는 4P 분석이나 3C 분석 등을 이용해도 좋다. 4P란 제품, 가격, 유동, 판매 촉진, 그리고 3C는 경쟁, 고객, 자사와 같은 요소다. 프레임 워크를 구성하는 요소 대부분은 MECE라고 생각해도 된다.

가령 이익이 나지 않는 원인을 로직 트리로 규명할 때, 이익=매출액-비용이라는 관계식에서 이익을 매출액과 비용으로 분해해 보는 것도 하나의 방법이다. 마찬가지로 매출액=상품 가격×판매 수량이라는 식에서 매출액을 상품 가격(단가)과 판매 수량으로 분해하는 방법도 생각할 수 있다.
이렇게 로직 트리에서 분해할 수 있는 것은 서로 MECE이며 직선적인 인과 관계(→254쪽)에 있어야 한다.

그렇다면 현재 일어나는 문제를 분석할 때, 문제를 일으키는 원인이 반드시 존재해서 우선 이 원인을 막을 필요가 있다(①). 원인을 알아냈다면 구체적인 대책을 세워야 한다(②). 이 흐름은 [도표 8-3]과 같이 나타낼 수 있다.

[도표 8-3]

현재 일어나는 문제에서 원인을 밝혀내거나 원인에서 구체적인 해결책을 얻는 데 로직 트리는 아주 유용한 도구다.

예를 들어 [도표 8-4]와 같이 문제에서 원인을 파헤칠 때, 제일 왼쪽에 문제를 적고 오른쪽으로 갈수록 계층적인 원인을 MECE에 따라 파내려 간다.

하지만 제12장(→398쪽)에서도 설명하겠지만, 복잡한 인과 관계를 띠는 문제는 더 이상 논리 사고에 따른 로직 트리로는 벅차다는 점에 주의하기 바란다.

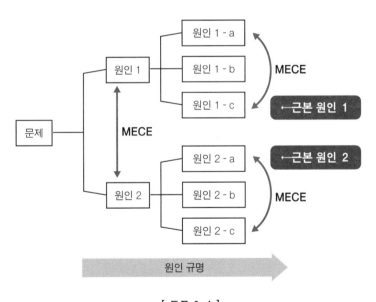

[도표 8-4]

[도표 8-4]와 같이 현재 문제가 되는 원인 중에서 특히 근본적이라고 생각

하는 원인을 하나 내지는 두 개 정도로 추려냈다면, 그 후는 원인에서 문제를 어떻게 해결로 이끌지 구체적인 방책을 찾는 단계로 들어간다. 이것도 [도표 8-5]와 같이 가령 근본 원인 1에 대한 구체적인 해결안을 찾아, 그 결과로 구체적인 해결책 1을 얻을 수 있다. 근본 원인이 두 개라면 이번에는 근본 원인 2에 대해서도 똑같이 분석하면 된다.

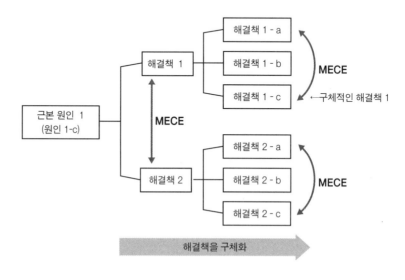

[도표 8-5]

제 1 장

제 2 장

제 3 장

제 4 장

제 5 장

제 6 장

제 7 장

제 8 장

제 9 장

제 10 장

제 11 장

제 12 장

ch8.
목적을 향해
결론을 도출하는
논리 사고
로지컬 싱킹

| 프레임 워크의
분류

비즈니스에서 논리 사고를 펼쳐 나갈 때, 로직 트리와 마찬가지로 프레임 워크도 중요한 역할을 한다. 프레임 워크란 글자 그대로 사고의 틀이다. 프레임 워크도 기본적으로는 MECE로 이루어지는데, 크게 두 가지 유형으로 분류된다. [도표 8-6a]와 같은 '일차원적 유형'과 [도표 8-7]과 같은 '이차원적(매트릭스) 유형'이 있다. 일차원적 유형 중에는 [도표 8-6b]와 같은 과정의 흐름도 포함된다.

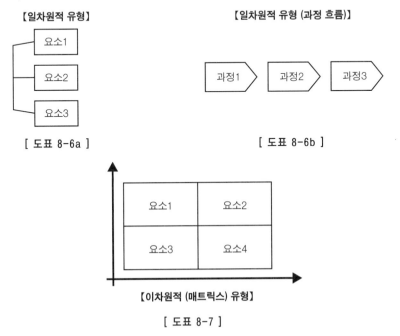

【일차원적 유형】

요소1
요소2
요소3

[도표 8-6a]

【일차원적 유형 (과정 흐름)】

과정1 > 과정2 > 과정3

[도표 8-6b]

요소1 | 요소2
요소3 | 요소4

【이차원적 (매트릭스) 유형】

[도표 8-7]

언뜻 보기에 무질서한 정보를 분석하기 위해서는 프레임 워크 속에 포함시켜서 정리하고 분석한다. 프레임 워크는 기성의 로직 트리라고 말할 수 있다. 즉, 프레임 워크는 분류하는 항목이 이미 MECE이므로 분석 대상에 대해 어느 프레임 워크를 적용하는 편이 좋을지 주의를 기울이면 된다.

다만 프레임 워크에 정리하고 분석하는 것만으로 안심해서는 안 된다. 정리하고 분석한 항목에서 문제 전체의 구조를 해명한 후, 어떠한 가치 있는 정보를 추출할 수 있는지, 적절한 전략을 어떻게 세울지, 정보를 관계자에게 어떻게 전할지가 중요하다.

프레임 워크에는 여러 종류가 있다. 어떤 목적으로 분석하는지에 따라 적용해야 할 프레임 워크가 좁혀진다. 반드시 한 종류인 것은 아니다. 여러 종류의 프레임 워크를 조합하여 분석은 다면적이고 더욱 정확도가 더해지기도 한다.

여기서는 각종 프레임 워크의 분류를 한다. 비즈니스에서 자주 사용되는 대중적인 것에서부터 개인이나 기업이 독자적으로 고안한 프레임 워크도 있다. 그러나 이 책에서는 세상에 존재하는 모든 프레임 워크를 박물관처럼 전시할 생각은 없다. 여기서는 비즈니스에 자주 활용되는 기본적인 프레임 워크만 간추려서 체계적으로 분류하는 동시에, 어떤 상황에서 적용할 수 있을지를 가능한 한 사례와 연결지어 소개한다.

우선 비즈니스에서 기업을 둘러싼 환경을 파악하고 분석하는 것이 중요하다. 환경은 기업에서 보아 바깥에 있는 '외부 환경'과 기업의 '내부 환경'으로 나뉜다. 기업을 둘러싼 외부 환경은 기업에 좋은 기회가 되기도 하고 위협이 될 때도 많다. 따라서 이 책에서는 프레임 워크를 다음의 세 가지 관점에서 분류한다.

① 비즈니스 외부 환경을 대국적으로 파악하는 프레임 워크

② 비즈니스 외부 환경과 기업 내부 환경 양쪽을 파악하는 프레임 워크

③ 기업 내부 환경을 파악하는 프레임 워크

이것을 그림으로 표현하면 아래와 같다(→[도표 8-8]).

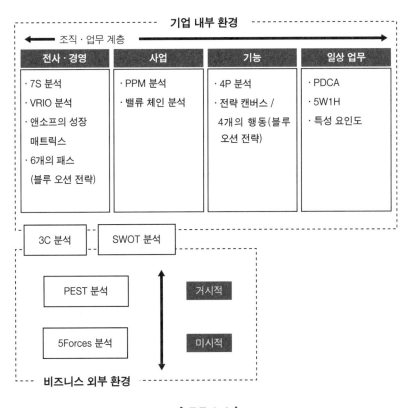

[도표 8-8]

1 비즈니스 외부 환경을 대국적으로 파악하는 프레임 워크

[도표 8-8]에서 기업의 비즈니스 외부 환경을 대국적으로 파악하는 프레임 워크로, 다음 두 가지를 들 수 있다.

- PEST 분석(→276쪽)
- 5Forces 분석(→278쪽)

기업을 둘러싼 외부 환경은 급격히 변하는 경우가 있다. 경영하는 데에 기업은 외부 환경으로부터 막대한 영향을 받으므로 기업은 외부 환경을 감시하는 의미에서 항상 정확도가 높은 정보 안테나를 설치해야 한다.

외부 환경에는 기업에서 직접 제어할 수 없는 거시 환경과 어느 정도 제어할 수 있는 미시 환경으로 나눌 수 있다.

작금의 금융위기나 엔고 현상 등의 거시 환경은 기업이 제어할 수 없고 기업의 전략 수립에 큰 영향을 끼친다. 'PEST 분석'은 거시 환경을 분석하는 데 위력을 발휘하는 프레임 워크다. 정치적, 경제적 등 네 가지 관점에서 거시 환경을 빈틈없이 분석할 수 있다.

한편, 미시 환경은 고객이나 시장, 경쟁사 등 기업 주변의 환경으로, 기업은 경쟁사와 피 터지게 싸우며 고객과 시장을 개척하여 비즈니스 전략을 펼쳐 나간다. 이러한 미시 환경, 즉 기업이 놓인 특정 업계를 분석하는 데 유용한 프레임 워크로 '5 Forces' 분석을 꼽을 수 있다.

2 비즈니스 외부 환경과 기업 내부 환경 양쪽을 파악하는 프레임 워크

비즈니스 외부 환경과 기업 내부 환경을 모두 파악하는 프레임 워크로 다음 두 가지를 들 수 있다.

- 3C 분석(→281쪽)
- SWOT 분석(→284쪽)

이러한 프레임 워크는 외부 환경 중에서도 거시적으로 접근하는 환경과 기업의 내부 환경을 종합적으로 파악하여 기업이 나아가야 할 전략 시나리오를 구체적으로 그리는 데 유용하다.

3 기업 내부 환경을 파악하는 프레임 워크

주로 기업의 내부 환경을 파악하는 프레임 워크를 조직과 업무 계층으로 분류한다.

우선 전사·경영 수준에서는 다음 네 가지를 들 수 있다.

- 7S 분석(→286쪽)
- VRIO 분석(→289쪽)
- 앤소프의 성장 매트릭스(→291쪽)
- 6개의 패스(블루 오션 전략)(→294쪽)

'7S 분석'과 'VRIO 분석'은 기업 내부의 경영 자원을 분석하여 경쟁에 견딜 수 있는 강인한 조직을 만들기 위한 프레임 워크다.

'앤소프의 성장 매트릭스'와 '6개의 패스'란, 신제품과 신규 시장을 어떻게 전개해 나갈지를 분석하는 전략적 프레임 워크다.

6개의 패스는 업계의 경쟁을 피해 신규 시장을 창조하는 '블루 오션 전략'을 특히 의식한다. 한편 앤소프의 성장 매트릭스는 블루 오션 전략이 주장하기 이전부터 있었던 프레임 워크다. 이른바 블루 오션이 될 수 없어 기존의 시장에서 한정된 파이를 서로 빼앗는 '레드 오션 전략'을 가정한다.

기업의 내부 환경을 파악하는 프레임 워크는 사업 수준으로 보면 다음의 두 가지를 꼽을 수 있다.

제 1 장
제 2 장
제 3 장
제 4 장
제 5 장
제 6 장
제 7 장
제 8 장
제 9 장
제 10 장
제 11 장
제 12 장

- PPM 분석(→297쪽)
- 밸류 체인 분석(→300쪽)

'PPM 분석'에서는 사업 패턴을 네 가지로 분류하여 기업 내의 사업이 지도의 어디에 위치하는지, 경영 자원을 어떻게 분배해야 하는지를 분석한다.

'밸류 체인 분석'에서는 기업 활동을 가치의 체인(사슬)이라고 보고 어느 과정이 성공 요인(KSF: Key Success Factor)을 만들어내는지 분석한다.

기능별 수준에서는 다음의 두 가지 프레임 워크를 들 수 있는데, 이것은 주로 마케팅에 초점을 맞춘다.

- 4P 분석(→303쪽)
- 전략 캔버스 · 4개의 액션(블루 오션 전략)(→304쪽 참조)

'4P'란 제품, 가격, 유통(채널), 판매 촉진의 네 가지 마케팅 과정을 말한다.

'전략 캔버스 · 4개의 액션'은 블루 오션 전략에서 신제품 가치를 구축해 나갈 때의 기본 틀이다.

블루 오션 전략을 주장하기 이전부터 있었던 4P 분석의 하나로 제품(Product)에 관한 항목이 있는데, 블루 오션 전략에서 전략 캔버스/4개의 액션은 신제품의 가치를 창조하는 데 이해하기 쉽고 실천적인 프레임 워크다.

일상 업무 수준에서는 다음의 세 가지 프레임 워크를 짚어두면 된다. 모두 한 번쯤은 들어보았을 것이다.

- PDCA(→307쪽)
- 5W 1H(→308쪽)
- 특성 요인도(→309쪽)

그렇다면 269쪽의 [도표 8-6a], [도표 8-6b]와 [도표 8-7]에서 프레임 워크의 유형을 분류했는데, 지금까지 설명한 프레임 워크를 이 도표의 분류에 따라 나누면 [도표 8-9]와 같은 관계가 된다. 참고로 하기 바란다.

도표 8-6a	일차원	PEST 분석, 5Forces 분석, 4P 분석, 3C 분석, 7S 분석, VRIO 분석, 6개의 패스 (블루 오션 전략), 전략 캔버스 (블루 오션 전략), 5W1H, 특성 요인도
도표 8-6b	일차원 (과정의 흐름)	밸류 체인, PDCA
도표 8-7	이차원 (매트릭스)	SWOT 분석, 앤소프의 성장 매트릭스, PPM 분석, 4개의 액션 (블루 오션 전략)

[도표 8-9]

지금부터는 프레임 워크별로 개요와 특장점, 적용 사례를 살펴본다.

| 비즈니스 외부 환경을 대국적으로 파악하는 프레임 워크

이번에는 비즈니스의 외부 환경을 분석하기 위한 두 가지 프레임 워크를 설명한다.

| 01 | PEST 분석

'PEST 분석'은 기업이 직접 제어할 수 없는 거시 환경을 분석하는 데 이용되는 프레임 워크다. 거시 환경은 기업에서 제어할 수 없으므로 변화의 흐름에 맡길 수밖에 없는데, PEST 분석은 거시 환경 정보를 적극적으로 분석하여 향후 어떻게 환경이 변할지 예측하여 기업이 합리적인 전략을 세울 때 도움이 된다.

P는 정치적 요인(Political), E는 경제적 요인(Economic), S는 사회적 요인(Social), T는 기술적 요인(Technological)의 영어 첫 글자를 따서 PEST라고 한다. 이 네 개 요인의 키워드 예시를 [도표 8-10]으로 정리했다.

이 키워드를 참고로, 거시 외부 환경의 네 가지 요인을 선별하여 기업은 이러한 영향에서 기회나 위협을 예측하여 어떻게 전략을 세워야 할지 결정한다.

PEST 분석을 실제로 할 때는 실천적인 [도표 8-11](→278쪽)와 같이 어떤 기업을 가정하여 네 가지 요인 중 회사에 '기회'로 작용할지 '위협'이 될지를 기준으로 네 요인을 종합하여 회사가 취해야 할 대책과 전략을 수립하는 것도 좋은 방법이다. [도표 8-11]에서는 의약품 제조업체를 가정한 것이므로 참고하기 바란다.

4개의 요인	키워드 예시
정치적 요인 (Political)	◎ 법 규제 - 규제 완화, 금융 완화, 규제 강화, 금융안정화법(미국) ◎ 세제 - 세제 개혁 ◎ 무역 - 무역 불균형, 무역 흑자, 보호 무역 방지, WTO, FTA, EPA ◎ 공공투자 - 지역 배분 ◎ 개정 노동자 파견법 - 정규직, 비정규직, 인재 파견 ◎ 재판 - 재판원 제도
경제적 요인 (Economic)	◎ 경기 - 경기 후퇴, 경기의 급속한 악화, 세계 금융위기, 어려운 경영 환경 ◎ 기업 - 고용 조정(삭감), 고용 창출, 설비 및 인원 과잉 ◎ 물가 - 디플레이션, 인플레이션, 소비자 물가지수 ◎ 금리 - 금리 정책, 제로 금리, 양적 완화 ◎ 환율 - 환율, 엔고 현상, 엔저 현상 ◎ 주가 - 평균주가의 지속적인 하락, NY 다우, 주가 하락(폭락) ◎ 거시 경제, 미시 경제
사회적 요인 (Social)	◎ 사회 - 격차 사회 ◎ 노동 - 취업 형태의 다양화, 워크 라이프 밸런스, 워크 셰어링 ◎ 교육 - 프로그래밍 교육, 학력 조사, 학력의 양극화(교육 격차) ◎ 건강 - 건강 지향 식품, 장수 국가, WHO ◎ 유행 - 히트 상품, 트렌드, 휴대전화, 스마트폰 ◎ 환경 - 지구온난화, 환경 문제, 수소, 배출량 거래
기술적 요인 (Technology)	◎ 기술 혁신(이노베이션) - 인공지능(AI) ◎ 인터넷 - 인터넷 쇼핑, IoT ◎ 컴퓨터 클라우드, 컴퓨팅, 블록체인 ◎ 반도체 및 액정 - 대형 액정 TV, 유기 EL ◎ 의료 및 생화학 - iPS 세포, ES 세포, DNA 칩 ◎ 자원 - 차세대 자원(메탄 하이드레이트), 레어 어스

[도표 8-10]

4 요소	기회	위협
정치적 요인 (P)	·생활 습관병(대사 증후군) 검진 의무화	·의료비 억제책 추진 ·후발 약품(제네릭) 사용 촉진
경제적 요인 (E)	·의약품 경제 평가의 필요성	·엔고 현상 ·환율 변동
사회적 요인 (S)	·건강 지향 ·생활 습관병의 회피	·기업 경영의 악화 ·직원 소득 수준 저하
기술적 요인 (T)	·iPS 세포 등 일본에서 시작된 하이 테크놀로지	·기술 혁신의 벽에 부딪힘 ·신약 연구 개발에 막대한 비용이 들어감
4 요인 종합	세계·일본의 경제 위기와 더불어 신약을 연구 개발하는 데 여러 가지 어려움이 위협으로 작용한다.	
대책 및 전략	◎ 신약 연구 개발 체제 강화 - 개발 속도의 효율을 높임, 자사 상품의 착실한 성장 ◎ 글로벌 판매 체제 - 해외 이전을 염두에 둔 판로 및 매출 확대를 노림	

[도표 8-11]

적 용 사 례

구체적인 PEST 분석 사례는 제2장의 기업 사례의 정성 분석(→48쪽)에서 소개한 바 있다.

| 02 | 5Forces 분석

PEST 분석은 거시적인 외부 환경, 즉 눈에 보이지 않는 환경을 분석하는 프레임 워크였다. 그러나 '5Forces 분석'은 미시 환경을 대상으로 하므로 분석 대상이 눈에 보인다.

미국의 저명한 경영학자인 마이클 포터는 업계 내의 경쟁에 영향을 미치는 다섯 가지 요인을 지적했다. 5Forces 분석은 이 다섯 가지 요인을 바탕으로 업계 구조를 분석하여 사업 전략을 세우는 데 대단히 유용한 프레임 워크다.

다섯 가지 요인이란 다음의 것을 말한다.

① 신규 진입자의 위협

신규 진입자가 많으면 업계의 시장은 매력적이라도 점차 치열한 점유율 싸움이 벌어져, 결과적으로 시장의 매력이 떨어진다.

신규 진입자가 시장에 들어올 때의 어려움은 '진입 장벽'이라고 불리며 처음부터 제품을 대량으로 생산하지 않으면 경쟁력이 없으므로 거액의 비용이 요구된다. 그리고 제품의 차별화, 매입처를 바꾸는 비용 등 많은 비용이 필요하다.

이 때문에 간 보기식의 신규 진입은 있을 수 없는 것이 현실이다.

② 경쟁 업체의 위협

같은 업계 안에서 경쟁하는 라이벌 회사의 위협을 말한다. 경쟁이 심해지면 ①과 마찬가지로 업계로서는 매력이 떨어진다. '어제의 적은 오늘은 친구'라는 말처럼 과거 경쟁 관계에 있던 기업이 M&A 등 기업을 재편한 결과 동료로 변하는 등, 경쟁 업체도 변화의 속도가 빠르다.

③ 대체품의 위협

대체품의 위협도 무시할 수 없다. 기존의 필름 카메라는 디지털 카메라라는 대체품으로 시장을 석권 당했다. 이를 통해 이른바 은염 카메라 업계는 급속한 쇠퇴를 맞았다. 이 디지털 카메라도 스마트폰에 시장을 잠식당하고 있다.

④ 고객(사는 사람)의 교섭력

고객과의 교섭력도 하나로 들 수 있다. 기업이 주장하는 값으로 팔 수 있는 시대는 이미 지났다. 만일 상품이 공급자 과잉인 업계라면 고객은 판매 가격에 영향력을 가지게 되어 기업 측에서는 업계의 매력이 떨어진다.

⑤ 공급업체(매입처)의 교섭력

만일 제조사에서 큰 히트를 기록한 상품을 사들여서 판매하는 경우에는 매입 가격이 제조사 주도 아래 정해지는 등, 공급업체가 강한 교섭력을 가지게 된다. 이것은 판매하는 기업에 따라서는 어려운 상황에 놓이게 되어 업계의 매력이 떨어진다.

　보통 기업에서 경쟁 요인이라고 하면 ②의 경쟁 업체뿐이라고 생각하기도 한다. 하지만 ②뿐만이 아니다. 실제로 다섯 가지 위협이 있다는 사실을 5Forces 분석은 인식하게 해준다. 이 다섯 가지 위협은 모두 경시했다가는 큰 코다치는 것으로 이루어져 있다. 이 다섯 가지 요인이 기업을 둘러싸는 모습을 [도표 8-12]로 정리해 보았다.

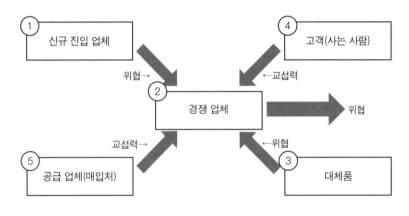

[도표 8-12]

　[도표 8-12]는 다섯 가지 요인 중, 신규 진입 업체, 공급 업체(매입처), 고객(사는 사람), 대체품이라는 네 가지 요인이 경쟁 업체에 영향을 주는 요인으로 작용하고 있음을 나타낸다.
　5Forces 분석은 다섯 개의 힘 하나하나 또는 종합적인 힘을 분석함으로써 업계 내의 경쟁 관계 구조를 분명히 하고, 회사가 경쟁 구조 속에서 어떤 전략을 세워야 할지가 눈에 들어오는 프레임 워크다.

제 1 장

제 2 장

제 3 장

제 4 장

제 5 장

제 6 장

제 7 장

제 8 장

제 9 장

제 10 장

제 11 장

제 12 장

ch8.
목적을 향해
결론을 도출하는
논리 사고
로지컬 싱킹

| 비즈니스 외부 환경과 기업 내부 환경 양쪽을 파악하는 프레임 워크

이 항목에서는 비즈니스의 외부 환경뿐만 아니라 기업의 내부 환경도 더하여 다면적으로 분석하는 두 종류의 프레임 워크를 소개한다.

| 01 | 3C 분석

'3C 분석'이란 고객, 경쟁, 회사의 세 가지 관점에서 분석하는 프레임 워크다. 3C란 '고객(Customer)', '경쟁(Competitor)', '회사(Company)'의 영문 첫 글자를 딴 표현이다. 3C 분석을 통해 KSF(성공 요인: Key Success Factor)를 추출하고 회사가 취해야 할 전략의 방향성을 찾아낸다.

그리고 '고객'과 '경쟁'은 5Forces 분석에도 포함되는 미시적인 외부 환경이다.

다음으로 3C 분석의 세 가지 관점에 관한 키워드가 무엇인지 알아보자.

① 고객(Customer)

아래 관점에서 자사 상품에 대한 시장과 잠재 고객의 동향을 파악한다.

● 시장 규모는 어느 정도인가?

● 시장의 성장성은 어떠한가?

- 시장 수요는 있는가?
- 구매 행동, 구매 결정 과정은 어떠한가?
- 고객 세그먼트별 동향은 어떠한가?

② 경쟁(Competitor)

다음에 소개하는 관점으로 보아 업계에서 경쟁하는 상대와 비교함으로써 자사가 상대적으로 강한지 약한지 분명히 한다.

- 경쟁사 수(과점도)는 어느 정도인가?
- 경쟁의 전략과 실적(매출액, 이익, 시장점유율 등)은 어떠한가?
- 경쟁하는 경영 자원은 어떠한가?

③ 회사(Company)

경쟁 상황을 이해하는 동시에 회사의 경영 자원을 아래의 관점에서 강점과 약점을 명확히 하는 것은 중요하다.

- 회사의 실적과 전략은 어떠한가?
- 회사의 경영 자원과 강점, 약점은 어떠한가?

손자병법에서 말한 '지피지기 백전백승'이다. 이러한 세 가지 관점에서 3C 분석을 실시한 결과, 업계 내에서 승자 그룹에 속하기 위한 KSF가 무엇인지 발견한다. 이 KSF를 회사가 가지고 있는지 확인하는 한편, 가지고 있지 않다면 어떤 방법으로 얻어야 할지, 동시에 회사가 나아갈 방향성을 검토한다.

적 용 사 례

맥주 업계에서 매출 상위권에 속하는 기업 B를 대상으로 3C 분석을 적용해 보자. 맥주 업계의 최신 동향으로 고령화에 따른 시장 규모 축소 때문에 주류의 국내 소비량이 매년 축소 경향에 있다는 점을 꼽을 수 있다. 그리고 소주나 와인,

저 알코올음료 등이 성장하는 한편, 맥주류의 비중은 계속 낮아지고 있다.

3C 분석한 결과를 [도표 8-13]에 나타냈다.

	내 용
고객 **(Customer)**	· 주류 기회의 다양화, 고령화와 젊은 층을 중심으로 한 음주 선호도 하락 및 맥주 선호도 하락이 일어나고 있다 · 발포주와 제3의 맥주로 수요가 이동하는 경향이 있다
경쟁 **(Competitor)**	· 국내 경쟁은 4개 회사 정도 · 건강에 좋은 청량 음료수, 저알코올음료 등을 포함한 다각화를 꾀한다 · M&A를 통해 상승효과를 노린다 · 아시아(중국) 등 해외 시장 개척을 노린다
회사 **(Company)**	· 자본력을 앞세워 M&A와 다각화를 촉진한다. 구체적으로는 의료품 제조업체와 유제품 등 식품 제조업체와의 M&A에 도전한다 · 맥주 의존형 수익 구조에서 벗어난다

[도표 8-13]

맥주 업계 내에서 선두 그룹에 들어가기 위한 KSF로 다음과 같은 것을 들 수 있다.

① M&A에 나선다
② 일본 국내에서 해외로 생산 거점을 옮긴다
③ 맥주 의존형 경영에서 탈피하기 위해 노력한다
④ 저알코올음료 등 여성층이나 고령자층을 노린다
⑤ 종합 음료 제조업체로 사업을 다각화하여 상승효과를 기대한다

이러한 KSF를 바탕으로 미래에 회사가 취해야 할 전략의 구체적인 방향성을 결정한다.

| 02 | SWOT 분석

SWOT 분석의 SWOT이란, '강점 S(Strength)', '약점 W(Weakness)', '기회 O(Opportunity)', '위협 T(Threat)'의 영문 첫 글자를 딴 것이다.

기회와 위협은 외부 환경에 관한 것, 강점과 약점은 기업 내부 환경(내부 자원)에 관한 것으로, 2×2칸의 매트릭스로 구성되며 총 네 가지 요소로 이루어진 프레임 워크다. 또 외부 환경은 특히 거시 환경이나 미시 환경으로 한정 짓지 않는다.

적 용 사 례

SPA(제조 소매)형 의류 소매업을 하는 기업 Y 사에 SWOT 분석을 적용해 보자.

오늘날 패션 업계는 저출산·고령화의 영향으로 시장이 축소되는 경향이다. 기업 사이에 점유율 쟁탈전이 벌어지고 있는데, SPA형 기업 중에는 이 사례와 같이 실적을 꾸준히 늘려가는 건실한 기업도 있다.

다음 [도표 8-14]에서는 SWOT 분석을 한층 발전시킨 교차 SWOT 분석을 나타낸 것이다.

SWOT 분석에서는 외부 환경을 기회와 위협으로, 또 내부 환경을 강점과 약점으로 이분한 2×2 매트릭스다. 한편 교차 SWOT 분석은 SWOT 분석의 '기회 O'와 '위협 T'의 두 항목과 '강점 S'와 '약점 W'의 두 항목을 교차시켜서 각각 네 개의 항목마다 전략까지 분석한다. 각각 네 개의 전략은 [도표 8-14]에서는 전략 A, 전략 B, 전략 C, 전략 D로 표시했다.

전략 A에서는 회사의 강점을 살려서 기회를 최대한으로 활용하는 전략, 전략 B에서는 외부의 위협을 회피하면서도 회사의 강점을 끌어올리는 전략을 의미한다. 또 전략 C에서는 회사의 약점이 원인이 되어 기회를 잃지 않으려면 어떻게 해야 하는지, 전략 D에서는 회사의 약점이 원인이 되어 위협이 증폭된 결과, 최악의 시나리오로 치닫지 않으려면 어떻게 해야 하는지를 말한다.

		외부 환경	
		【기회:Opportunity】 · 규제 완화 · 해외 사업 전개가 용이 · 매스컴 활용도가 좋다	**【위협: Threat】** · 세계 경제 위기 · 이상 기후 · 시장 축소화에 따라 　동종업계 타사와의 경쟁 　구도 심각화 · 저출산·고령화
내부 환경	**【강점: Strength】** · 기업 인지도와 브랜드 　파워가 강하다 · 기능성이 뛰어난 캐주얼 　의류의 상품성이 　뛰어나다 · 톱다운 방식으로 의사 　결정 속도가 빠르다 · M&A가 활발하다	**【전략 A】** · 해외 기업까지 M&A나 　사업을 제휴한다 · 해외로 생산 거점을 　옮긴다 · 채산성이 좋지 않은 　사업에서 조기 철수한다	**【전략 B】** · 젊은 층, 여성층을 타깃으로 　하여 패션 쇼핑몰과 　전철역과 가까운 빌딩에 　매장을 낸다 · 고령자층을 노린 상품을 　개발한다 · 모든 날씨 상황에 대비한 　상품을 개발한다
	【약점: Weakness】 · 조직의 의사 결정이 　톱다운 방식이다 · 조직이 경직화되어 있고 　계층적 구조다 · 노하우, 정보, 인재의 　상호 교류가 충분하지 　않다	**【전략 C】** · 권한이나 책임의 이양, 　분산화를 한다 · 조직에 유연성을 　불어넣는다 · 글로벌 인재, 차세대 　경영자를 육성한다	**【전략 D】** · 경영자와 임원급을 　육성한다 · 일반 직원 중 인재를 　길러낸다

[도표 8-14]

| 기업 내부 환경을 파악하는 프레임 워크

이번에는 기업 내부 환경을 분석하는 데 중점을 둔 프레임 워크를 소개한다. 기업에서 조직이나 업무는 기본적으로 계층 구조를 띠므로 프레임 워크도 전사·경영 수준, 사업 수준, 기능 수준, 일상 업무 수준에 따라 계층적으로 분류하며 설명한다.

1 전사·경영 수준

| 01 | 7S 분석

'7S 분석'은 미국의 컨설팅회사인 맥킨지가 개발한 것으로, 기업 전략의 일곱 가지 요소를 표현한 것이다. 일곱 가지 요소는 다음의 것들을 말하는데, 영문 첫 글자를 따서 7S라고 부른다. 3번까지의 세 요소는 '하드한 S', 나머지 네 가지 요소는 '소프트한 S'라고 한다.

① **전략**(Strategy): **사업의 우위성과 방향성**
② **조직**(Structure): **기업의 조직 구성**

제 1 장
제 2 장
제 3 장
제 4 장
제 5 장
제 6 장
제 7 장
제 8 장
제 9 장
제 10 장
제 11 장
제 12 장

③ 시스템(System): 각종 시스템(회계 제도, 인사 평가 및 채용 제도 등)

④ 가치관(Shared Value): 직원 간에 공통되고 공유할 수 있는 가치관

⑤ 스타일(Style): 사풍, 기업 문화

⑥ 인재(Staff): 인재, 또 각 인재의 능력

⑦ 스킬(Skill): 조직 전체의 스킬(기술력, 판매 능력, 국제 능력 등)

7S 전체의 이미지는 [도표 8-15]에 나타냈다. 정육각형의 각 꼭짓점과 중심에 일곱 가지 S가 배치되어 각각 대각선으로 이어져 상호 관련성이 있음을 의미한다.

중심에는 가치관(Shared Value)이 배치되고, 그림 위에는 '전략', '시스템', '조직'의 하드한 S가 배치되고 가운데 있는 '가치관'을 중심으로 한 아래쪽에는 소프트한 S가 배치되어 있다.

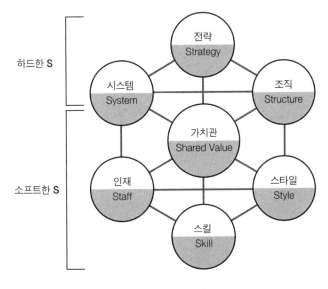

[도표 8-15]

7S 분석은 외부 환경이 변화했을 때, 기업은 7S의 어느 부분부터 변화시켜야 하는지 지침을 알려준다. 일반적으로 '소프트한 S' 쪽이 '하드한 S'보다 변화시

키는 데 오랜 시간을 필요로 하고 어려움도 따른다. 기업이 외부 환경의 급변에 따라 방향을 틀 때는 기업 전체를 하드와 소프트 모두 균형을 맞추어 전환해 나갈 필요가 있다.

단, 7S 분석은 전략을 펼치거나 문제를 분석하는 등의 실천적인 프레임 워크는 아니다. 기업 이념의 전체적인 그림을 파악하기 위한 청사진 정도로 파악해 두면 된다.

적용 사례

종합 전기·반도체 제조업체 대기업인 L 사에 7S 분석을 적용해 보자.

| 하드한 S |

● 전략(Strategy)

① 부문 연계를 통해 이노베이션을 이룩해 경쟁력을 강화한다

② 시장에 새로운 가치를 창조하는 가치 혁신(Value Innovation)을 실현한다

③ 세계 시장 진출에 박차를 가한다

● 조직(Structure)

① 사내 기업제를 통해 창업가로서 독립적인 정신을 기른다

② 개발, 제조, 판매 각 부문이 밀접하게 연계하여 상승효과를 발휘할 수 있는 조직 문화를 만든다

● 시스템(System)

① 글로벌 인재 육성과 해외 거점의 확충 등, 체제 시스템을 강화한다

② 매수 방어 시스템을 강화한다

| 소프트한 S |

● 가치관(Shared Value)

① 국제 우량 기업으로서 지위를 굳건히 한다

② 지구 환경을 중시하여 'Earth Company'라는 공통 콘셉트를 가진다

③ 고정관념을 타파하고 항상 새로운 도전을 계속한다

● 스타일(Style)

① 사회 공헌과 준법 의무 등 CSR(기업의 사회적 책임) 실천을 중시한다

② 미래의 기술 혁신으로 이어나갈 발상을 만들어내기 위해 일과 생활의 균형을 중시한다

● 인재(Staff)

① 최첨단 고도 전문 지식(전자, 반도체 등)을 가진다

② 국제적인 시야를 갖춘다

● 스킬(Skill)

① 기술 혁신을 계속 창출한다

② 상황 변화에 급속히 대응하고 상황을 판단하여 민첩하게 행동한다

이렇듯 7S 분석에서는 기업 이념이나 경영 이념을 포함한 다소 추상적인 표현과 분석이 중심을 이룬다는 점을 이해해두자.

| 02 | VRIO 분석

VRIO 분석은 경영학자 J.B. 버니가 주장한 분석 기법으로 경쟁 우위성이 생기는 원천은 기업의 내부 자원이라고 주장한다. 따라서 기업이 가진 내부 자원이야말로 업계에서 지속적인 우위성을 결정하는 요인이라고 하며, 그 특징을 네 가지로 정리했다.

① 경제 가치(Value)

이 가치를 가짐으로써 기업이 경쟁에서 우위에 설 수 있는가

② 희소성(Rarity)

기업이 가지는 이 가치를 똑같이 가지고 있는 경쟁자는 소수인가

③ 모방 곤란성(Inimitability)

기업이 가지는 이 가치를 다른 경쟁자가 흉내 내기 어려운가

④ 조직(Organization)

이 가치를 유효하게 활용할 때 조직적으로 이루어지는가

네 가지 중, ②와 ③의 관점은 기업이 가진 경영 자원이 다른 경쟁자가 가지고 있지 않거나 모방할 수 없을 정도로 독자적인 경영 자원을 보유했는지 아닌지에 초점이 맞춰져 있다. VRIO 분석은 네 가지로 간추린 날카로운 분석이라고 말할 수 있다.

기업이 미래에 업계에서 살아남기 위해서는 위의 네 가지 관점에서 핵심 역량을 가지고 '단 하나(Only One)'로서 경영 자원을 보유해 나가는 것이 중요하다.

적 용 사 례

무선통신기기를 주된 제품으로 하는 전자기기 중견기업 J 사에 VRIO 분석을 적용해 보자. 결과는 [도표 8-16]과 같다.

경영 자원	특징	V (경제 가치)	R (희소성)	I (모방 곤란성)	O (조직)
인재력	· 고도의 전문 지식을 가진 인재가 많다. · 외부 환경에 민감하게 대응할 수 있는 인재가 많다.	○	○	◎	△
제품력	· 레이더나 무선 통신기, 시스템 기기에는 타의 추종을 불허하는 강점을 보인다.	○	◎	◎	△
자본력	· 유휴 자산이 많다. · 복리후생과 복지 시설이 충실하다.	△	△	△	△
정보 및 노하우	· 해외 진출이나 글로벌화를 추진하는 노하우가 풍부하다. · 군사 관련 정보 노하우가 풍부하다. · 특허 출원 수가 많다.	△	◎	○	△

[도표 8-16]

이 [도표 8-16]에서 기업 J는 제품이나 인재 면에서는 타사가 모방할 수 없을 정도로 높은 수준의 기술력을 보유하고 있다. 또 군사 정보와 관련된 노하우도 상당히 가지고 있다.

반면 VRIO 중에서 O(조직)가 전체적으로 약한데, 조직적인 기능 면에서 다소 호흡이 맞지 않는 감이 있다. 전사 조직의 벡터를 집약해서 고도의 기술력과 제품력을 외부로 펼쳐 나가야 한다.

또 자본력도 경쟁 우위성이 다소 부족하다. 제품이나 인재 면에서 우위성이 있으므로 경영 효율을 높여 자본력을 늘리는 데 직결될 수 있도록 노력해야 할 것이다.

| 03 | 앤소프의 성장 매트릭스

경영학자이자 전략 경영론의 창시자인 H.I. 앤소프는 기업의 성장 전략의 방향성을 분석하기 위해 제품과 시장을 각각 둘로 분류하여 총 네 가지 전략을 포함한 프레임 워크를 제안했다(→[도표 8-17]).

		제품	
		기존	신규
시장	기존	①시장 침투	②신제품 개발
	신규	③신규 시장 개척	④다각화

[도표 8-17]

① 시장 침투 전략

현재 속해 있는 시장에서 지금의 상품으로 최선을 다해 경쟁하는 전략이다. 다만 결코 손을 놓고 보고만 있는 것은 아니다. 할인이나 프로모션을 통해서 매출이나 이익이 나오도록 하는 전략이다.

② 신제품 개발 전략

신제품을 기존의 시장이나 고객에게 판매해 나가는 전략이다. 지금까지 없던 새로운 신제품이라면 새로운 시장을 만들어내는 것도 생각할 수 있지만, 기존 시리즈의 고성능 제품, 새로운 콘셉트를 제품에 녹여낸 패턴을 들 수 있다.

③ 신규 시장 개척 전략

새롭게 시장이나 고객을 개척하여 현재 제품으로 판매를 늘리는 전략이다. 남성 중심의 화장품이나 국내용 제품을 해외용으로 판매하는 등이 그 사례다.

④ 다각화 전략

제품과 시장 모두 현재와는 관련이 없는 신규 분야로 진출하여 성장을 노리는 전략이다. 가장 리스크가 큰 성장 전략이라고도 말할 수 있다. 다각화 전략에서는 제품과 시장마다 사업 전략을 세우는 경우가 많다.

기업으로서는 당초에는 ①의 시장 침투 전략으로 사업을 펼쳐 나간다. 하지만 점차 시장이나 성장이 포화하며 ②나 ③의 전략으로 전환하지 않을 수 없다. 그리고 리스크는 높지만 ④의 전략도 염두에 둘 필요가 생긴다.

> **적 용 사 례**

학원 P는 초등학생과 중학생을 대상으로 수학(산수)과 영어를 가르친다. 학교에서 수업을 따라갈 수 있도록 하거나 시험 대비 중심으로 지도하는데, 원장이나 강사의 실력이 뛰어나기로 소문났으며 경영 상황도 순조롭다. 학원 P에 앤소프의 성장 매트릭스를 적용해 보자.

① 시장 침투 전략

현재 시장인 초등학생, 중학생을 대상으로 산수(수학)와 영어 지도를 계속하는 전략이다. 계속하더라도 아동이나 학생 개인의 눈높이에 맞춘 더욱 세심한

292

지도가 요구된다.

② 신제품 개발 전략

현재 속해 있는 시장인 초등학생, 중학생을 대상으로 새로운 메뉴의 학습 지도를 공급하는 전략이다. 가령 다음과 같은 것을 들 수 있다.

- 국어나 과학 등 지도 과목을 늘린다
- 수학이나 한자 등 자격증, 검정 시험 대비 강좌를 개설한다
- 중학교 및 고등학교 입시 대비 강좌를 신설한다

③ 신규 시장 개척 전략

현재 학습 메뉴인 산수(수학)와 영어와 관련하여 새로운 시장을 개척하는 전략이다. 예를 들면 다음과 같은 것이 있다.

- 취학 전 아동을 중심으로 영어를 지도한다
- 주부층이나 장년층을 중심으로 생활과 밀접한 실용적 관점에서 접근하는 수학이나 영어를 지도한다

④ 다각화 전략

예를 들면 다음과 같은 것이 있다.

- 고등학생까지 지도 대상을 넓혀서 대학 입시 대비 강좌를 시작한다
- 성인, 특히 직장인을 대상으로 실용 영어 회화, 경제나 금융 공학과 같은 전문 수학을 지도한다
- 과외 사업도 시작해서 등록된 강사를 각 가정으로 보내 방문 지도한다

| 04 | 6개의 패스(블루 오션 전략)

앤소프의 성장 매트릭스와 같이 신제품이나 신규 시장에서의 전략을 중심으로 하는 프레임 워크도 있었지만, 구체적으로 어떻게 개발해서 신규 시장을 어떻게 창조해 나갈지와 같은 실천적 작업 수준까지 다룬 프레임 워크는 없었다. 업계에서 출혈 경쟁을 피해 신규 시장을 창조하는 전략인 블루 오션 전략에서 특히 시장의 경계를 다시 정의하여 신규 시장의 방향성을 끌어내는 프레임 워크가 '6개의 패스'다.

그리고 블루 오션 전략이란, 경영대학원의 교수인 김위찬 교수와 르네 모보르뉴 교수가 제안한 경쟁이 없는 시장, 즉 '블루 오션'을 창조하는 전략이다. 이익 증가와 무한한 가능성이라는 의미로, 넓고 깊은 강인한 자연의 '푸른' 바다가 떠오른다. 이에 반해 기존의 좁은 시장에서 다수의 경쟁자가 싸우는 상태가 '레드 오션'이다. 기업과 직원들이 싸움으로 인해 붉은 피로 물들어 있다는 이미지다.

아래의 내용이 6개의 패스다.

① 얼터너티브(alternative)한 산업을 내다본다

얼터너티브(alternative)와 대체품(substitute)은 약간 의미가 다르다. 예를 들면 신칸센과 비행기는 형태가 다르지만 이동한다는 기능은 같으므로 둘은 대체품이라고 한다. 한편 카페와 오락실은 언뜻 볼 때는 전혀 관련성이 없다. 형태는 물론이고, 카페는 차를 마시는 곳이고 오락실은 크든 작든 도박성을 기대하며 게임을 한다는 기능도 다르다. 하지만 약속 등 길에서 시간을 잠시 보내야 할 때, 시간 때우기라는 같은 목적으로 사용되기도 하므로 얼터너티브라고 한다. 대체품으로 바라보기보다 얼터너티브한 시각을 가지는 편이 신상품으로서 한층 더 새로운 상품을 만들어 낼 수 있다.

② 업계 내의 다른 전략 그룹에서 배운다

같은 업계 안이라도 다른 전략 그룹에서 배우면 두 가지 이점이 있다. 하나는 같은 업계이기도 하므로 비교적 실천에 옮기기 쉽다는 점, '김칫국 마시기'일지도 모르지만 다른 전략 그룹의 고객도 얻을 가능성도 있다. 예를 들어 '수학'에 관한 시험을 실시하는 단체에서 '영어'나 '컴퓨터'와 관련된 시험 주관 단체에서 전략을 배우는 것이다.

③ 구매자의 연쇄에 신경을 쓴다

구매자라고 해도 실제로 사는 사람과 그것과는 별개로 최종적으로 이용하는 사람(End user)이 나뉜다. 또 구입할 때 지지하거나 영향을 미치는 사람이 존재하는 등, '연쇄'가 있다. 예를 들면 가정용 게임기를 살 때, 엄마가 사더라도 최종 이용자는 대체로 아이들이다. 또 고가의 게임기라면 아빠의 결정이 필요할 때도 있다. 이러한 경우는 엄마의 지갑이 쉽게 열리는 가격 설정, 엄마나 아빠도 해보고 싶어지는 상품 수요에 신경을 써야 한다.

④ 보완재나 서비스에 관심을 쏟는다

하나의 상품이 팔릴 때, 단독으로 팔리는 것이 아니라 보완재나 서비스도 여러모로 관계된다. 컴퓨터 주변기기 코너만 해도 상당히 많은 상품이 있다. 또 편의점이나 쇼핑센터는 주차장이라는 서비스가 오늘날에는 필수적이다. 이러한 제품의 보완재나 서비스에 관심을 둠으로써 자사 제품의 가치를 높일 수 있다.

⑤ 기능 지향과 감성 지향을 바꾼다

기술력이 뛰어난 중소기업은 기능을 전면에 내세운 기능 지향의 제품을 고객에게 어필하는 경향이 강한데, 디자인이나 브랜드 이미지와 같은 감성에 호소하는 쪽으로 전환하는 것도 방법이다. 반대의 패턴도 있을 수 있는데, 기능 지향과 감성 지향을 전환하는 것은 시장을 새롭게 정의하는 좋은 기회가 될 수 있다.

⑥ 미래를 통찰한다

단순히 미래 예측이나 트렌드 예측을 평론가처럼 하는 것이 아니다. 회사의 경영이나 제품이 미래에 주체적으로 어떻게 움직일지를 내다본다.

적 용 사 례

컴퓨터는 현재 일에서나 생활에서나 빼놓을 수 없는 존재가 되었다. 이 컴퓨터에 6개의 패스를 적용하여 신규 시장의 가능성을 점쳐보자.

① 얼터너티브(alternative)한 산업을 내다본다
● 오락용으로 서적, 게임, TV, 영화 등
● 학습용으로 참고서, 일반 서적, 인터넷 학습 등
● 업무용으로 전자계산기, 메모지, 볼펜 등

② 업계 내의 다른 전략 그룹에서 배운다
● 완성품이 아닌 조립형 컴퓨터를 다루는 그룹
● 기능 한정/저가 컴퓨터를 중시하는 그룹

③ 구매자의 연쇄에 신경을 쓴다
● 인기 애니메이션 캐릭터가 그려진 저가격, 기능이 한정된 어린이용 소형 컴퓨터를 개발함으로써 아이들이 이용자, 부모가 구매자가 된다
● 글자 표시나 키보드가 크고 기능을 갖추린 가벼운 컴퓨터를 개발함으로써 고령자가 이용자 겸 구매자가 된다

④ 보완재나 서비스에 관심을 쏟는다
● 파우치나 가방
● 키보드, 마우스, 액정 모니터 등 각종 입출력 장치
● 출장 수리 서비스

⑤ 기능 지향과 감성 지향을 바꾼다

● 고기능에서 기능을 한정하고, 간편하고 쉬우며 낮은 가격을 실현한다. 예를 들면 넷북과 같이 인터넷 서핑용 단말기나 메모장에 특화된 컴퓨터 등

● 맥과 같이 본체를 참신한 디자인과 색깔로 한다

⑥ 미래를 통찰한다

● 고령화의 면에서 보아 대화면 디스플레이를 탑재한 고령자용 컴퓨터가 활발하게 보급

● 국제화의 면에서 한류가 빠르게 확산되어 해외 사이트에서도 한글 변환이 필수

2 사업 수준

| 01 | PPM(프로덕트·포트폴리오·매니지먼트) 분석

앤소프의 성장 매트릭스(→291쪽) 중의 하나로 다각화 전략이 있었는데, 다각화한 제품과 시장에서 사업부별로 사업을 펼치는 경우가 많다. 다각화한 여러 가지 사업 간에 회사의 경영 자원을 얼마나 적정하게 분배할 것인가 하는 사업 포트폴리오는 경영자를 고민에 빠뜨린다. 이렇게 고민하는 경영자를 돕는 PPM 분석은 보스턴컨설팅그룹이 개발한 사업 포트폴리오를 검토하는 프레임워크로 유명하다.

세로축에 '시장 성장률', 가로축에 '상대적 시장점유율'을 나타내고 2×2의 매트릭스로 [도표 8-18]과 같이 네 개의 사분면에 사업을 각각 표시한다. 가로축의 상대적 시장점유율은 왼쪽으로 갈수록 크고 오른쪽으로 갈수록 작아진다는데 주의하자.

2×2 매트릭스의 각 칸을 가리키는 이름이 재미있다. 별, 젖소, 문제아, 개와 같은 표현이 눈길을 끈다.

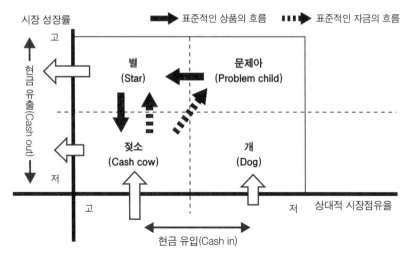

[도표 8-18]

그렇다면 PPM 분석에서 가로축의 상대적 시장점유율은 사업에 돈이 들어오는(Cash in) 이미지, 세로축의 시장 성장률은 반대로 사업에 돈이 들어서 나가는(Cash out) 이미지로 이해하면 된다.

① 별

높은 시장 성장률과 높은 상대적 시장점유율을 자랑하는 사업으로 돈도 들어오지만 높은 시장 성장률을 유지하기 위한 돈도 필요한 사업이다. 이 사업에서는 이익도 아직 불충분하다. 돈이 드는 별(스타)로, 아직 제 몫을 다하지 못한다. 별은 젖소로 키워나갈 필요가 있다.

② 젖소

높은 상대적 시장점유율은 '별'과 같지만, 시장 성장률이 낮으므로 성장을 위한 돈도 그렇게 필요하지 않다. 말하자면 성숙한 시장인데, 이 사업에서는 충분한 이익을 기대할 수 있으므로 얻은 이익은 '별'이나 '문제아'에 투입하여 키워나가야 한다.

③ 문제아

이름에서부터 벌써 문제가 느껴지는 사업이다. 낮은 상대적 시장점유율로 현금 유입도 적고 높은 시장 성장률로 인해 자금도 빠져나가는 말썽꾸러기다. 이 사업을 빠른 단계에 집중 투자하여 별로 만들어야 한다. 그렇지 않으면 '개'로 전락할 위험이 있다.

④ 개

상대적 시장점유율도 시장 성장률도 낮은 사업이다. 이름에서부터 알 수 있듯 가장 말기 시장은 철수도 고려할 수 있다.

[도표 8-18]에는 표준적인 제품의 움직임과 표준적인 자금의 움직임도 동시에 나타냈다. 제품은 '문제아'에서 '별', 그리고 '젖소'로 나아가는 것이 바람직하다. 한편 자금은 '젖소'에서 얻은 돈을 '별'이나 '문제아'에 배분해 나가는 구도가 바람직하다.

적 용 사 례

대기업 철강회사 N은 막대한 자금력을 배경으로 여섯 개의 신규 사업부를 조직화하여 사업을 시작했다. PPM을 적용한 결과는 다음 [도표 8-19] 두 번째 그림으로 나타냈다.

각각의 원을 설명하자면, 원의 중심 좌표는 '상대적 시장점유율'과 '시장 성장률'을 가리키고 원의 크기는 '매출액'을 말한다.

[도표 8-19]에서 화학 사업부와 전자기기 사업부는 '별', 솔루션 사업부는 '젖소', 반도체 사업부는 '문제아', SI 사업부와 부동산 사업부는 '개'로 분류할 수 있다.

제1장
제2장
제3장
제4장
제5장
제6장
제7장
제8장
제9장
제10장
제11장
제12장

	상대적 시장점유율 (%)	시장 성장률 (%)	연간 매출액 (억 엔)
전자기기	23	31	28
솔루션	25	11	56
반도체	12	28	12
SI(시스템 인티그레이션)	9	7	9
부동산	5	9	5
화학	26	32	26

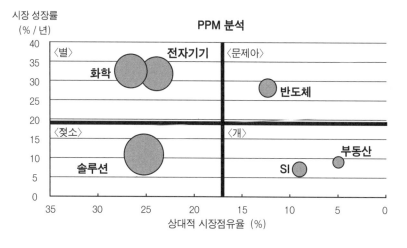

[도표 8-19]

| 02 | 밸류 체인 분석

5Forces 분석에서도 등장한 마이클 포터가 주장했다. '밸류 체인'(가치 사슬: Value chain)이란 회사의 사업 과정이 고객에게 어떠한 가치를 창조하는지 파악하는 분석 기법이다. 각 사업 과정의 특징을 정확하게 파악한 후, 이 활동의 연쇄를 분석하기 위한 프레임 워크로 이용된다. 그리고 이 프레임 워크는 경쟁에서 우위를 점하려면 어떤 과정에서 어떤 전략을 취해야 하는지 도출하는 것을 목적으로 한다.

그렇다면 계속해서 제조업계(→[도표 8-20])와 소매업계(→[도표 8-21])의 밸류 체인을 보며 정확하게 알아보자.

■ 제조업계의 밸류 체인

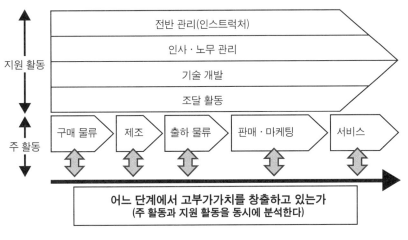

[도표 8-20]

우선 주 활동과 이를 위한 지원 활동으로 나눈다. 주 활동은 아래의 다섯 과정으로 나뉜다.

① 구매 물류: 원재료를 사들여서 보관

② 제조: 제품(반제품)으로 가공

③ 출하 물류: 제품을 최종 고객(중간업자)에게 수송

④ 판매 · 마케팅: 최종 고객(중간업자)에게 판매

⑤ 서비스: 판매 후의 관리, 애프터 서비스

다섯 가지 과정에서 주 활동은 물론, 지원 활동의 어느 과정에서 높은 부가가치를 창출하고 고객에게 최종적인 가치를 제공할 수 있는가를 검토한다. 모든 과정에서 고부가가치를 창출할 수 있다면 문제가 없지만, 비용이 병목을 만든다.

따라서 정량적으로는 각 과정으로 분해한 부가가치와 비용의 관계를 파악하여 각 과정의 최적성(부분 최적)과 전체를 보았을 때의 최적성(전체 최적)을 동시에 분석하며 밸류 체인을 다시 설계한다.

■ **소매업계의 밸류 체인**

소매업계에서는 제조 계열과 같은 제조 과정은 포함되지 않는다. 일반적으로 상품을 다른 업자로부터 들여온다. 단, 자체 브랜드(PB)와 같이 자체 기획 상품으로 회사에서 개발하기도 한다. 이 경우, [도표 8-21]과 같이 크게 일곱 과정으로 구성된다.

[도표 8-21]

① 매장 개발: 출점 계획을 세우고 실제로 매장을 낸다

② 상품 개발: PB(자체 기획 상품)를 기획하고 개발한다

③ 매입: 상품을 사들여서 보관한다

④ 물류: 중간업자에 수송한다

⑤ 광고 선전: 광고 등 프로모션을 한다

⑥ 매장 프로모션: 대개 매장에서 실시하는 프로모션을 말한다

⑦ 판매: 세일즈 활동

위의 일곱 과정을 앞서 말한 제조업계의 밸류 체인 때처럼 재설계한다.

3 기능 수준

| 01 | 4P 분석

앞에서 소개했듯이 마케팅의 세계에서 이 '4P 분석'은 대단히 유명하다. 4P란 제품(Product), 가격(Price), 물류(Place), 판매 촉진(Promotion)의 영문 첫 글자를 딴 것으로 이 네 가지 관점에서 분석한다. 여러분도 자유롭게 활용할 수 있도록 익혀두기 바란다.

① 제품(Product)

우선 시장에 선보이는 제품과 서비스 그 자체를 말한다. 제품과 서비스 자체 이외에 기능이나 디자인, 포장, 브랜드도 포함된다.

② 가격(Price)

가격이란 제품이나 서비스가 시장에서 거래될 때 내는 금액을 말한다. 가격은 이익의 원천이므로 적정하게 설정할 필요가 있다. 도매가격, 소매 가격 등이 있으며 관련해서 지불 조건이나 계약 기간도 포함된다.

③ 유통(Place)

공장 직판(factory outlet)이라는 판매 형태도 있지만, 제품을 만들면 보통 도매와 소매, 소비자에게 운반해야 한다. 유통이란 생산자 등에서 상품이나 서비스가 소비자에게 판매될 때까지의 물건, 화폐, 정보의 흐름이다.

④ 판매 촉진(Promotion)

물건을 만들고 가격도 정했으며 판매할 수 있는 곳까지 선택했다. 이것으로 제품이 잘 팔리면 문제가 없지만 고객은 그 상품의 존재를 모를 수도 있다. 따라서 제품의 존재나 구입하는 이점 등을 고객에게 어필하기 위해 판매 촉진이라는 정보를 발신할 필요가 있다.

| 02 | 전략 캔버스 · 4개의 액션(블루 오션 전략)

블루 오션 전략은 이미 앞에서 설명했지만, 비즈니스와 관련된 사람 누구나 '블루 오션 전략'을 펼칠 수 있다면 시장을 독식하고 싶은 마음일 것이다. 그런 마음을 조금이라도 빨리 실현하는 도구로 '전략 캔버스 · 4개의 액션'을 소개한다.

■ 전략 캔버스

'블루 오션' 시장에 투입하는 제품이 과연 기존 제품과 가치가 차별화되었는지 눈에 보이게끔 하는 프레임 워크를 전략 캔버스라고 부른다. 가로축에 제품의 기능 등 각 요소를, 세로축에는 가치의 수준을 표시한 것을 '가치 곡선'이라고 부른다.

전사·경영 수준의 '6개의 패스'(→294쪽)에서 기능 지향 제품과 감성 지향 제품을 언급했는데, 이것을 전략 캔버스에서 '가치 곡선'으로 표시한 것이 [도표 8-22]다.

기능 지향 제품은 기능을 중시하므로 가격도 높아진다. 한편 감성 지향 제품은 기능보다도 디자인이나 브랜드 이미지에 호소하므로 가격은 기능 지향 제품보다 저렴하다. 가치 곡선에서 완전히 다르게 표시된다는 사실을 알 수 있다.

전략 캔버스에서는 기존 시장의 기존 제품과 신규 시장의 '블루 오션'을 자유롭게 오갈 수 있는 상품의 가치 곡선을 표시하면 또렷하게 분리된다는 점을 '제 12장 논리 사고와 창조적 사고의 조합 사례'(→403쪽)에서도 이해할 수 있다.

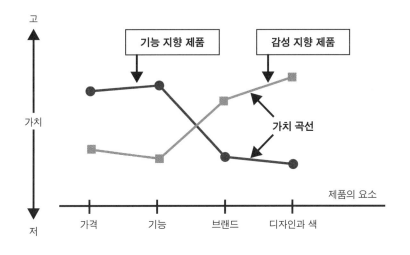

[도표 8-22]

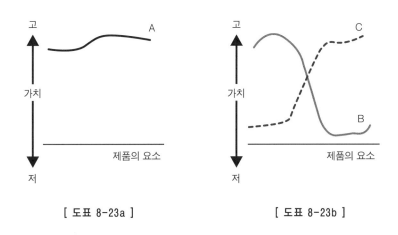

[도표 8-23a]　　　　　[도표 8-23b]

제1장
제2장
제3장
제4장
제5장
제6장
제7장
제8장
제9장
제10장
제11장
제12장

전략 캔버스 상의 가치 곡선에서 [도표 8-23a]와 같은 제품의 모든 요소에 걸쳐 고르게 가치를 지니는 팔방미인형 제품 A는 '블루 오션' 전략에는 적절하지 않다. 또 [도표 8-23b]의 제품 B, C와 같이 제품의 요소 사이에 차이가 또렷한 제품은 '블루 오션'에서 주인공이 될 수 있는 제품이다.

■ 4개의 액션

새로운 시장 '블루 오션' 전략의 기본은 제품 비용을 낮추면서 고객에게 선사하는 가치를 끌어올리는 데 있다. 이러한 꿈 같은 이야기를 실현할 수 있을지 의문을 품는 독자도 있을 것이다. 최근 출시되는 제품은 스마트폰이나 컴퓨터라고 하더라도 기능이 너무 많다. 현실적으로는 모든 기능을 자유자재로 쓸 필요는 없다. 따라서 '기능을 간추린다→비용을 낮춘다' 또는 '다른 기능을 늘린다→고객에게 주는 가치를 높인다'와 같은 방식을 실현하기 위한 프레임 워크가 '4개의 액션', 즉 ERRC 그리드다(→[도표 8-24]).

ERRC 그리드에서 Eliminate(제거)와 Reduce(감소)를 통해 제품 비용을 끌어 내리고, Raise(증가)와 Create(창조)를 통해서 고객에게 제공하는 가치를 높인다.

Eliminate(제거)	Raise(증가)
제품의 요소를 제거한다	제품의 요소를 늘린다
Reduce(감소)	Create(창조)
제품의 요소를 줄인다	제품의 요소를 새롭게 창조한다

| 비용 절감 | 고객 가치 향상 |

[도표 8-24]

4 일상 업무 수준

| 01 | PDCA

'PDCA 사이클'이라고도 하며, 제조업 등의 사업 활동에서 생산 관리나 품질 관리 등 관리 업무를 착실하게 계획에 따라 진행하기 위한 관리 프레임 워크의 하나다. 다음과 같이 네 개의 사이클로 구성된다.

① Plan(계획) ⇨ ②Do(실행) ⇨ ③Check(평가) ⇨ ④Act(개선)

각각의 내용은 쉬우므로 설명은 하지 않지만, ②Do와 ④Act의 차이는 잘 구분해 두어야 한다. ②Do는 계획에 따라 실행하는 것이고, ④Act는 실행이 계획대로 되었는지 평가하고 개선이 필요하면 개선한다는 의미다.

이 네 사이클은 ④Act로 한 바퀴가 끝나면 해결되는 것이 아니다. 마지막 ④ Act를 다음 PDCA 사이클로 이어서 나선을 그리듯이 한 바퀴가 돌 때마다 사이클을 향상시켜서 나선 계단을 오르듯이 계속해서 업무를 개선해 나가는 것이 이상적이다.

적 용 사 례

여기서는 기업에서 일어나는 영업 관련 업무와 제조·개발 관련 업무에 PDCA를 적용해 보자.

| 영 상 관 련 업 무 |

● P(계획): 영업 인원 계획, 수주 계획, 판매 계획, 이익계획
● D(실행): 견적, 프레젠테이션 및 교섭, 수주(발주), 납품, 납품 후 관리와 애프터 서비스
● C(평가): 수주, 이익, 납품, 검수, 입금 등을 확인, 취소 주문 관리

● A(개선): 납품 재검토, 이익 재검토(익년도 이월)

주문이 가령 취소되더라도 왜 수주하지 못했는지 원인을 규명하고 다음 거래에 반영되도록 주의를 기울인다.

| 제 조 · 개 발 관 련 업 무 |
● P(계획): 제품 계획, 소프트웨어 개발 계획, 버전업 계획
● D(실행): 부자재 구입, 설계, 제조, 납품 전 시험, 소프트웨어 버전업, 하드웨어 개조
● C(평가): 개발 진척 확인
● A(개선): 제조·개발 재검토, 시장 출시 재검토

제품에 문제가 발견되어 제조나 출시를 재검토해야 할 때, 영업 담당과 공동으로 고객에 대응하는 동시에 차기 제품의 제조와 개발에서 재발하지 않도록 철저히 한다.

| 02 | 5W1H

이것도 기본 중의 기본인 프레임 워크다. 비즈니스에서도 갖은 방법을 다 썼다 싶을 때는 원점으로 돌아가는 편이 좋을 때가 있다. 이럴 때 사용되는 든든한 프레임 워크다.

다음 ①에서 ⑥까지가 '5W1H', ①부터 ⑦까지가 '5W2H'다. 어떤 안건의 영업 담당에 빗대어 말하자면 다음과 같다.

① Who(누가): 누가 영업 담당인가, 고객은 누구인가
② What(무엇을): 무엇을 개발하고 무엇을 납품하는가
③ When(언제): 납기는 언제인가

④ Where(어디서): 납품처는 어디인가, 몇 층인가

⑤ Why(왜): 왜 수주할 수 있었는가

⑥ How(어떻게): 어떻게 납품하는가

⑦ How much(얼마): 수주 금액은 얼마인가

상사에게 보고할 때는 비즈니스의 가장 기본인 5W1H에 따라서 하면 실수가 적다.

| 03 | 특성 요인도

특성(결과나 해결해야 할 문제)과 그것에 영향을 끼칠 수 있는 요인의 관계를 [도표 8-25]에 있는 물고기 뼈 같은 모양으로 나타낸 것을 '특성 요인도'라고 한다. 물고기 뼈 모양을 하고 있다는 점에서 '물고기 뼈 도표: fishbone diagram' 라고도 부른다.

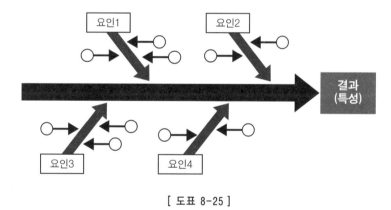

[도표 8-25]

그리고 특성 요인도는 앞서 설명한 로직 트리와 같은 구조를 띤다.

페르미 추정이란?

만일 '후지산을 옮기려면 몇 년 걸릴까?', '도쿄 안에 전봇대는 몇 개 있을까?', '전국에 있는 온천의 숫자는 어느 정도일까?' 하고 묻는다면 어떻게 대답할 것인가. 이런 질문을 자신의 미래를 결정짓는 입사 시험이나 면접 때 받는다면 머릿속이 하얗게 되어 패닉에 빠질 것이다.

이 책에서 의사 결정의 정량 분석에서는 우선 상투적인 수단으로 정보 수집을 시작할 것을 역설하고 있다. 분명 인터넷 검색 등이 가능한 환경이므로 문제를 해결할 시간이 충분하다면 정보 수집을 잘할 수 있지만, 이러한 문제가 나오면 어떤 정보를 수집해야 할지 고민에 빠진다.

이렇게 긴급할 때, 적은 정보로 결론을 가정하는 페르미 추정이 대단히 효과적이다. 페르미 추정의 페르미란, '원자력의 아버지'라고도 불리는 물리학자 엔리코 페르미를 말한다. 1901년에 이탈리아에서 태어나 1938년에 노벨물리학상을 받았다. 페르미는 학생이나 친구에게 이야기를 걸며 어려운 질문을 던졌다고 하는데, 그중에서도 유명한 문제로 '시카고에 있는 피아노 조율사의 수는?'이라는 문제가 있다.

페르미 추정이 최근 각광을 받게 된 것은 마이크로소프트나 컨설팅회사가 입사 문제로 페르미 추정에 관한 문제를 내기 때문이다.

페르미 추정은 ① 접근법 설정(가정 설정), ② 문제의 모델 분해(이른바 인수분해), ③ 계산 실행, ④ 현실성 검증으로 이루어지며, 이를 통해 최근 갑자기 인기를 끄는 두뇌를 단련하는 수리적 사고의 기초가 된다.

문제는 페르미 추정으로 얻은 결과를 의사 결정을 내릴 때 어느 정도의 신뢰성으로 활용하는가다. ②의 모델 분해에서 각 인수의 추측이 현실과 동떨어져 있다면 각각의 인수를 곱한 최종 결과는 상당히 현실과 다른 결과에 이르게 된다. 하지만 페르미 추정에서 중요한 것은 답을 얻는 것보다 적은 정보를 전제로 도중에 설정하는 가정이나 모델화의 과정이다. 정보가 적은 문제에 대해서 정량 분석을 해야 하는 상황일 때, 페르미 추정은 의사 결정을 내리기 위한 유용한 도구가 되어준다.

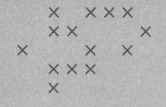

정량 × 정성 분석
바이블

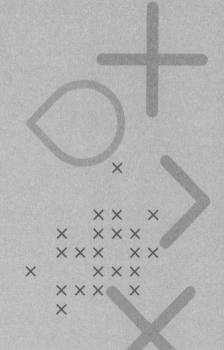

제9장
━━━━
이미지를
근본적으로 넓히는
창조적 사고
크리에이티브 싱킹

ch9.
이미지를
근본적으로 넓히는
창조적 사고
크리에이티브 싱킹

창조적 사고의 실천 포인트

제7장에서 창조적 사고(크리에이티브 싱킹)의 특징을 몇 가지 설명했다. 창조적 사고는 확산적인 사고로 아이디어가 막혔을 때 사고 모드를 전환하는 데 유용한 사고법이었다. 창조적 사고는 아이디어의 확산이나 실현 가능성을 기대하게 하는 사고법이라고 말할 수 있다. 여기서는 창조적 사고의 네 가지 실천 포인트를 설명하기로 한다.

1 제로 베이스 사고로 파악한다

'제로 베이스 사고'란, 고정관념이나 기존의 틀에 갇히지 않고 백지인 상태, 즉 제로 베이스에서부터 생각하고자 하는 사고법을 가리킨다. 기존의 틀에 따른 사고로는 과거의 사례나 여러 규제 등이 사고에 편견을 더하므로 사고의 폭을 좁힌다. 그 결과, 최적의 방법까지 도달하기 어려워진다. 다시 말해 상황에 따라서는 '제로 베이스 사고'로 생각하려는 자세가 중요하다.

특히 과거에 성공한 경험이 있다면 그 달콤한 기억을 아무래도 떨쳐버리기 힘들다. 성공한 것은 이미 과거의 일, 지금과는 상황이 다르다고 딱 잘라 내야 한다.

유명한 스포츠 선수라도 슬럼프에 빠지곤 한다. '내 실력으로 봐서 이럴 리가 없다' 하고 생각하고 있다간 슬럼프에서 탈출하는 타이밍이 늦어질 뿐이다. 제로 베이스라는 일종의 쇄신을 통해 슬럼프 탈출이 쉬워질지도 모른다.

제로 베이스 사고는 과거와의 결별이다. 따라서 리셋 사고라고도 불린다. 일반적으로 사람은 나이를 먹을수록 나이에 비례한 과거(고집)에 매이는 경향이 있다. 다시 말해 중장년층의 사람은 경험이 풍부한 반면, 경험으로 인한 사고의 자유를 잃는다고도 말할 수 있다. 한편 젊은이는 반대로 과거에 얽히는 면이 적은 만큼, 필연적으로 미래 지향적인 모습을 보인다. 이 이미지를 [도표 9-1]로 나타냈다.

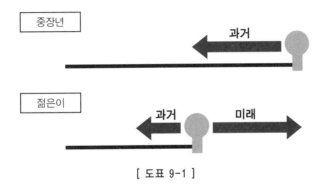

[도표 9-1]

비즈니스의 세계에서도 제로 베이스 사고는 중요하다. 예를 들어 어묵은 겨울 음식이라고 단정 짓는 것은 고정관념이다. 분명 추운 겨울날, 따뜻한 어묵을 생각하면 너무나 맛있는 이미지가 떠오른다. 하지만 이 이미지가 고정화되면 거기서 아무런 발전도 없다.

제로 베이스 사고로 생각하면 더운 여름날에 어묵을 차게 해서 먹어도 아무런 문제가 없다. 기분식품(회사명-옮긴이)에서는 실제로 찬 어묵을 상품화했다. 오차즈케도 마찬가지다. 차가운 오차즈케도 실제로 나가타니엔(회사명-옮긴이)에서 상품화했다.

제1장
제2장
제3장
제4장
제5장
제6장
제7장
제8장

제9장
제10장
제11장
제12장

추운 겨울날 호호 불며 먹는 따뜻한 식품의 느낌이 차가운 느낌으로 변한다. 이것이 바로 고정관념의 타파다.

일상생활이나 비즈니스의 세계에서도 상황에 따라 크게 사고를 리셋해야 한다. 제로 베이스 사고를 대담하게 활용하여 자유로운 공간에서 사고를 날게 해 보자. 무한한 발상이 샘물처럼 솟아오를 것이다.

적 용 사 례

닌텐도의 DS, Wii는 한 시대를 풍미하는 게임이다. 이것은 기존 게임기의 고정된 이미지를 리셋했다. 과거의 게임기라고 하면 아무래도 게임광인 사람이 방에 틀어박혀 게임을 하는 어두운 이미지가 떠오른다. 게임 내용도 상당히 과격한 것까지 포함된다. 이러한 이미지가 고정화되면 게임 업계도 언젠가 시장이 포화되어 불 보듯 뻔한 사태를 우려하고 있었다.

그러나 닌텐도 DS는 두뇌 트레이닝이나 학습용 소재 등 똑똑한 이미지를 담았다. 이를 통해 어린이나 부모도 안심할 수 있는 상품으로 인식되기 시작했다.

나아가 Wii는 음악이나 피트니스 등, 몸을 움직이는 건강 지향을 노렸다. 그렇게 되면 가족이 적어도 한 세트는 가지고 싶어하게 된다. 게임기에는 과거 어두운 이미지가 있었지만, 가정과 가족이라는 크고 새로운 시장에서 알려지게 되었다. 다름 아닌 제로 베이스 사고를 통해 기존의 이미지에서 탈피하는 데 성공한 사례라고 말할 수 있다.

2 사고와 관점을 워프시킨다

논리 사고에서는 다음과 같이 A라면 B, B라면 C와 같은 인과 관계나 전체, 결론을 기반으로 해서 논리적으로 펼쳐 나간다.

A ⇨ B ⇨ C ⇨ D ⇨ E ⇨ F ……

논리 사고에서 이치를 따지는 일은 스텝 바이 스텝으로 과정을 거치는 일이
며 이때 비약은 하지 않는다. 즉, 논리의 비약이 있어서는 안 된다.

하지만 창조적 사고에서는 이 제약을 배제한다. 사고의 시공간을 자유롭고
적극적으로 워프해보자며 대담하게 비약한다.

사물을 바라보는 관점과 관련해서 '나무를 보고 숲은 보지 못한다'라는 말이
있다. 나무라는 세부에만 신경을 쓰다 보면 숲 전체를 보지 못한다는 의미다.
나무를 보는 미시적인 관점에서 숲 전체를 보는 거시적인 관점으로 워프해보
자. 이것은 새가 하늘을 날면서 아래를 조감하는 것이나 물고기의 어안과 비슷
한데, 전체를 두루 내다볼 수 있게 된다.

그렇게 되면 세부적인 것에 신경을 덜 쓰게 되면서 전체적이고 대략적으로
사물을 바라볼 수 있다. '이쯤'하고 요점에 가까워졌다면 그때부터는 그 '이쯤'
을 더욱 확대한다. 이번에는 세부가 눈에 들어온다. 바로 카메라의 줌 렌즈를
통해서 사물을 바라보는 방법이다.

가령 최신 세계 지도나 지구본을 가끔 들여다보자. 과거에는 세계가 넓디넓
었다. 하지만 지금은 세계화가 진전되어 지구는 좁아졌다. 글로벌한 시야로 워
프하여 바라보는 것이 중요하다.

비즈니스의 세계에서도 사고나 관점의 워프는 중요하다. 기업 측의 일방적
인 관점으로 만들어진 상품은 한계가 있다. 역시 소비자의 눈높이로 워프해서
상품을 개발할 필요가 있다.

예를 들면 아동복을 상품으로 개발할 때, 어른이라도 아이 때의 기분으로 돌
아간다든지, 본인에게 아이가 있다면 입히고 싶은 옷을 떠올리는 일은 어렵지
않다. 여기서 한발 더 나아가 스스로 쪼그려 앉아서 키가 130~140cm 정도가
되면 아이 눈높이로 세상을 볼 수 있다. 이 키로 이 옷을 입으면 어떤 기분이 들

까, 주변 사람들은 어떻게 봐줄까 등, 아이로 돌아가 시뮬레이션해 보자.

　장애인 침구 등의 간호 용품이라면 스스로 침대에 누워 하늘을 바라보자. 간병인 없이 돌아눕기가 힘든 신체장애인의 시점으로 워프해서 이 제품은 안전한가, 몸을 맡길 수 있는가 판단할 수 있다.

　공간의 워프뿐만이 아니다. 시간도 워프시켜보자. 비즈니스 전략에서는 과거의 역사나 교육에서 배울 것도 많다. 일본 전국시대의 장군이나 중국의 고전문학, 손자 등으로 시야를 워프시켜보자. 고전과 역사에서 얻을 것이 대단히 많다. '온고지신'을 몸소 실천하는 것이다.

　미래 예측도 추천한다. 10년 후 정도까지는 현재의 연장이므로 예측은 그다지 어렵지 않다. 하지만 20년 후는 어떨까? 사고를 크게 워프시켜 예측해 보자. 그 미래는 현재의 연장선 위에 있지 않을지도 모른다. 창조적 사고를 집약하여 예측해 보자.

적용 사례

　최근 독신 가구가 늘고 있는 탓인지, 슈퍼마켓에서 소포장한 생선이나 찌개 세트 1인분 등이 정착하여 1인용 냄비까지도 팔리고 있다.

　기업(생산자) 측에서 보면 3인분 등 어느 정도의 양을 소비자가 구입하는 편이 매출도 크고 포장 등 부자재 비용이 들지 않는다. 하지만 독신 가구는 아무리 냉장고에 보관할 수 있다고 하더라도 회 등 신선 식품은 가능한 한 당일에 다 먹으려고 한다.

　이때 독신 가구가 많은 소비자 측으로 시야를 워프시켜보자. 신규 시장을 기대할 수 있을지도 모른다.

　요즘 혼자 밥을 먹는다는 뜻의 '혼밥'이라는 말이 유행하고 있다. 이 '혼밥'족을 겨냥한 상품으로 '혼여(혼자 여행)', '나홀로 온천' 등, 독신 가구라는 새로운 시장에서 새로운 아이디어가 떠오를지도 모른다.

3 전제를 의심하는 데서부터 시작한다

'전제'라는 말을 사전에서 찾아보면,

① 무언가를 이루는 토대가 되는 '조건'
② 추리에서 결론을 도출하는 근거가 되는 명제
   삼단논법에서는 대전제, 소전제를 구별

이라고 되어 있다. 전제는 무언가의 토대이므로 간단하게 흔들 수 없고 흔들려서도 안 된다.

아무튼, 과거의 성공 사례나 전례를 가져와서 이것은 이미 일구어낸 실적이 있다든지, 사장님이 항상 그렇게 말했다든지, 회사 이념이라든지 단정해서 말하면 마음은 편하다. 하지만 이러한 방법은 일이 흘러가는 대로 맡긴다는 풍조가 강해서 비약하기 어렵고 성공으로 가는 발걸음을 내딛기도 힘들다.

단정이나 상식을 버리자. 몇 번이나 반복해도 잘되지 않을 때 계속해야 할지 단념해야 할지, 전제를 의심해보는 시도가 중요하다. 가령 시작 시점으로 돌아가도 상관없다. 이대로 계속하며 불필요한 기회 비용을 쌓아 올리다가는 이자는커녕 본전도 찾을 수 없다.

전제를 의심한 과학 사례로 천동설에서 지동설로 전환한 것은 너무나 유명한 역사적 사실이다. 지구는 우주의 중심에 있고, 주변에 천체가 움직인다는 '천동설'을 믿던 시대가 과거에는 있었다. 이것이 당시의 전제나 상식이었다. 하지만 갈릴레오 갈릴레이는 '천동설'을 정면으로 반박하며 '지동설'로 전환하는 선구자가 되었다. 당시로는 목숨을 건 행동이었음이 틀림없다. 과감하게 전제를 의심한 것이다.

또 19세기까지는 물체가 움직이는 물리 이론으로 뉴턴이 주장한 이론 체계, 이른바 '고전 역학'으로 모든 것을 해명할 수 있다고 생각했다. '고전 역학'은 그야말로 대전제다. '고전 역학'으로 천체를 포함한 삼라만상의 움직임이 결정된다고 보았다. 하지만 독일의 물리학자 막스 프랑크 등에 의해서 '고전 역학'으로는 해명할 수 없는 물리 현상이 몇 가지 발견되었다.

'고전 역학'이라는 대전제를 의심하고, 특히 물질을 구성하는 원자핵이나 전자의 미시적인 운동을 논하려면 이제 '고전 역학'이 아닌 새로운 이론 체계가 필요해졌다. 이 발상이 훗날 물리학을 크게 발전시킨 '양자 역학'으로 체계화된다.

수리적 사고가 약하다고 생각하는 직장인이 많다. 자신의 단정일지도 모르지만, 학창 시절에 수학 시험 결과가 좋지 않아서 단지 '트라우마'로 남은 것은 아닐까. 하지만 비즈니스의 세계에서는 영업이든 회계든 숫자를 표 계산 소프트웨어인 엑셀 등으로 다루어야 하는 기회가 많다. 특히 관리직이라면 이 작업은 피해 갈 수 없다.

학창 시절에 수학을 못했더라도 비즈니스의 세계에서 숫자를 보는 방법은 상당히 갈고 닦았을 것이다. 다시금 수학을 시작해보면 어떤가. 수학은 안 될 거라는 전제나 단정을 의심해보자. 자기 자신을 크게 변화시키는 것이다. 옛날에는 수학을 못했지만, 지금은 다르지 않을까 하고 자각할 수 있다면 그걸로 됐다.

전제와 단정을 의심해보자. 그리고 할 수 있으면 과감하게 버리자. 무거운 옷이나 코트를 벗으면 몸이 가벼워진다. 사고도 마찬가지다. 전제나 단정이 사라진 사고는 자유롭고 활달하게 날아다니며, 창조성이 크게 활성화된다.

적 용 사 례

'남자 두부', '바람에 이끌려 두부 가게 조니'라는 재미있는 상품명이 있다. 이름에 '두부'가 들어 있어서 어떤 상품인지는 떠올릴 수 있다. 남성 고객을 타깃으로 하는 두부 전문점 '남자두부집'이 만드는 두부 상품명이다. 그렇다고는

제1장

제2장

제3장

제4장

제5장

제6장

제7장

제8장

제9장

제10장

제11장

제12장

해도 네이밍이 정말 기발하지 않은가.

두부라는 식품은 남녀노소 먹는 식품이지만, 비교적 연령층이 높은 고객이 선호한다. 두부는 부드러워서 치아가 약한 고령자에게 좋은 식재료. 또 두부 자체는 가격이 싸고 건강한 음식이며 맛도 강하지 않고 변화를 좋아하지 않는 보수적인 이미지가 있다. 요점은 수수하고 눈에 띄지 않는 식품이라는 점이었다.

하지만 '남자두부집'은 이러한 상식을 뒤엎었다. 두부 자체에 '나는 두부다!' 하고 자기주장을 하며 존재감을 강조했다. 20대에서 30대 남성을 타깃으로 남자다움을 전면에 내세웠다. 상품 포장도 기발하고 회사 홈페이지도 독특하다 (https://otokomae.jp).

두부 브랜드 이름은 눈에 띄지 않았다. 슈퍼마켓에 가더라도 브랜드 이름으로 두부를 사는 사람은 얼마 없다. 하지만 두부 업계는 보수적인 색채가 강하다는 전제와 상식을 일축하고 참신한 브랜드 이름으로 '남자두부집'은 두부 업계의 풍운아로 자리매김하고 있다.

3 우연과 실패를 놓치지 않는다

일이 우연히 혹은 어쩌다가 잘 풀렸을 때, 단순히 운이 좋았다고 일회성으로 끝내지 않는가. 우연이기는 하지만 왜 잘 풀렸는지 생각해 보면 어떨까. 우연은 노력의 산물이다. 노력한 결과, 우연의 여신이 미소지어주었는지도 모른다.

예를 들어 어려운 자격증 시험에 도전하여 떨어질 거로 생각했는데 예상치 못하게 합격했다고 하자. 행운이기는 하지만 이것은 노력한 결과다. 당당히 가슴을 펴도 좋다.

일에서 실패했을 때에는 나중에 돌이켜 생각하고 싶지 않다. 누구에게도 알려지지 않기를 바라고 한시라도 빨리 기억 저 너머로 사라졌으면 하는 것이 사람 마음이다. 하지만 실패에서 배우는 교훈도 많다. 또 실패했다고 생각해도 성공으로 바뀌는 역전극도 심심치 않게 볼 수 있다.

2008년 노벨화학상 '녹색 형광 단백질(GFP)의 발견과 그 응용'으로 수상한 시모무라 오사무 교수의 일화는 시사하는 바가 크다.

시모무라 교수는 평면 해파리가 왜 빛을 내는지 연구를 시작해서 실패에 실패를 거듭하면서도 연구를 계속하던 어느 날, 실험에 사용하던 해파리의 배설물을 버리는 도중 우연히 빛났다고 한다. 별 생각 없이 한 버리는 행위가 노벨상으로 이어지는 우연한 발견이 되었다.

또 패전 후 얼마 지나지 않아(1949년) 노벨물리학상을 수상한 유카와 히데키는 천장의 모양을 캐치볼 중에 떠올리고 중간자론을 발견했다고 알려져 있다. 그때 유카와는 매일 불면증에 시달리고 있었는데, 어느 날 밤 천장 한쪽의 무늬를 바라보던 것이 중간자론의 힌트가 되었다. 평범한 사람이라면 단순한 나뭇결무늬로밖에 보지 않겠지만, 그렇다고 하더라도 왠지 노벨상 수상자의 일화는 우리의 가슴을 뛰게 만든다.

이러한 일화는 단순한 우연이 아니다. 수상자 본인이 '실패에 실패를 거듭하고, 생각에 생각을 거듭하며 극한까지 쥐어짜고 쥐어짠 사고의 결과가 난관을 돌파'한 결과다. 보통이라면 놓쳐버릴 우연을 열매 맺게 한 결과다.

이러한 사례는 우연과 실패에서 큰 성과를 낳는 '세렌디피티(뜻밖의 발견)'로 알려져 있다.

반대로 비교적 단시간에 성과를 내야 하는 비즈니스의 세계에서는 어떠한가. 실패하면 곧장 담당자에게 책임을 따져 묻고 고객에게 긴급히 대응해야 하는 경향은 아닌가. 그 결과, 당사자는 실패를 두려워해서 위험한 다리를 건너려 하지 않게 된다. 실패에서 눈을 돌린다면 그 실패에서 아무것도 배울 수 없고 실패의 교훈은 아무것도 얻을 수 없다.

'실패학'으로 유명한 하타무라 요타로의 생각을 소개하고 싶다.

이미 일어난 실패를 두고 그 원인이나 배경을 규명한다. 그리고서 실패에서

겸허히 배우고 같은 실수를 반복하지 않으려면 어떻게 해야 할지 생각한다. 나아가 이렇게 얻은 실패의 노하우를 정보 공유화하고 다른 사람에게도 비슷한 실패를 사전에 막도록 하는 사고방식이나 시스템화가 중요하다. 우연이나 실패를 소중히 하자. 그곳에는 성공으로 가는 역전극이 숨어 있다.

적 용 사 례

3M의 상품 '포스트잇'은 오늘날 학교나 기업에서, 또 가정에서도 널리 쓰이며 없어서는 안 될 존재로 자리 잡았다. 사실 이 메모지의 접착 부분에는 재미있는 일화가 숨어 있다.

3M의 연구원은 강력한 접착제를 개발하려고 했는데, 우연히 너무 약한 접착제를 만들어내고 말았다. '붙긴 붙지만 너무 쉽게 떨어지는' 접착제는 목표로 하는 성과와는 다르므로 실패라고 생각했다. 이 연구원도 원래라면 좌절감이나 민망함을 맛보며 숨고 싶었을지도 모른다. 그러나 그는 숨지 않고 동료와 다양한 의견을 나누었다.

그 결과 책갈피로 쓸 수 없느냐는 아이디어가 나왔다. 책갈피로 쓰는 풀은 너무 강해서도 안 되지만, 약하면 쉽게 떨어지므로 적당한 접착력이 필요했다.

책갈피로 사용하는 풀이라는 상품에서 오늘날 책상이나 벽에 쉽게 붙일 수 있는 메모지라는 상품으로 폭발적인 히트 상품이 되었다.

실패라고 여긴 잘 떨어지는 접착제는 바로 우연과 실패를 놓치지 않고 대히트 상품으로 연결 지은 좋은 사례다.

제1장
제2장
제3장
제4장
제5장
제6장
제7장
제8장
제9장
제10장
제11장
제12장

| 아이디어 증량 도구

앞에서는 창조적 사고의 실천적인 네 가지 포인트를 설명했다. 창조적 사고의 기본은 얼마나 아이디어를 창출하는가에 관한 것으로, 우선은 질보다도 양을 중시한다.

공기 중의 수증기가 차가워져서 빗방울이 될 때, 핵이 되는 작은 물질이 필요하다는 사실은 잘 알려져 있다. 아이디어도 마찬가지다. 아이디어로 결실을 보려면 계기가 되는 씨앗이 필요하다. 이 씨앗이 많으면 많을수록 아이디어의 양도 증가한다. 따라서 아이디어의 씨앗을 항상 많이 가지고 있는 것이 중요하다.

그러기 위해서는 평소에 신문과 잡지 등을 읽고 정보를 얻기 위한 안테나를 세우고 있어야 한다. 또 아이디어가 필요한 상황이나 입장으로 자신을 몰아넣고 구하려는 답을 구체적으로 설정해서 계속 생각하는 자세도 중요하다.

이번에는 아이디어의 양을 증가하게 하는 수단을 두 가지 정도 소개한다.

| 01 | 브레인스토밍

'브레인스토밍'은 여러 구성원이 모여서 아이디어를 서로 내는 대중적인 방법이다. 테마를 설정해서 당장이라도 시작할 수 있다는 이점이 있다. 이 방법에 관해서는 이미 알고 있는 독자도 많을 것이므로 요점만 간단히 짚는 정도로 한다.

- 브레인스토밍하는 내용을 명확하게 한다. 단순한 담소로 끝난다면 시간 낭비다. 그중에는 브레인스토밍에 어울리지 않는 내용도 있으므로 주의한다.
- 자유롭게 이야기할 수 있는 공간이나 분위기에서 한다. 사회 진행자는 물론이고 각 구성원도 분위기를 소중히 해야 한다. 반드시 회사 회의실에서 할 필요는 없다. 공원 등 야외도 좋다.
- 각 구성원은 가능하면 여러 관계 부서나 여러 전문 지식을 지닌 사람들로 채우는 것이 바람직하다. 하나의 문제를 두고 다면적인 각도에서 이야기하거나 아이디어를 낼 수 있다. 같은 부서 소속의 상사와 부하 관계에 있는 사람들은 자유롭게 이야기하기 어려울 수 있으므로 같은 자리는 피하는 것이 좋다.
- 브레인스토밍의 기본 중 기본인데, 타인의 의견을 비판하지 않는 것이다. 엉뚱한 의견도 환영한다. 여기서부터 큰 발견이 생겨날지도 모르기 때문이다.

| 02 | SCAMPER

브레인스토밍은 여러 명의 구성원이 모여서 하지만, 'SCAMPER'는 혼자서도 할 수 있는 도구다. SCAMPER는 알렉스 보스턴이 고안한 것으로, 다음의 일곱 개 단어의 첫 글자를 따서 만든 이름이다. 신상품이나 서비스를 만들어 낼 때, 기존의 상품과 서비스에서 여러 가지 방향성을 유발하는 유용한 도구(체크리스트)다.

제1장
제2장
제3장
제4장
제5장
제6장
제7장
제8장
제9장
제10장
제11장
제12장

- Substitute(다른 것으로 바꾼다)
- Combine(연결 짓는다, 조합한다)
- Adapt(응용, 적용한다)
- Modify(수정한다)
- Put to other purposes(다른 목적으로 사용한다)
- Eliminate(제거한다)
- Rearrange, Reverse(재배열, 또는 반대로 한다)

상품이나 서비스의 다양한 속성 중에서 SCAMPER의 대상이 되는지 아닌지의 예를 다음의 [도표 9-2]에 정리했다.

예를 들면 1,000엔 커트로 유명한 미용실 QB하우스는 이·미용 업계에서 획기적인 비즈니스 모델을 펼치고 있다. SCAMPER의 관점에서 내용을 확인해보자.

- Substitute(다른 것으로 바꾼다)
  · 잘라 낸 머리카락 제거는 샴푸에서 에어 워셔로 바꾸었다.
- Combine(연결 짓는다, 조합한다)
  · 기존의 이용 서비스에 기능성과 효율성을 조합했다.
- Adapt(응용, 적용한다)
  · 작업 장소에 시스템 유닛화를 적용했다.
- Modify(수정한다)
  · 머리 자르는 시간을 기존의 1시간 정도에서 10분으로 단축했다.
  · 가격은 업계 평균 4,000엔 정도에서 1,000엔이라는 낮은 가격으로 설정했다.
- Put to other purposes(다른 목적으로 사용한다)
  · 교통 신호기를 QB 신호(혼잡도, 대기 시간 정도)로 사용했다.

● Eliminate(제거한다)

·샴푸, 드라이, 수염 정리, 대화 서비스는 제거했다(그 결과 시간이 단축되었다).

● Rearrange, Reverse(재배열, 또는 반대로 한다)

·기존의 이용 서비스는 시간과 돈이 너무 많이 들었다. 여기에 역발상을 적용해 보았다.

		S 바꾸기	C 조합	A 응용 적용	M 수정	P 다른 목적	E 제거	R 재배열
상품 속성	상품	○	○	○	○	○	○	○
	가격	—	—	○	○	—	—	—
	부품	○	○	○	○	—	○	—
	디자인·색	○	○	—	○	○	○	—
	브랜드	—	—	—	○	—	○	—
	기능	○	○	○	○	○	○	—
	사용 목적	—	○	○	○	○	—	—
	구입자(고객)	○	○	—	○	—	—	—
	시장	—	○	—	○	—	—	—
서비스 속성	서비스	○	○	○	○	○	○	○
	가격	—	○	○	—	—	—	—
	과정	○	○	○	○	—	○	○
	순서	○	○	—	○	—	—	○
	브랜드	—	—	—	○	—	○	—
	사용 목적	—	○	○	○	○	—	—
	구입자(고객)	○	○	—	○	—	—	—
	시장	—	○	—	○	—	—	—

[도표 9-2]

| 사고 과정을 한눈에 보이게 한다

앞에서는 아이디어의 양을 늘리는 중요한 수단 두 가지를 소개했다. 양을 늘린 아이디어는 머릿속에 담아두기만 해서는 아무런 도움이 되지 않는다. 획기적이고 뛰어난 아이디어는 한눈에 보이도록, 즉 출력(노출)하는 것이 중요하다.

창조적 사고와 입력·출력의 관계를 훑어보자. 보통 책이나 정보 입력을 바탕으로 사고하는 일이 많은데, 사고의 결과는,

> **입력 ⇨ 사고(두뇌)**

와 같이 머릿속에 들어 있는 채로 두는 경우가 많다. 이렇게 해서는 잊어버리기도 하는데, 책에 밑줄을 긋거나 포스트잇을 붙이거나 신문이라면 필요한 부분을 잘라서 스크랩하는 등의 방법으로 소중한 아이디어를 잊어버리지 않도록 한다.

사고한 결과, 특히 중요하다면 어느 정도 메모 등으로 출력하는 것이 중요하다. 즉, 다음의 패턴에 따른다.

입력 ⇨ 사고(두뇌) ⇨ 출력

생각할 때마다 '조금씩 메모'하는 것이다.

그리고 [도표 9-3]처럼 출력한 후, 다시 입력을 연속적으로 함으로써 사고의
창조성이 가속화한다.

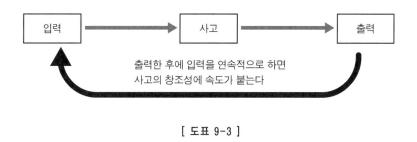

[도표 9-3]

사고의 창조성에 더욱 속도를 내려면 [도표 9-4]와 같이 하면 된다.

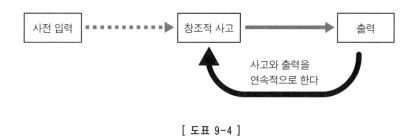

[도표 9-4]

즉, 사전에 필요한 정보를 머리에 입력해 두는 것이 사고와 출력을 연속적으
로 할 수 있게 한다. 그때마다 입력할 필요가 없으므로 창조적 사고와 출력이
연속적, 효율적으로 순환하게 된다. 이 현상은 제10장의 시스템 사고에서 설명
하는데(→338쪽), 확장 피드백 그룹을 형성하는 것을 의미한다.

[도표 9-4]와 같은 패턴을 형성할 수 있으면, 출력하면서 창조적 사고를 깊게 해 나가는 패턴이 된다. 창조적 사고 중 출력의 중요성을 잘 알아두자.

| 01 | 아이디어를 손으로 쓰기·메모하기

우선은 생각할 때마다 조금씩 메모하기를 권하고 싶다. 아직 말로 표현하기 힘든 혼란스러운 상태더라도 종이 위에 자유롭게 손으로 쓰면 된다. 써 내려가는 동안에 점차 이미지가 말로 표현되기 시작한다.

말로 표현할 수 있게 되었다면, 이번에는 컴퓨터를 사용해도 좋다. 처음에는 키워드만 나열해도 된다. 나열한 키워드에 점으로 존재하던 것이 점차 선으로 이어지면서 사고가 점에서 선으로, 그리고 면으로, 최종적으로는 3차원 구조로 진화해간다.

말할 필요도 없이 컴퓨터를 통한 메모의 장점은 그 자리에서 아이디어가 떨어지면 파일로 저장해 둘 수 있고, 나중에 자유롭게 추가하거나 편집할 수 있다는 데 있다.

구체적으로는 글자를 입력할 수 있는 메모장이나 Word 등 워드프로세서를 사용한다. 쓰는 공간에 제약을 받고 싶지 않다면 엑셀이 적당하다. 엑셀은 표 계산에만 사용하지 말고 작업 영역이 넓은 워드프로세서로 활용해 보자.

컴퓨터를 사용해서 메모할 때의 노하우는 여러 가지가 있는데, 기본은 각자 쓰기 편한 방법으로 하면 된다. 하지만 어디까지나 아이디어를 메모하는 것이 중심이지, 컴퓨터는 도구에 지나지 않는다는 데 주의해야 한다. 컴퓨터를 사용함으로써 아이디어 창출에 지장이 있어서는 안 된다.

| 02 | 마인드맵

토니 부잔이 만든 마인드맵은 중심 주제를 정한 후 아이디어를 방사형으로 확산 및 전개시켜 나가는 도구다. 마음의 지도, 사고의 지도라고도 말할 수 있다. 창조적 사고의 확산적인 이미지를 실현하는 데 적당한 도구다. 일반적으로도 잘 알려져 있다.

마인드맵은 뇌세포를 깨운다. 뇌세포는 전방위로 뉴런이라고 불리는 신경 세포를 통해 시냅스라고 불리는 접합부로 이어진다. 정보는 시냅스를 통해 뇌세포끼리 전달되는데, 이 과정이 마인드맵과 유사하다.

마인드맵을 할 때 중요한 점은 다음과 같다.

- 그림(종이)의 가운데에 정한 중심 주제를 그린다.
- 중심 주제에서 연상되는 아이디어 키워드를 방사형으로, 계층적으로 그리고 관련된 아이디어끼리 선으로 잇는다. 여기서 중요한 것은 논리 사고와는 달리 아이디어는 MECE일 필요가 없다는 점이다. 생각나는 대로 자유분방하게 그리면 된다.
- 아이디어가 떨어지면 마인드맵은 끝난다.
- 마인드맵은 문자뿐만 아니라 그림이나 일러스트 등을 넣는 것이 중요하다. 이를 통해 창조적 사고가 활성화되고 아이디어가 한층 더 많아진다.

마인드맵은 원래 펜으로 종이 위에 그리는데, 컴퓨터 도구로도 그릴 수 있다. 가령 MindManager나 FreeMind가 대표적이다. FreeMind는 무료 소프트웨어이기도 하다.

제1장
제2장
제3장
제4장
제5장
제6장
제7장
제8장
제9장
제10장
제11장
제12장

| *column* | 데이터 과학자(Data Scientist)란?

이 책에서는 데이터에 관한 여러 가지 정량 분석이나 정성 분석의 기법을 설명한다. 최근 데이터를 분석하는 기법은 데이터 과학이라는 말로 각광을 받고 있다. 그리고, 데이터 과학을 연구하거나 생업으로 종사하는 사람을 '데이터 과학자'라고 부른다. 일반사단법인 데이터과학협회에 따르면 이 '데이터 과학자'에게 요구되는 능력은 다음의 세 가지로 분류된다고 한다.

① 비즈니스 능력: 과제 배경을 이해하고 비즈니스 과제를 정리하여 해결하는 힘
② 데이터 과학 능력: 정보 처리, 인공지능, 통계학 등 정보과학 계열의 지식을 이해하고 사용할 수 있는 능력
③ 데이터 엔지니어링 능력: 데이터 과학을 의미하는 형태로 사용할 수 있게 하여 실장 및 운용할 수 있는 능력

이 책에서는 주로 ②에 관해서 논했다. 이 기법은 전통적인 통계 기법에 뿌리를 두고 있다.

하지만 '데이터 과학자'로 인정받으려면 기계학습이나 심층 학습(딥 러닝) 등, 인공지능 분야에서 개발된 기법도 이해하고 활용하며, 나아가 ①의 비즈니스 능력이나 ③의 데이터 엔지니어링 능력도 요구된다. 다시 말해 주어진 비즈니스 과제를 정리 및 이해하고 다양한 분석 기법 중 어느 기법이 최적의 효과를 낼지 판단한다. 그러기 위해서는 단순히 다양한 분석 기법을 논리적으로 아는 데서 그치지 않고 실제로 언어 등을 사용하여 실제 데이터를 분석함으로써 효과를 확인하고, 이 기법이 최선이라고 판단되면 시스템에 실제로 운용하여 비즈니스로서 가치를 창조할 수 있는지 아닌지를 생각해야 한다.

'데이터 과학자'로 불리는 전문 집단, 이 경지에 이르기까지는 문턱이 높을지도 모른다. 하지만 얻은 데이터가 무엇을 말하고 있는지 진지하게 분석하고 해명하려고 임하는 그 모습에 매력과 보람을 느끼는 사람도 적지 않다.

정량 × 정성 분석
바이블

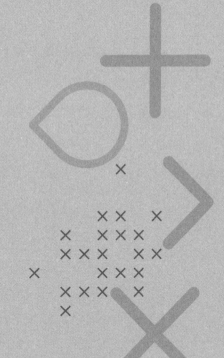

제10장
───
복잡한 인과
관계를 해명하는
시스템 사고
시스템 싱킹

| '인과 지도'를 이해하자

이번 장에서는 시스템 사고로 정성 분석을 할 때 빼놓을 수 없는 도구인 '인과 지도'를 설명한다. 인과 지도의 규칙을 이해하고 인과 지도를 읽거나 그리면서 시스템 사고가 친숙해질 것이다. 그 결과, 고도의 성성 분석을 스스로 해낼 수 있게 된다.

1 인과 관계란?

시스템 사고는 인과 관계를 인식하는 데서부터 출발한다. 두 가지 요소인 A와 B 사이에 '인과 관계가 있다'라고 한다면 어떤 의미일까. A가 원인이고 그 결과 B가 일어난 것이다.

이 관계를 인과 지도에서는,

A(원인) ⇨ B(결과)

로 나타낸다. 하나도 어렵지 않다.

인과 관계가 있다는 것은 정확히는 세 가지 조건을 만족할 필요가 있다. 그중

첫 번째는 다음과 같다.

구체적으로 몇 가지 예를 들어서 보자.

■ '야근 ⇨ 피로'라는 인과 관계

이것은 야근한 결과 피로감이 쌓인다는 인과 관계를 나타낸다. 원인이 야근이고 결과적으로 피로하다는 의미다. 이것을 시간적 경과로 나타내면, [도표 10-1]과 같다. 이것은 야근한 후에 시간적인 경과가 있고 나서 피로가 생긴다는 사실을 말한다.

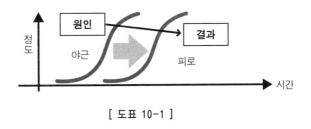

[도표 10-1]

[도표 10-1]에서는 인과 관계가 있는 야근과 피로를 시간적 경과의 그래프로 나타냈는데, 관점을 달리해서 야근과 피로의 두 가지 관계를 나타내보자. 야근과 피로의 상관관계가 어떻게 되는지 고찰한다.

예를 들면 직원을 10명 정도 골라서 야근 시간과 피로 정도를 조사한 후 그래프에 표시하자 [도표 10-2]와 같은 결과가 나왔다. 이것은 야근이 많아지면 피로도 늘어난다는 우상향 경향, 즉 양의 상관관계를 나타낸다.

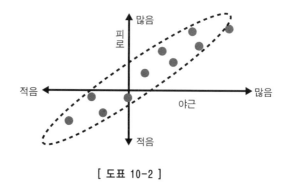

[도표 10-2]

[도표 10-3]에서는 휴가 일수와 피로의 사이에는 휴가가 많을수록 피로가
줄어들므로 음의 상관관계를 보인다.

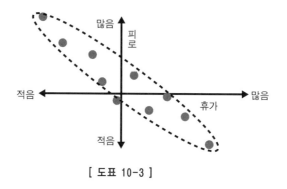

[도표 10-3]

이 사실에서 다음을 알 수 있다.

[인과 관계의 두 번째 조건]
두 가지 요소에 인과 관계가 있다면 양이든 음이든 어떠한 상관관계가 있다.

두 번째 조건은 두 가지 요소 사이에 시간적 경과는 따지지 않지만, 첫 번째
조건에서는 엄밀히 조건으로 제시한다.

또 세 번째로 다음 조건을 충족해야 한다.

제1장

제2장

제3장

제4장

제5장

제6장

제7장

제8장

제9장

제10장

제11장

제12장

> **[인과 관계의 세 번째 조건]**
> B의 원인은 A 이외에는 없다.

구체적으로 몇 가지 예를 들어보자.

■ '매장 서비스가 좋다 ⇨ 매장이 좋은 평가를 받는다 ⇨ 고객이 증가한다 ⇨ 매출이 증가한다'라는 인과 관계

어떤 매장의 서비스가 좋다고 하자. 입소문이나 블로그 등으로 그 가게가 좋은 평가를 받아서 결과적으로 손님이 점점 늘어 매장의 매출액이 늘어난다는 인과 관계다. 이것은 여러 요소로 인한 직선적인 인과 관계를 나타낸다. 이것도 시간적 경과를 [도표 10-4]로 나타냈다.

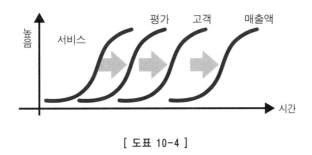

[도표 10-4]

■ '공부한다 ⇨ 성적이 오른다 ⇨ 선생님이나 부모님께 칭찬을 받는다 ⇨ 의욕이 오른다 ⇨ 공부한다'라는 인과 관계

일반적으로 학생이 공부하면 성적이 오르고, 선생님이나 부모님께 칭찬을 받는다. 그 결과 의욕이 올라서 더욱 공부에 전념한다는 선순환을 의미한다. 의욕이 오른 결과 더욱 열심히 공부하는 고리를 형성한다([도표 10-5]).

직장인의 경우 업무 성과가 나오면 상사로부터 좋은 평가를 받아 더욱 열심히 일한다는 고리와 똑같다.

[도표 10-5]

2 인과 지도

여기서는 '인과 지도'를 구성하는 세 가지 기본 개념을 설명한다. 이 의미를 이해하면 인과 지도를 대략 이해했다고 말할 수 있다.

| 01 | 인과 관계의 화살표(링크)

인과 관계를 설명할 때, '야근 ⇨ 피로'라는 구도에서는 야근을 많이 하면 할수록 피로의 정도도 늘어난다는 양의 상관관계가 있다고 설명했는데, 이 경우는 [도표 10-6]와 같이 화살표(링크) 옆에 '+' 기호를 덧붙인다. 이것은 야근이 적어지면 피로도도 줄어든다는 것을 의미하는데, 즉 두 요소의 증감이 같은 경향이라는 사실을 의미한다.

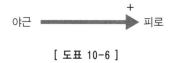

[도표 10-6]

한편, '휴가 ⇨ 피로'의 인과 관계를 생각해 보면 유급휴가 등을 충분히 쓰면 피로도도 낮아지고, 반대로 휴가가 적어지면 피로도도 늘어난다는 것을 의미한다. 즉 두 요소 사이에 음의 상관관계가 있다는 것을 나타내는데, [도표 10-7]과 같이 '-' 부호를 화살표 옆에 넣는다. 두 요소의 증감 경향이 서로 반대 방향이라는 점에 주의하기 바란다.

[도표 10-7]

인과 관계의 화살표 옆에 '+'나 '-'를 붙일 때, 의미를 혼동하지 않도록 주의하자. 다시 한번 정리하면 '+'는 원인이 증가(감소)하면 결과가 증가(감소)하는 것을 의미한다. 즉, 원인과 결과의 증감 경향이 같다.

한편 '-'는 원인이 증가(감소)하면 결과가 감소(증가)하는, 즉 원인과 결과의 증감 경향이 반대로 됨을 의미한다.

또 인과 관계의 원인과 결과를 부르는 이름에 관해서 살펴보자면, [도표 10-7]에서는 원인이 야근이고 결과가 피로였는데, 인과 지도에 익숙해지기 전까지는 [도표 10-8]과 같이 야근의 증가나 피로의 증가 등 요소의 이름에 증가나 감소를 붙이기 쉽다. 의미를 혼동할 가능성이 있으므로 이름에는 되도록 '증가'나 '감소'를 붙이지 않도록 한다.

[도표 10-8]

가령, [도표 10-8]에서는 야근의 '증가'가 증가 경향이라면 피로 '증가'가 증가 경향이 된다. 또 야근의 '증가'가 감소 경향이면 피로의 '증가'도 감소 경향이 된다고 이해는 할 수 있지만 상당히 장황해진다. 주의가 필요하다.

| 02 | 시간 지연

인과 관계에서는 원인이 결과보다 시간적으로 후에 영향을 미치는데, 이 타이밍이 순간적인지 또는 분명한 시간 지연을 동반하는지를 잘 구별한다면 '시간 지연'이 있음을 인과 지도에 명시해야 한다.

[도표 10-6]에서는 야근한 결과 거의 즉시 피로의 증가가 일어나는 경우였다. 하지만 야근을 해도 시간 지연이 있어서 며칠 후에 피로 증가가 일어난다면 이것을 강조하기 위해 [도표 10-9]와 같이 나타낸다.

제1장
제2장
제3장
제4장
제5장
제6장
제7장
제8장
제9장
제10장
제11장
제12장

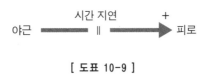

[도표 10-9]

시간 지연이 몇 시간 이상일 때 인과 지도에 표시해야 한다는 명확한 규정은 없다. 어디까지나 시간 지연이 있다는 사실을 표시하는 것이 분석할 때 중요한 점이라고 판단되면 '인과 지도'에서 시간 지연 기호를 덧붙인다.

| 03 | 고리

앞의 [도표 10-6]과 같이 인과 관계를 나타내는 화살표가 닫혀서 고리를 형성하기도 한다. 이것을 피드백 고리라고 부르는데, 아래와 같이 두 종류가 있다.

① 확장 피드백 고리

[도표 10-10]과 같이 일을 많이 함으로써 실적이 올라가거나, 이로 인해 좋은 평가를 받아 점점 일을 열심히 하는 순환은 업무를 더욱 증대해 나가는 성질을 띠므로 '확장 피드백 고리'라고 부른다.

확장(증강)한다는 의미의 영어단어 'Reinforce'에서 고리 안에 'R'로 표시한다.

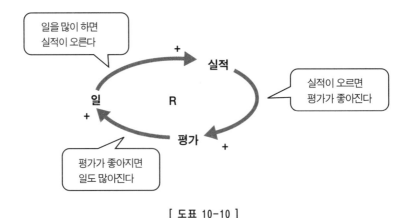

[도표 10-10]

② 균형 피드백 고리

한편 [도표 10-11]에서는 일을 너무 많이 하면 피로가 쌓여 일의 효율이 떨어진다. 그 결과 일을 줄일 수밖에 없는 상황에 놓인다. 반대로 일이 줄어들면 피로도 줄어들어서 효율이 올라 이번에는 일이 늘어난다.

이때 업무량은 일방적으로 증가하거나 감소하는 것이 아니라, 피로나 효율을 조절하면서 증감하며 어떠한 균형 상태를 찾아가는 성질을 보인다. 이것을 균형 피드백 고리라고 부르는데, 균형이라는 의미의 영어단어 'Balance'에서 고리 안에 'B'라고 나타낸다.

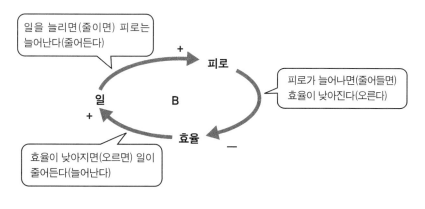

[도표 10-11]

이번에는 [도표 10-10]과 [도표 10-11]에서 화살표(링크)에 붙은 '-'의 숫자에 주목하자. [도표 10-11]에서는 하나, [도표 10-10]에서는 하나도 없었다.

사실 '-'의 숫자가 홀수면 균형 피드백 고리를 나타내고, 없거나 짝수일 때는 확장 피드백 고리임을 나타낸다. 수학적으로는 '-1'을 홀수 번 곱하면 '-1'이 되고, '-1'을 짝수 번 곱하면 '+1'이 된다는 점에서도 쉽게 연상할 수 있다.

가령 [도표 10-11]에 휴식·휴가라는 요소를 넣어보자. 일이 늘어나면 많은 휴식이 필요해지는데 이것은 피로를 경감시킨다. 그 결과 일의 효율이 회복되어 업무량도 회복하는 것처럼 확장 피드백 고리로 변한다. 그림으로 나타내면 [도표 10-12]와 같이 '-'의 개수가 둘, 즉 짝수임을 확인할 수 있다.

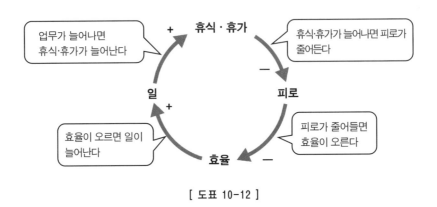

[도표 10-12]

3 직선적 화살표(링크)와 고리의 차이

여기까지 알고 나면 인과 지도에 관한 이해도도 상당히 깊어졌을 것이다. 다시금 직선적인 화살표(링크)와 고리와의 차이를 사례로 들여다보자.

금리의 단위와 복리 개념은 알고 있으리라 생각한다. 사실 단리는 직선적 화살표(링크)를, 복리는 고리를 떠올리면 이해하기 쉽다.

예를 들어 어느 금융기관에 원금 100만 엔을 예금했다고 하자. 지금은 상상할 수 없는 수준이지만 강조를 위해 1년간 금리(연리)를 20%로 한다. 각각 단리와 복리일 때 이자와 원리합계(원금+이자)는 어떻게 될까.

단리일 때는 [도표 10-13]처럼 나타낸다. 이자는 원금에밖에 붙지 않으므로 1
년 후(라는 시간 지연으로) 이자가 발생한다.

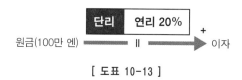

[도표 10-13]

단리로 이자와 원리합계를 10년 후까지 계산한 결과를 [도표 10-14]에 나타
냈다.

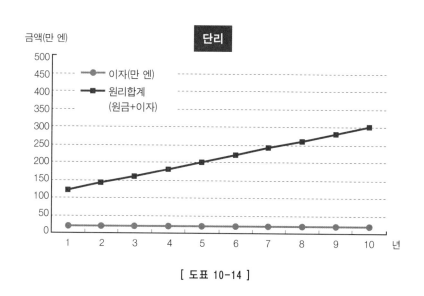

[도표 10-14]

제 1 장
제 2 장
제 3 장
제 4 장
제 5 장
제 6 장
제 7 장
제 8 장
제 9 장
제 10 장
제 11 장
제 12 장

한편 복리에서는 [도표 10-15]와 같이 나타낼 수 있다. 단리에서는 원금밖에 이자를 만들어낼 수 없지만, 복리에서는 원리합계(=원금+이자)에 이자가 붙는다. 즉 복리에서는 이자가 원금과 가산되어 원리합계를 이루며 더욱 이자를 만들어내는 고리를 형성한다.

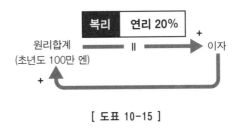

[도표 10-15]

복리도 마찬가지로 이자와 원리합계를 10년 후까지 계산하여 [도표 10-16]으로 나타냈다.

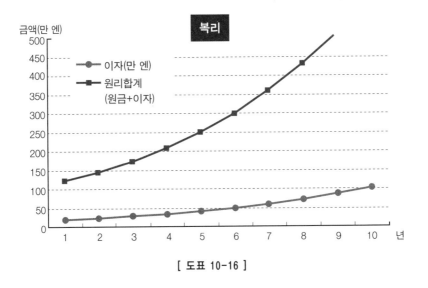

[도표 10-16]

이 결과에서 [도표 10-13]의 단리로는 이자가 원금에밖에 가산되지 않는 한편, [도표 10-15]의 복리에서는 이자가 원금에 가산되는 확장 피드백 고리의 모습을 한다는 것을 이해했으리라 생각한다.

342

단리에서 이자는 원금의 일정한 비율(연리)이므로 당연히 일정한 값이다. 원리합계도 일정한 값(이자)이 매년 가산되므로 직선으로 증가한다. 수학적으로는 '선형이다'라고 한다. 상류에서 하류를 향해 일정한 비율로 흘러가는 형태다. 당연히 상류에서 흐르는 양이 많으면 하류에도 많이 흐르지만, 어디까지나 일정한 비율이다.

한편 복리에서는 이자가 서서히 뱀이 머리를 쳐드는 듯이 오른다. 10년 이상 그래프를 보면 더욱 증가하는 비율이 높아진다.

증가하는 비율은 수학적으로는 미분 계수로 정의한다. 이 미분 계수가 점점 커지면서 그래프에서는 지수함수의 증가세를 보인다. 이것을 비선형이라고 말한다. 비선형은 일반적으로 복잡한 움직임을 띤다. 직선적인 화살표(링크)에서는 선형이지만, 고리는 비선형임을 이해해두자.

인과 관계가 복잡하게 얽히고설켜 시간적 변화가 빠른 경제나 사회 현상은 실제로 비선형의 움직임을 많이 포함한다. 시스템 사고는 비선형의 움직임을 이해하는 데 아주 많은 도움이 된다. 다시 말해 경제나 사회 현상에 시스템 사고를 적용함으로써 높은 정확도로 정성 분석을 하는 이점을 끌어낼 수 있다. 시스템 사고가 강한 이유는 바로 이 장점에서 시작된다.

시스템 사고의 정형화된 3가지 패턴을 짚어두자

제7장에서 시스템 사고는 인과 관계가 복잡하게 얽히고 시간적으로도 동적(다이내믹)으로 변화하는 문제 분석에 적합하다고 밝혔다. 이러한 문제를 표현하는 데는 '인과 지도'가 적합한데, 인과 지도를 읽고 만드는 법도 앞서 살펴보았다.

인과 지도를 익힌 후, 머릿속이 혼란스러운 문제가 있다면 꼭 인과 지도로 표현하여 한눈에 보이게끔 실천에 옮기기 바란다. 이를 통해 문제의 원흉이 정체를 드러내거나 엉켜있던 실타래를 어디서부터 풀면 문제 해결책에 도달할 수 있는지 보이기 시작한다.

여기서는 우선 '시스템 사고의 다섯 가지 원형'(시스템 5원형)을 소개한다. 이 시스템 5원형에는 어떠한 특징이 있는지, 어떤 인과 지도로 표현할 수 있는지 설명한다. 실제 문제 해결에 시스템 사고를 적용할 때, 시스템 5원형 중 어느 것에 가장 가까운지를 생각해 보고 문제 해결을 향한 첫걸음으로 삼으면 좋겠다.

시스템 5원형이란, ①응급처치의 실패, ②문제 미루기, ③에스컬레이션, ④성공이 성공을 가속, ⑤성공의 한계다. 이 시스템 5원형은 균형 피드백 고리와 확장 피드백 고리의 특징으로 보아 '세 가지 정형 패턴'(정형 3패턴)으로 분류할 수 있다.

시스템 5원형과 정형 3패턴과의 관계는 나중에 언급하기로 한다(→356쪽). 우선 시스템 5원형의 개요를 설명한다.

1 시스템 5 원형

| 01 | 응급처치의 실패

충치로 이가 아파서 응급처치한 경험이 있는 사람은 아마 많을 것이다. 일이 바빠서 치과에 가지 못할 때는 진통제를 먹고 견디기도 한다. 하지만 이러한 대처는 충치의 아픔을 일시적으로 달래줄 수는 있지만 근본적인 치료가 되지는 않는다. 언젠가는 치과에 가서 치료해야 한다.

이러한 문제일 때는 우선 일시적이라도 문제의 진행을 멈추게 하는 처치를 한다. 그리고 응급처치나 대증 요법으로 원인을 알아내고 근본적인 시정 대처를 해서 문제를 종결하는 것이 일반적이다. 하지만 이 응급대처에서 문제가 진정되었다고 착각하고 다행이라며 마음을 놓고 근본적인 치료를 게을리했다가는 생각지 못한 부작용에 반격을 당할지도 모른다. 사례를 보면서 원인을 찾아보자.

적 용 사 례

시스템 개발 기업 K 사가 고객에게 어떤 시스템 소프트웨어를 납품했다고 하자. 수주 가격이 좋았으므로 단기간에 상당히 무리해서 수주한 안건이다. 하지만 개발 기간이 짧아 K 사는 충분히 출하 전 테스트를 하지 않고 고객에게 개발한 소프트웨어를 납품하고 말았다.

고객도 시스템 도입을 서두르고 있었기 때문에 납품 후에 바로 시스템을 가

동했지만, 바로 문제가 검출되었다. 게다가 이 고객은 이번에 납품한 소프트웨어를 탑재한 시스템을 정지할 수 없어서 K 사의 시스템 엔지니어는 불충분하다고 추측되는 부분의 소프트웨어만 잠정적으로 교체했다. 즉, 응급조치한 셈이다.

문제는 일단 해소되어 시스템은 문제없이 가동되는 듯했다. 하지만 얼마 지나지 않아 시스템이 점차 사양대로 기능을 발휘하지 못하게 되어, 이전보다도 더 치명적인 오류를 일으키게 되었다. 결국 시스템이 먹통이 되어 전면 중지에 이르렀다.

시스템 개발 기업 K 사는 엔지니어가 응급처치로 교체한 소프트웨어 부분이 다른 곳에 악영향을 미쳤기 때문에 시스템 전체에 파급되어 최악의 사태를 빚었다고 추측한다.

이 '응급처치의 실패'를 인과 지도로 나타내보자.

우선 응급처치를 하면 문제가 일시적으로나마 가라앉는다. 이 상태를 [도표 10-17]에 나타냈다.

문제가 일어나 응급처치를 함으로써 일단 문제는 진정시킬 수 있다. 진정된 문제에 응급처치도 줄어드는데, 그 결과 문제가 다시 발생한다는 두 가지 요소가 서로 움직임을 견제하는 작용을 일으켜, 결국에는 균형이 유지되어 균형 피드백 고리(B)를 형성한다.

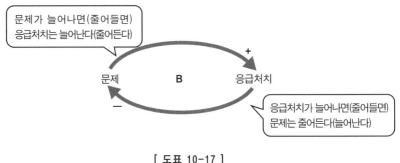

[도표 10-17]

[도표 10-17]대로 계속 간다면 문제는 없지만, 응급처치에 기대고 있으면 응급처치에서 부작용(side-effect), 즉 악영향을 미치게 된다. 사실 일으킨 문제를 더 크게 만드는 확장 피드백 고리(R)가 형성된다(→[도표 10-18]).

그 결과, 진정되었다고 보였던 문제가 반대로 자극을 받아 활화산으로 변한다. 응급처치는 어디까지나 응급처치에 지나지 않는다는 것을 명심해야 한다.

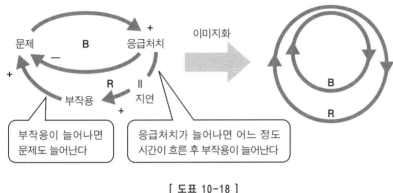

[도표 10-18]

| 02 | 문제 미루기

앞서 응급처치 후에는 근본적으로 고치는 치료가 필요하다고 말했다. '응급처치의 실패'에서는 응급처치로 인해서 예상 밖의 결과가 일어나 문제를 악화시켰다. 응급처치에서는 일시적이나마 잘되면 응급처치만으로 끝내려는 태만한 생각에 기댈 위험성이 있으므로 결국에는 응급처치에만 시간을 쓰고 근본적인 대책에는 시간을 들이지 않는 사태에 이르고 만다. 이것이 '문제 미루기'다.

이 상황을 인과 지도로 나타내보자. [도표 10-19]에서는 응급처치를 한 후, 근본적 대책이 함께 적용되어 문제는 진정되고 결국 안정된 상태에 이른다는 것을 나타낸다.

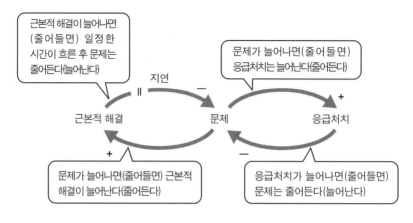

[도표 10-19]

[도표 10-19]에서는 균형 피드백 고리(B)가 좌우에 두 개 있는데, 응급처치의 단기적인 대처(오른쪽)와 근본적 해결인 중장기적 대책(왼쪽)이 함께 적용되어 문제를 진정시키는 모습이다.

[도표 10-19]의 상태는 이상적인 형태이지만, 역시 응급처치에는 위험한 함정이 숨어 있다. 응급처치에 기대기만 해서는 응급처치에서 또 부작용이 생겨서 이번에는 근본적인 대책에 악영향을 끼치게 된다(→[도표 10-20]).

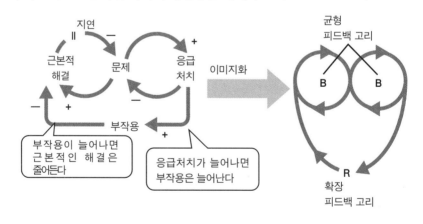

[도표 10-20]

[도표 10-20]에서는 좌우의 균형 피드백 고리(B) 아래에 확장 피드백 고리(R)

가 생긴다. 이 고리는 응급처치를 통해 생긴 부작용이 문제의 근본적 해결에 악영향을 미친다는 것을 의미한다. 따라서 근본적 해결의 비중이 작아지고 문제는 해결되지 않은 채로 응급처치에 매달리는 악순환에 빠진다.

'응급처치의 실패', '문제 미루기' 모두 응급처치에서 부작용이 발생하여 결국에는 문제 전체를 악화시키는 패턴이다.

'응급처치의 실패', '문제 미루기'라는 두 가지 패턴에서 얻을 수 있는 교훈은 무엇인지 이제 이해했을 것이다. '응급처치에 기대지 마라! 얼른 근본적인 해결책으로 전환하라!'다. 응급처치라는 임시변통은 결국 독이 된다.

| 03 | 에스컬레이션

에스컬레이트란 다음과 같은 상황을 말한다. 예를 들면 A와 B가 있고 두 사람 모두 비교적 열정 넘치는 성격의 사람이다. A가 B의 험담을 했더니 '눈에는 눈, 이에는 이'라며 화가 난 B는 A에게 갚아주기라도 하듯이 나쁜 말을 했다. 이것을 본 A도 덩달아 '에스컬레이트'되어 간다.

비즈니스에서 예를 들면 역을 사이에 두고 나란히 있는 가전 판매점의 가격 경쟁을 들 수 있다. 같은 기종의 디지털 카메라를 A 매장에서는 3만 9,800엔이라는 가격으로 판매하자 이것을 안 B는 3만 6,800엔으로 내렸다. 다시 이 소식을 들은 A 매장은 가격을 더 내려서 3만 5,800엔으로 할인을 계속했다.

이 '에스컬레이션'이라는 현상을 A와 B라는 사람의 예로 정리해 보자. A는 자신의 행동을 통해 실적을 올림으로써 B를 향한 위협을 증폭시킨다. 위협을 느낀 B는 A에 맞서기 위해 어떤 행동을 취하게 된다. B가 맞서는 행동이 A를 자극하여, A가 다시 B에 맞서는 행동을 에스컬레이트시킨다. 이것이 에스컬레이션의 실태다.

이 에스컬레이션 현상을 인과 지도로 나타내보자. 결과는 [도표 10-21]과 같다.

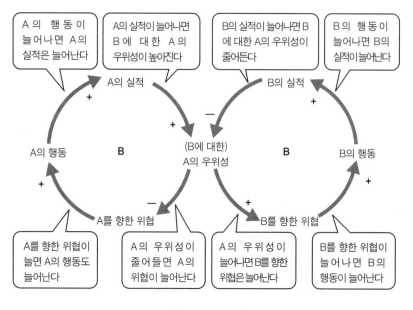

[도표 10-21]

[도표 10-21]은, 실제로는 [도표 10-22]와 같이 8자 형태의 흐름이 된다(①
→②→③→④→①→……).

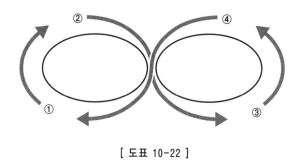

[도표 10-22]

[도표 10-21]과 [도표 10-22]를 대응시키면, A가 행동을 통해 어떠한 실적을
얻으면 B에 대한 상대적인 우위성이 높아진다. 이것이 B를 자극하여 B를 향한
위협이 증가한다. 그래서 B는 A에 대항하기 위해 어떠한 실적을 얻을 수 있도
록 행동을 일으킨다. 그 결과 B에 대한 A의 우위성이 줄어들고, 이번에는 A를
향한 위협이 강해진다. A는 B에게 질 수 없어서 다시 행동한다. 이렇게 벗어날

수 없는 고리에 빠지게 된다.

[도표 10-21]에서는, 에스컬레이션을 나타내는 인과 지도에는 좌우에 각각 '-'가 1개로 홀수이므로, 두 개의 균형 피드백 고리가 있음을 알 수 있다.

균형 피드백 고리에서는 균형을 이루고 안정되는데, 왜 에스컬레이션이라는 현상이 일어나는지 의문이 든다. 하지만 [도표 10-22]에서 나타냈듯이, 균형 피드백 고리가 ②나 ④처럼 엇갈리므로 '-'의 숫자가 2개로 짝수가 된다. 즉, 확장 피드백 고리가 형성되어 결국에는 에스컬레이션이라는 현상을 일으킨다 (→[도표 10-23]).

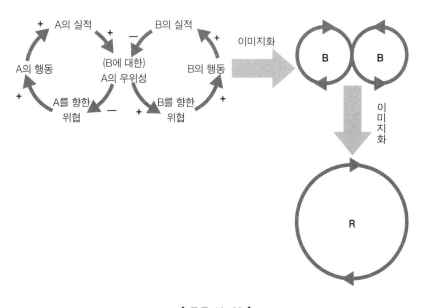

[도표 10-23]

| 04 | 성공이 성공을 가속

'성공이 성공을 가속'이라고 하면 만사형통일 것 같은 느낌을 주는데, 사실은 그렇지도 않다.

예를 들면 N 씨가 A 프로젝트와 B 프로젝트를 거의 동시에 맡게 되었다고 하자. N 씨는 가능하면 두 프로젝트 모두 성공을 거두고 싶지만, 현실적으로는 자금이나 시간 등의 자원이 한정되어 있다. 이에 N 씨는 과거에 실적이 있는 A 프로젝트에 자연스럽게 주력하게 된다. 그 결과 A 프로젝트는 성공을 거두고 추가 자금 등을 받는다. N 씨는 점점 A 프로젝트에 주력해야만 하는 상황에 놓인다.

한편 신경을 쓰지 않은 B 프로젝트는 점점 성공에서 멀어지고 추가 자금에서도 제외되어 점점 성공과는 무관한 결과에 가까워진다.

결국 두 프로젝트를 모두 성공시키는 것은 실현하지 못하고 A 프로젝트는 성공, B 프로젝트는 실패로 뚜렷이 나뉜다. 이 상태를 인과 지도로 나타내면 [도표 10-24]와 같다.

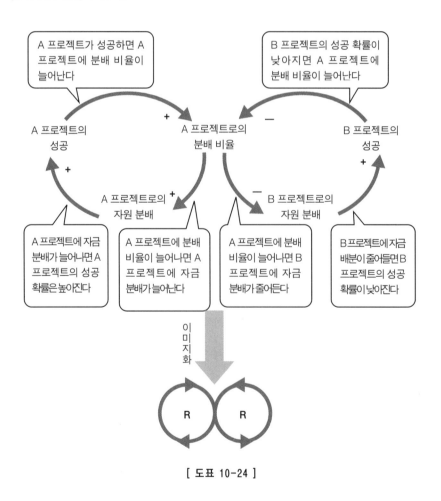

[도표 10-24]

[도표 10-24]는 좌우 두 개의 확장 피드백 고리가 있는데 왼쪽이 A 프로젝트의 '성공이 성공을 가속'하는 확장 고리이고, 오른쪽이 B 프로젝트의 '실패가 실패를 가속'하는 확장 고리를 나타낸다. 한가운데에 있는 전체의 자원을 A 프로젝트와 B 프로젝트로 분배하는 비율이 불균형이므로 결과적으로 두 프로젝트 성과에 격차나 왜곡이 생긴다.

| 05 | 성공의 한계

지금까지 설명한 네 가지 원형은 성공하거나 성공하지 않는 어느 한쪽으로 확대되어 가는 상황을 나타냈다. '성공의 한계'에서는 성공이든 실패든 시계열로 보면 확대가 멈추는 상태가 된다.

그림으로 이해하자면 다음과 같다. 우선은 '응급처치의 실패', '문제 미루기', '에스컬레이션'은 [도표 10-25a]와 같다. 다음으로 '성공이 성공을 가속'은 [도표 10-25b]와 같다. 그리고 '성공의 한계'는 [도표 10-25c]와 같다.

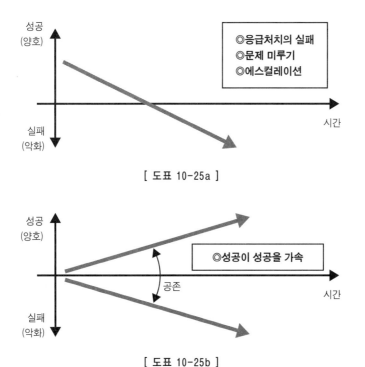

[도표 10-25a]

[도표 10-25b]

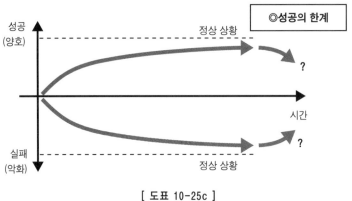

[도표 10-25c]

'성공의 한계'는 당초 성공하여 계속 확대될 것으로 생각했던 사태가 어떤 시점부터 브레이크가 걸리는 제약이 생기는 것이 원인이다. 브레이크가 걸린 결과, 어떤 정상 상황에 정체되기도 하는데, 브레이크의 상태에 따라서 하강(상승)으로 전환될 수도 있다.

이 상황을 인과 지도로 나타내면 [도표 10-26]과 같다.

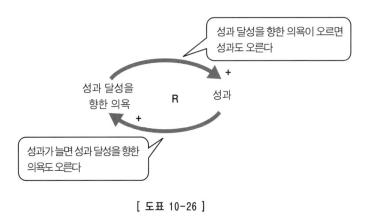

[도표 10-26]

[도표 10-26]은 성과 달성을 위한 동기 부여가 있어서 성과가 오르고, 그 결과 점점 성과 달성을 향한 의욕이 오르는 확장 피드백 고리를 나타낸다. 하지만 [도표 10-27]에서는 어떠한 제약으로 인해 이번에는 균형 피드백 고리가 생겨, 성과에 제동이 걸리게 된다. 즉, 성과의 상승이 둔해져 정체로 전환된다.

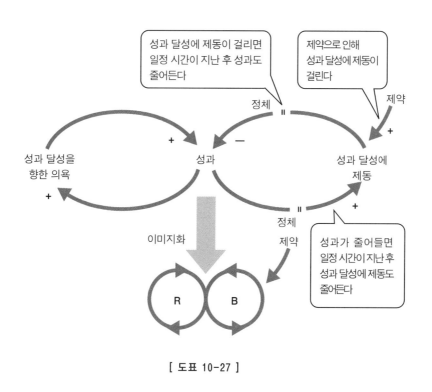

[도표 10-27]

'성장의 한계'에서는 제약이 일어나지 않으면 언제까지고 계속 성장할 수 있는데, 그렇다면 제약은 과연 반드시 일어나는 것일까. 인간의 능력은 단련되면 20대, 30대 이후에도 늘어난다. 하지만 나이를 먹는 과정에서 체력 면에서 서서히 노화라는 제약을 받게 된다. 그 결과 개인차는 있을지언정 어느 나이에 이르면 종합적인 능력 면에서 정체, 그리고 그 이후에는 하강 곡선을 그리게 된다.

기업도 마찬가지인데, 창립 후 일정 기간은 성장을 계속하며 조직이 커진다. 조직도 젊고 성장 과정에 있을 때는 의사 결정도 빠르고 풋워크도 좋다. 하지만 성장 조직이 비대해지면서 외부 환경을 읽지 못하고 움직임이 둔해진다. 성장이 한계를 맞이하고 점차 기업 경영이 어려워질 가능성이 생긴다.

이렇듯 제약은 성장 과정에서 이미 전조를 보이기도 한다. 그러나 성장 과정에 있으면서 제약을 알아차리기란 상당히 어렵다. 제약 문제를 어떻게 대처할지, 지금부터 알아보자.

2 시스템 5원형과 정형 3패턴의 관계

지금까지 설명한 시스템 5원형은 균형 피드백 고리와 확장 피드백 고리의 특징에서, 아래의 세 가지 정형 패턴으로 분류할 수 있다.

| 01 | 악화 패턴

인과 지도에서는 문제를 해결하기 위해서 균형 피드백 고리를 작용시켰는데, 결과적으로 확장 피드백 고리가 생겨서 그로 인해 문제를 악화시키는 패턴이다. 악화 패턴에는 다음의 세 가지 시스템 원형이 해당한다.

'응급처치의 실패'에서는 응급처치를 해서 문제가 진정된 듯이 보이지만, 시간 지연이라는 부작용이 생겨 결과적으로 문제가 악화한다.

'문제 미루기'에서는 응급처치를 하고 근본적인 대책도 세워서 이행했지만, 응급처치만 하는 사태에 빠져 근본적인 대책을 등한시하는 경향이 생긴다. 결과적으로 문제 해결에 이르지 못하고 상황은 악화일로를 걷게 된다.

'에스컬레이션'은 균형 피드백 고리 두 개가 서로 작용하여 문제가 없는 듯이 보인다. 하지만 A가 행동하면 A는 안심하고 진정되지만, 한편 B에게는 A의 행동이 위협으로 느껴져 B 스스로 행동하게 된다. 이를 알게 된 A도 위협을 감지하고 행동한다는 일련의 확장 피드백 고리가 작용한다.

| 02 | 격차 패턴

'성공이 성공을 가속'이 이에 해당한다. 성공을 달성하기 위해서 확장 피드백 고리를 작용시키지만, 다른 확장 피드백 고리가 생성된다. 이것이 '성공이 성공을 가속'과는 반대인 나쁜 영향을 미치게 된다. 결국 '성공이 성공을 가속'과는 달리 '실패가 실패를 가속'을 공존하게 하는 결과를 빚어, 격차가 생기는 패턴이다.

| 03 | 정지 패턴

'성공의 한계'가 이에 해당한다. 성공을 거머쥐기 위해 확장 피드백 고리를 작용시켰지만, 제약이 일어나 이것이 균형 피드백 고리를 작용시켜 성공이 멈추는 패턴이다. 왜 제약이 생겼는지, 제약이 생기는 것을 회피하지 못했는지는 다음에 검토할 문제다. 이 장에서 설명한 내용을 [도표 10-28]에 정리했다.

정형 3패턴	5원형	인과 지도의 특징
악화 패턴	응급처치의 실패 문제 미루기 에스컬레이션	우선 B가 작용한다. 그러나 결과적으로 R이 작용하여 결과를 악화하게 만든다.
격차 패턴	성공이 성공을 가속	우선 R이 작용한다. 그러나 다른 R이 작용하여 격차 (성공과 실패)가 생긴다.
정지 패턴	성공의 한계	우선 R이 작용한다. 그러나 다른 R이 작용하여 격차 (성공과 실패)가 생긴다.

※R은 확장 피드백 고리, B는 균형 피드백 고리를 나타낸다.

[도표 10-28]

| 시스템 사고 활용을 위한 세 가지 시점

앞에서는 시스템 사고의 5원형과 정형 3패턴과의 관계를 규정했다. 이를 통해 인과 지도의 특징적인 패턴을 분류할 수 있었다.

현실 세계에는 복잡한 인과 관계가 숨어있는데 시간적으로도 동적으로 변화한다. 현실 문제를 이 패턴으로 분류할 때, 분류가 해당하지 않을 수도 있지만 가능한 한 가까운 패턴으로 분류하여 분석을 시작하는 편이 좋다.

여기서는 지금까지 인과 지도의 정형 3패턴(5원형)에 따라 세 가지 관점에서 시스템 사고의 활용 노하우를 설명한다.

1 대국을 짚어둔다

문제를 분석해 보니 아주 복잡한 인과 지도일 때가 있다. 그럴 때 정형 3패턴 (5원형)의 어디에 분류할 수 있을지, 또는 무엇과 비슷한지 가려내어 세부적인 것까지는 파악하지 않고 문제 전체의 패턴이나 움직임을 파악하는 것이 중요하다. 문제의 대국을 짚어두는 것으로, 이것은 정성 분석의 가장 큰 특징이기도 했다(→21쪽).

대국적으로 사물을 바라보려면 우선 고리가 형태를 이루고 있는지 아닌지에 주목하여, 이것이 균형 피드백 고리인지 확장 피드백 고리인지, 또 일어나는 현상이 확장 방향인지 서서히 균형(포화) 상태로 향하고 있는지에 주의한다.

그리고 현실 문제에서 나쁜(좋은) 방향으로 점점 향하고 있는지, 또 지금까지 좋았던(나빴던) 상태가 차츰 어느 상태로 안정되고 있는지와 같이 실제 상황을 대응해서 보는 것이 중요하다.

이러한 의미에서 앞에서 설명한 인과 지도의 정형 3패턴과 이에 대응하는 현상의 움직임이나 특징(시스템 5원형)을 파악해 두면 좋다.

2 병목을 규명한다

'병목'이란 시스템 전체에 중대한 영향을 끼치는 제약을 말한다. 좋은 영향이라면 문제없지만, 나쁜 영향일 때가 많다. 애당초 시스템 사고로 정성 분석을 작용하는 문제란, 변화가 빠르고 복잡하게 얽힌 문제를 대상으로 할 때가 많으므로 병목을 발견하는 과정이 중요하다.

인과 지도에서 병목을 발견하려면 다음과 같이 하면 된다(→[도표 10-29]).

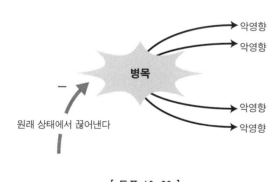

[도표 10-29]

[도표 10-29]에서는 병목에서 나쁜 영향을 미치는 인과 관계의 화살표(링크)가 몇 개 그려져 있다. 병목에서 악영향이 방출되는 그림이다.

때에 따라서는 [도표 10-30]과 같은 병목이 고리를 구성하는 상황도 생길 수 있다.

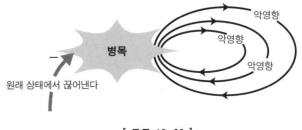

[도표 10-30]

발견한 병목은 방치해서는 안 된다. 가능하면 원래부터 끊어낸다든지, 불가능하다면 병목을 진정시킬 어떠한 대책을 마련해야 한다.

지금까지 설명한 시스템 5원형에서 생기는 병목과 그 대책의 요점을 아래에 정리했다.

■ '응급처치의 실패'의 병목과 그 대책

병목은 '응급처치'다. 대책으로는 응급처치에서 근본적 해결책으로 조기에 전환하는 것이다.

■ '문제 미루기'의 병목과 그 대책

이것도 병목은 '응급처치'다. 응급처치에 지나치게 기댄 결과, 근본적인 대책에 나설 시간이 부족한 사태에 빠지고 만다. 마음을 굳게 먹고 한시라도 빨리 응급처치에서 근본적 대책으로 전환할 필요가 있다.

■ '에스컬레이션'의 병목과 그 대책

병목은 '다른 주체에 대한 우위성'으로, 이것이 다른 주체에 위협을 불러일으킨다. 쌍방의 접촉이나 간섭을 없애기 위해 당사자끼리 이야기하거나 제3자의 개입 등을 들 수 있다.

제1장
제2장
제3장
제4장
제5장
제6장
제7장
제8장
제9장
제10장
제11장
제12장

■ '성공이 성공을 가속'의 병목과 그 대책

병목은 '자원 분배 비율의 불균형'이다. 자원은 유한하므로 한쪽으로 쏠린 비율로는 성공한 자와 실패한 자라는 격차가 생기므로 적정한 분배 비율로 설정해야 한다. 그러나 적정한 분배 비율을 어떻게 설정해야 하는지 대단히 어려운 문제이기도 하다. 정치나 행정의 영역까지 포함되기 때문이다.

■ '성공의 한계'의 병목과 그 대책

병목은 '제약'이다. 이것이 지금까지의 성공에 제동을 건다. 이 제약을 제거하는 것이 가장 빠르지만, 어렵다면 제약의 내용을 약하게 만드는 등의 처치를 해야 할 필요가 있다.

3 선순환을 가속시킨다

병목에 대책을 썼다면 나아가 선순환을 형성하는 확장 피드백 고리를 가속시키는 것도 중요하다. [도표 10-31]에 그림으로 나타냈다. 선순환 요인의 소재를 밝혀내, 여기에 선순환 요인을 강화하는 강화제를 투여해야 한다.

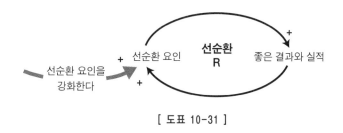

[도표 10-31]

이렇게 인과 지도에서 시스템 사고를 펼쳐가려면, 우선은 인과 지도 전체를 보고 대국을 파악하는 것, 다음으로 어디가 병목인지, 어디가 선순환을 만들어내는지 밝혀야 한다.

병목은 진정시키는 대책을, 선순환은 반대로 강화하는 것이 중요하다.

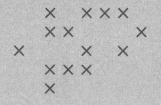

정량 × 정성 분석
바이블

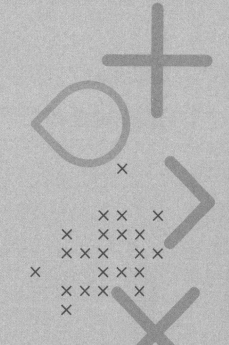

제11장

케이스 스터디 4

정성 분석의
세 가지 사고를
어떻게 나누어
사용하는가?

ch11.
정성 분석의
세 가지 사고를
어떻게 나누어
사용하는가?

논리 사고를 사용한 사례
미도리마을 상점가 '도요토시 주점'

이 장에서는 몇 가지 사례를 소개하며 지금까지 설명한 '논리 사고', '창조적 사고', '시스템 사고' 중 어느 것을 적용해야 하는지, 또 사고법의 구체적인 도구로 무엇을 사용하면 좋은지를 생각한다. 소개하는 사례의 〈분석 접근법〉의 사고 과정을 참고로 하기 바란다. 이때 곧바로 〈분석 접근법〉을 읽지 말고 잠깐이라도 스스로 생각하고 나서 읽으면 더욱 효과적이다. 단, 해답을 읽어나가며 필자의 사고 과정을 좇기만 해도 충분히 도움이 된다. 그렇다면 사례로 들어가자.

미도리마을 상점가에 있는 노포(지금 주인은 4대째) '도요토시 주점'의 사례를 생각해 보자. 도요토시 주점을 둘러싼 상황을 여러 가지로 조사한 결과, 아래의 정보를 얻었다.

● 미도리마을 상점가에 있는 노포 '도요토시 주점'은 주류를 전문으로 판매하는 소매점이다. 오랜 역사의 미도리마을 상점가도 최근에는 빈 가게가 부쩍 눈에 띄는데, 근처에는 큰 아파트가 들어서 젊은 주민이 증가하고 있다.
도요토시 주점의 주요 고객은 상점가의 단골이나 인근에 사는 일반 손님이다. 근처에 큰 공원이 있는데 공원에는 벚나무가 많아 꽃놀이 철에는 사람들로 붐벼서 매출이 일시적으로나마 증가한다. 또 공원에는 종이비행기 대회 등 행사가 가끔 열리는데, 도요토시 주점의 이용객도 많다.

● 같은 미도리마을 상점가에는 '만사쿠야 주점'이 있는데 주로 국산 및 수입 와인이나 양주를 취급한다. 그리고 공원 근처에 최근 새로 들어선 슈퍼마켓 '슈퍼 G'가 있다.

● 만사쿠야 주점은 도요토시 주점과 주류의 상품 아이템이 다소 다르므로 딱히 경쟁 관계에 있지는 않다.

한편 슈퍼 G에서는 식품, 생활잡화와 같은 가게 안에서 주류도 팔고 있어서 슈퍼 G가 생긴 후로 도요토시 주점에서는 일반 손님의 매출은 감소 경향에 있다. 또 슈퍼 G의 주류 가격과 도요토시 주점은 거의 비슷하다.

● 도요토시 주점은 창업주 때부터 친분이 있는 양조장에서 직접 매입하거나 도매상에서 주류를 매입해왔다. 지금 4대째 주인도 양조장을 가능한 한 자주 찾아 친분을 쌓고 매입 거래 관계의 우선과 강화를 꾀하고 있다. 양조장에서 만드는 그 고장 고유의 술과 갓 만든 제철 상품도 매입해서 판매해 왔다.

● 2003년부터 주류 소매 면허에 관한 규제가 완화되어 슈퍼마켓, 편의점에서 손쉽게 주류를 취급할 수 있게 되면서 신규 진입이 쉬워졌다. 몇 달 후에는 이 미도리마을 상점가 근처에 '할인점 S'가 생기고, 역 앞에는 '편의점 F'도 생길 예정으로 두 가게 모두 주류를 취급한다는 정보가 들어왔다. 특히 할인점 S는 가격 면에서 도요토시 주점보다 10% 정도 싸고, 맥주 1병도 무료로 배달해 준다.

● 최근 인터넷으로 주류를 판매하는 이른바 인터넷 쇼핑몰이 늘고 있다.

● 최근에는 건강 및 미용을 중시하는 사회 분위기로 생활 습관병을 예방하는 등 주류보다 차나 생수 등 건강음료나 스포츠음료로 이동하는 경향이 강해지고 있다. 특히 젊은이나 여성층을 중심으로 이러한 경향이 강하다.

위의 정보로 보아 도요토시 주점이 앞으로 어떻게 영업해 나가야 할지 검토할 때, 어떤 사고법과 구체적으로 어떤 도구를 사용하면 좋을까.

제1장
제2장
제3장
제4장
제5장
제6장
제7장
제8장
제9장
제10장
제11장
제12장

분석 접근법

　도요토시 주점을 둘러싼 외부 환경, 이 경우에는 여러 가지 위협이나 경쟁 요인을 분석하고 향후 대책이나 전략을 짜내려면 '논리 사고'로 설명한 다섯 가지 경쟁 요인(5Forces)의 프레임 워크가 적당할 것이다(→278쪽). 왜냐하면 도요토시 주점이 놓인 상황을 명확하게 알고 경쟁력을 어떻게 높일지, 어떤 전략을 세워야 할지가 보이기 때문이다.

　다섯 가지 경쟁 요인(5Forces)이란, [도표 11-1]에 나타냈듯이 신규 진입자, 고객, 경쟁업체(동종 타사), 공급업체(매입처), 대체품의 다섯 가지였다. 우선은 요인들의 영향력(위협도)을 현재 조사 결과로 본 개요를 [도표 11-2]에 정리하고 분류했다.

[도표 11-1]

	조사 결과(개요)
(1) 신규 진입자	· 할인점 S · 편의점 F · 인터넷
(2) 고객	· 상점가의 단골과 마을에 사는 일반 고객 · 꽃놀이 손님(꽃놀이 시기) · 행사 이용객
(3) 경쟁업체(동종 타사)	· 만사쿠야 주점 · 슈퍼 G
(4) 공급업체(매입처)	· 도매상 · 양조장
(5) 대체품	· 건강 음료나 스포츠음료 　(차, 생수 등)

[도표 11-2]

다섯 가지 경쟁 요인(5Forces)을 정리하고 분석하는 것만으로는 단순한 현상 파악에 지나지 않는다. 여기서 한발 두발 더 상세하게 분석해서 5Forces 각각의 영향력(위협도)의 수준과 그에 따른 예측을 세워본다. 그리고 영향력(위협도)은 특대, 대, 중, 소, 극소의 다섯 단계로 나눈다.

(1) 신규 진입자

① 할인점 S

② 편의점 F

③ 인터넷

이상 세 개를 꼽을 수 있다.

2003년 9월부터 주류 소매 면허에 관한 규제가 완화되어 주류를 판매하는 소매점이 늘었다. 실제로는 몇 달 후에 주류를 취급하는 ①, ②가 생길 예정으로, 도요토시 주점으로서는 대단히 큰 위협이다. 특히 ①은 가격 면에서 도요토시 주점보다 10% 정도 싸고 맥주 1병부터 배달 서비스를 제공한다는 정보도 있어 주의가 필요하다.

게다가 최근 인터넷으로 주류를 판매하는 웹사이트가 늘어서 눈에 보이지 않는 새로운 위협도 증가하고 있다.

- 예측 : 2003년 9월부터 주류 소매 면허에 관한 규제가 완화되고, 추가로 미도리 마을 상점가에는 근처에 대형 아파트 단지가 들어서 주민도 증가하고 있다는 점에서 앞으로 신규 진입자가 대단히 많을 것으로 예측된다. 그리고 인터넷 판매도 눈에 보이지 않지만 차차 도요토시 주점의 판매에 타격을 줄 것으로 예측된다.
- 위협도 : 매우 높음

(2) 고객

① 상점가의 단골과 마을에 사는 일반 손님

제1장
제2장
제3장
제4장
제5장
제6장
제7장
제8장
제9장
제10장
제11장
제12장

② 꽃놀이 손님(꽃놀이 시기)

③ 행사 이용객

이상 세 개를 들 수 있다.

① 상점가의 단골은 옛날부터 찾아주는 손님으로 판매에는 변화가 없을 것으로 기대된다. 하지만 마을에 사는 일반 손님은 여러 상황에 따라서 손님이 될 때도 있고 다른 가게를 찾을 때도 있어서 유동적이다.

②와 ③은 근처에 공원이 있는 덕분에 행사나 꽃놀이로 일시적으로 매출이 오르지만, 행사에 관한 적극적인 홍보는 현시점에서 하고 있지 않다.

- 예측 : 아파트 주민까지 포함한 마을에 사는 일반 손님을 두고 경쟁업체나 향후 여러 신규 진입자가 늘어남에 따라 점유율 싸움이 벌어져, 현재 상태로는 고객을 빼앗는 전쟁이 될 양상이 커지고 있다.
- 위협도 : 높음

(3) 경쟁업체(동종 타사)

① 만사쿠야 주점

② 슈퍼 G

이상 두 개를 떠올릴 수 있다.

①은 주류도 취급하지만 상품 아이템이 도요토시 주점과 다소 다르므로 현시점에서는 특별히 경쟁 관계는 아니다. 한편 ②는 식품과 같은 매장 안에서 주류도 살 수 있는 이른바 원스톱 쇼핑이 가능하므로 도요토시 주점의 일반 손님 매출은 감소 경향에 있다.

- 예측 : 가격 경쟁을 일으키는 어려운 상황은 아니지만 슈퍼 G가 어디까지 도요

토시 주점에 위협을 가할지 눈을 뗄 수 없다. 만사쿠야 주점도 현시점에서 취급하는 주류가 도요토시 주점과 다르지만, 도요토시 주점과 같은 상품을 취급하게 될지도 모른다. 한편 신규 진입자가 어떻게 나오는지에 따라서 현재 경쟁업체의 움직임도 상당히 달라질 것으로 예측되므로 방심은 금물이다.

• 위협도 : 높음

(4) 공급업체(매입처)

① 도매상

② 양조장

위의 두 가지가 있다.

①과의 가격 교섭은 어렵지만, 효율적으로 교섭이 진행되어 특히 위협이 되는 일은 없다. ②와는 지역 산지에 때때로 발걸음을 옮기는 등, 창업주 때부터 관계를 중시하고 있으며 매입할 때의 거래 관계에서도 우선하고 강화하거나 양조장에서 갓 만든 신선한 술 등 계절성 상품도 매입하고 있다는 점은 주목할 만하다. 이 관계는 계속해서 유지해 나가야 할 것이다.

• 예측 : ①과는 앞으로도 사무적인 관계를 유지하며 꾸준한 매입에는 문제가 없을 것이다. ②와의 양호한 관계는 앞으로도 안정적으로 이어질 것으로 보인다.

• 위협도 : 낮음~중간

(5) 대체품

건강을 생각하는 사회 분위기로 건강 음료나 스포츠음료 등의 위협은 높아지겠지만, 주류도 적당히 마시면 정신적으로 안정을 얻을 수 있고, 행사에서는 빼놓을 수 없는 존재이므로 앞으로도 일정한 수요는 이어질 것이다.

• 위협도 : 중간

그렇다면 앞의 다섯 가지 경쟁 요인에 대한 분석이 끝난 시점에서 최종적으로 도요토시 주점이 세워야 할 대책을 검토해보자. 영향력(위협도)을 화살표의 두께로 표시하면 [도표 11-3]과 같다.

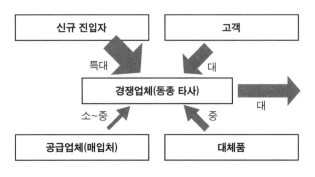

[도표 11-3]

그리고 다섯 가지 경쟁 요인(5Forces) 분석에 논리 사고의 하나인 SWOT 분석 (→284쪽)과 PEST 분석(→276쪽)도 병행하여 적용해도 좋을 것이다.

SWOT 분석을 사용하면 도요토시 주점 자체의 강점과 약점과 같은 핵심 역량도 분석하여 외부 환경의 위협과 기회를 어떻게 맞이하고 받아들일지, 반대로 어떻게 시류에 편승할지와 같은 중요한 점도 알려준다.

또 PEST 분석에서는 외부 거시 환경을 정치, 경제, 사회, 기술의 네 가지 요인으로 분류할 수 있으므로 더욱 높은 차원의 관점에서 분석할 수 있다.

지금부터 할 분석에서 도요토시 주점이 살아남기 위해서는 특히 신규 진입자가 어떻게 나오는지 주의를 기울이며 그에 따라 고객이 어떻게 움직이는지 최대한 안테나를 세워두어야 한다.

그리고 신규 진입자, 고객, 대체품의 위협을 민감하게 살피면서 도요토시 주점 고유의 특징과 강점을 충분히 살려 동종 타사와 차별화를 꾀하여 외부의 위협에 경쟁력을 갖추며 판매 전략을 펼쳐 나가야 한다.

그리고 결코 해서는 안 될 행동으로는 동종 타사와 차별화를 등한시하고 신규 진입자인 편의점이나 할인점과 같이 영업시간을 연장하거나 가격 할인을 하는 등, 다른 소매업체에서 능한 방식을 흉내 내는 것이 있다. 상대방이 잘하는 싸움에 일부러 덤벼들 필요는 없기 때문이다.

다시금 도요토시 주점의 특징과 강점을 정리하면, 창업주 때부터 친분이 있는 양조장과의 양호한 관계일 것이다. 양조장이 위치한 지방 산지를 찾아가 친분을 쌓고 매입하는 거래 관계에서도 우선하고 강화하며 양조장의 갓 만든 신선한 술도 매입하고 있다. 이러한 양호한 관계를 활용하지 않을 이유가 없다. 도요토시 주점은 여기에 활로를 찾아내, 다른 곳과 차별화하기 위해 적극적으로 활용해야 한다.

양조장에서 들여온 상품을 아래의 방법으로 파는 것도 재미있을 것이다.

- 매장 POP나 아이 캐처(eye catcher) 등을 이용한 적극적인 프로모션
- 홈페이지 홍보나 인터넷 판매 등을 이용한 적극적인 홍보 활동

또 앞으로 양조장과는 적절히 정보를 교환하고 근황을 나누며 양호한 관계를 유지해 나가야 한다.

그리고 아래의 사항을 강화하면서 영업을 펼쳐 나가는 것이 도요토시 주점에게 이득이다.

■ 아파트 주민을 고정 고객으로 만든다

근처에 있는 공원에서 하는 행사나 꽃놀이는 더없이 좋은 판매 기회다.

아파트로 이사 온 주민은 언젠가 지역 주민과 생활 면에서 접촉하기 시작한다. 가령 꽃놀이 계절에 '벚꽃과 잘 어울리는 우리 고장의 전통주' 등의 매장 홍보나 만일 허가를 받을 수 있다면 공원 내에서 간단한 판매도 검토하여 아파트 주민과 접촉함으로써 아파트 주민을 고정 고객으로 만든다. 아파트 주민은 크

고 유망한 고객 대상이 될 수 있다.

또 아파트 주민뿐만 아니라 지역 주민과의 교류도 중시해야 한다. 그중에서도 건강한 고령자층이 증가할 전망이므로 이들을 대상으로 예를 들면 '장수와 건강한 인생을 위한 우리 고장 전통주 코너' 등을 마련하여 매장에서 홍보하는 것도 좋은 방법이다. 다양한 세대와 라이프 스타일을 고려하여 고객 맞춤형 홍보를 하는 것이 방법이다.

■ 미도리마을 상점가의 가게끼리 연계를 강화한다

오랜 상점가를 둘러싼 환경은 나날이 어려워지고 있다. 빈 점포가 눈에 띄는 상점가가 많다는 데서 알 수 있다. 미도리마을 상점가도 예외는 아니다. 상점가에서 예를 들면 포인트카드 제도를 만들어 일정한 포인트가 쌓이면 교환 상품 카탈로그에서 희망하는 상품을 고객에게 보내주는 등의 제도를 검토하는 것도 좋을 것이다.

이 사례의 포인트

● 이 사례에서는 노포 도요토시 주점을 둘러싼 '외부 환경'을 분석하기 위해, 논리 사고의 프레임 워크인 '다섯 가지 경쟁 요인(5Forces)'을 적용했다.

● 도요토시 주점을 둘러싼 다섯 가지 경쟁 요인에 관해서 각각의 영향력(위협)의 정도를 고려하여 다섯 가지 힘의 강도를 분석함으로써 경쟁 관계의 특성이나 전략 방향성을 결정했다.

│ 창조적 사고를 사용한 사례

K 중학교의 교육 현장

제1장
제2장
제3장
제4장
제5장
제6장
제7장
제8장
제9장
제10장
제11장
제12장

● N 시에 있는 공립 K 중학교는 학력 조사 결과에서 최근, 학생들의 학력이 현저히 떨어져 N 시 공립 중학교 평균보다 낮다는 사실이 판명 났다. K 중학교는 10년 전까지는 학력 수준이 상당히 높고 유명 고등학교에 진학하는 사례도 많았다.

● 현재는 그래도 성적이 우수한 학생도 일부 있지만, 성적이 좋지 않은 학생과의 '양극화'라는 상황도 눈에 띈다. 현장의 교사도 성적이 좋지 않은 다수의 학생을 돌보아야 하고, 그다지 관심을 받지 못하는 우수한 학생의 동기 부여는 계속 떨어지고 있다. 그래도 성적이 우수한 학생은 학원에 다니며 어떻게든 성적을 유지하고 있다.

● 이대로는 성적이 우수한 학생들로부터도 외면당해 성적이 낮은 학생들만 모이는 '문제 학교'가 되는 것은 아닌지 K 중학교의 F 교장은 연일 골머리를 싸매고 있다.

● 줄세우기식 교육에서 탈피한 폐해라고 하더라도 더는 변명이 될 수 없다. K 중학교의 학력을 10년 전 수준으로 회복하는 것은 너무나 어려운 일이겠지만, F 교장은 학력을 적어도 N 시 공립 중학교 평균치까지 올릴 방법은 없는지 교직원 회의 등에서 교사들과 진지하게 의논한 적이 있다. 평일 방과 후나 토요일 오전 중에 보충 학습을 하는 등의 안도 나왔지만, 학생이나 교사는 동아리 활동으로 바쁘고 평소에도 업무로 바쁜데 더욱 일이 늘어난다면 곤란하다는 이유로 찬성하지 않는 교사도 많아서 결국에는 흐지부지되고 말았다.

이 답답한 국면을 타개하기 위해 F 교장은 어떻게 하면 좋을까. 세 종류의 사고법을 이용할 수 있을까. 이용할 수 있다면 구체적으로 어느 사고법을 어떻게 활용하면 좋을까.

분석 접근법

F 교장 자신은 우선 생각나는 대책을 나열해보려고 교원 연수에서 배운 '5W1H'를 적용하기로 마음먹었다. '5W1H'는 제8장에서 설명했는데(→308쪽), 백약이 무효해서 원점으로 돌아가는 편이 좋겠다 싶을 때 이용된다. 이 결과를 토대로 교직원과 협의해 보려고 생각했다. '5W1H'의 결과를 [도표 11-4]와 같이 정리했다.

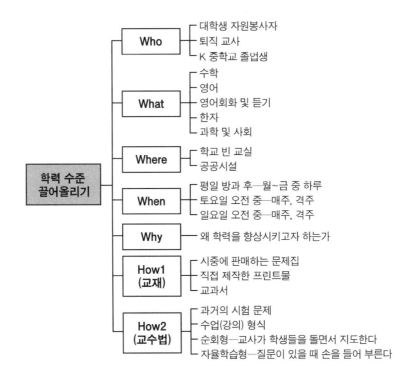

[도표 11-4]

How를 두 가지 관점에서 분류했으므로 정확히는 '5W2H'다.

F 교장은 [도표 11-4]를 보고 아연실색했다. 당연한 결과밖에 얻지 못했기 때문이다. 이것을 바탕으로 교직원과 협의하더라도 아마 건설적인 해결책은 나오지 않을 것이다. 딱히 '5W1H'를 쓸 필요는 없었다고 생각하게 되었다.

'5W1H'는 논리 사고의 장르에서 사용되는 프레임 워크였다. 프레임 워크이기에 틀 안에 들어가는 견실한 결과를 얻을 수 있다. '5W1H'를 바탕으로 한 수단을 써도 그 나름의 성과는 얻을 수 있을지 모른다. 하지만 F 교장은 이것으로는 만족할 수 없었다. 답답한 현실을 어떻게든 타개하고 싶다. 하지만 논리 사고의 프레임 워크로는 '타개'라는 목표 달성을 기대하기 어려운 것은 아닐까.

F 교장은 기업에 근무하는 친구에게 의논하거나 서점에서 경제경영서를 닥치는 대로 읽었다. 그 결과 창조적 사고라는 사고법에 관해서 쓰인 책을 만나게 되었다.

F 교장은 이 책을 읽고 다음 사고방식에 확신을 가지게 되었다. '타개'라는 키워드야말로 창조적 사고의 '제로 베이스 사고'와 통하는 것은 아닐까. '제로 베이스 사고'란 기존의 틀이나 고정관념에 사로잡히지 않고 목적에 대해 백지 단계에서부터 생각하자는 사고방식의 자세를 말한다. 기존의 틀, 즉 프레임 워크를 사용하면 과거의 사례나 여러 규제가 사고의 폭을 좁혀서 타개를 실현하기 어렵게 만든다. [도표 11-4]에서는 과거의 사례나 고정관념에 사로잡혀 있다.

이 사례에서는 창조적 사고의 범주인 '제로 베이스 사고'로 생각하려는 자세가 중요하다. '제로 베이스 사고'로 과거와 일단 결별한다. 어중간한 성공 사례나 안전지향적인 생각으로는 '새로운 앞날'이 보이지 않는다. 사고 모드를 과감하게 전환해 보자. 지금 머리를 텅텅 빈 상태로 해 보자.

F 교장은 [도표 11-4]를 다시 한번 살펴보았다. 그리고 'Who(누가 가르치는가)'에서는 다음의 세 항목을 목록에 적었다.

- 대학생 자원봉사자
- 퇴직 교사
- K 중학교 졸업생

분명히 말해서 셋 다 너무나 당연해서 매력적인 생각은 아니다. 일반론적으로 말하자면 대학생 자원봉사자로는 교사를 희망하는 학생이 많을 것이다. 가르치는 경험은 이제부터 시작일 것이고 자원봉사이니 의욕도 그저 그렇지 않을까.

한편 퇴직 교사는 대학생과 달리 교직 경험이 풍부해서 문제는 없을 것이다. 하지만 교편을 잡던 시절의 가르치는 방식에 얽매여 구태의연하지는 않을까. 또 중학생과의 나이 차이가 너무나 큰 것은 어떠한가.

K 중학교 졸업생 중에 아직도 이 지역에 살고 있으면서 중학생을 가르치는 일에 열정을 불태울 사람은 어느 정도 있을까.

F 교장은 'Who(누가 가르치는가)'를 과감하게 워프시켜 상식의 틀을 깨보았다. 그 결과, '학원 강사'에게 부탁할 수 없을까 하는 생각에 이르렀다. 조금 거북하다면 가령 수학이나 영어 등 자격시험을 주관하는 '검정단체에 강사 파견'을 요청하면 어떨까. 현재 중학교에서 이러한 자격시험을 치고 있는데, 학생에게 직접 지도를 의뢰할 수는 없을까.

이를 실현할 수 있다면 외부 조직에서 지도 경험이 풍부한 강사를 얻을 수 있을 것이다. 이것은 학교 측에서 보면 문화 충격이다. 조선 시대에 나타난 서양 함선을 보는 기분에 가까울지 모른다. 특히 공립 교사는 학원 강사를 물과 기름 같은 존재로 느낄지 모른다. 심한 경우 적개심마저 품을지 모른다. 하지만 학생에게는 신선하고 유쾌한 충격이다. 학원이나 검정단체에서 가르치는 강사가 학교에서 가르친다. 필시 잘 가르치겠지, 공부를 열심히 해서 시험 성적이 좋아지겠지, 하는 기대감이 부풀어 오를 것이다.

하지만 교사 측에서는 자신들의 성역이 침범당하는 위기감을 느낄 수도 있다. 이것은 이걸로 좋다. 다른 문화를 적극적으로 불러들여 지금 환경에 창조적 파괴를 동반하는 충격을 주자며 F 교장은 큰 확신을 가지기에 이르렀다.

F 교장은 자기 생각을 학교 안이 아닌 근처 술집에서 술을 마시며 편안한 분위기에서 교사들에게 말했다. 처음에는 표정이 굳어진 교사들도 F 교장의 이야기에 점차 흥미를 보이며 여러 가지 자유로운 아이디어가 나오기 시작했다.

학원이나 검정단체의 강사를 학교에 초빙하는 일은 물론 지역의 교육위원회나 학부형의 승인도 필요하다. 그리고 강사에게 줄 얼마간의 보수도 필요하다. 자금을 어떻게 조달할 것인가. 나라로부터는 한정된 예산밖에 얻을 수 없기 때문이다. F 교장은 지역 주민과 연계를 강화하여 연 2회 '바자'를 중학교 교정에서 하는 아이디어를 냈다. 인터넷 등으로 홍보하고 K 중학교뿐만 아니라 인근 중학교도 합동으로 한다면 자금도 더 잘 모일 것이다.

다소 시간은 걸렸지만 K 중학교에서는 이 문제를 착실히 해결해 나갔다. 결국 학력 향상을 목표로 한 'K 중학교 학력 환골탈태 계획'을 내걸고 실천에 옮겼다. 'K 중학교 학력 환골탈태 계획'의 내용은 [도표 11-5]에 정리했다.

K 중학교 학력 환골탈태 계획

지도 실시자	지도 메뉴	지도 대상 학년	지도 내용 및 목표	시기
검정단체	수학자격시험 대비	중학교 1학년 ~3학년	중학교 3학년까지 수학 자격시험 3급에 합격 (고등학교 입시에 유리)	토요일 오전 (연 15회)
	영어 자격시험 대비	중학교 1학년 ~3학년	중학교 3학년까지 영어 자격시험 3급에 합격 (고등학교 입시에 유리)	토요일 오전 (연 15회)
ABC 학원	고등학교 입시 대비	주로 중학교 3학년	지역 유명고교 XY 고교에 합격	평일 방과 후 (연 5회)
K 중학교 교사	기초 학력 보충(특히 수학과 영어)	중학교 1학년 ~2학년	주로 성적이 낮은 학생	평일 방과 후
K 중학교 졸업생	출장 특강	주로 중학교 2학년~3학년	K 중학교 졸업생이 중학교 시절의 공부가 사회생활에 얼마나 도움이 되는지 역설	평일 수업 시간 중 (연 2회)

[도표 11-5]

검정단체나 학원 강사는 각각 수학 자격시험이나 영어 자격시험에 대비하는 학습, 또 고등학교 입시에 특화된 입시 대책 학습을 맡았다. 지금까지 유례없는 대단히 획기적인 메뉴다.

또 K 중학교를 졸업한 직장인 중, 현재 여러 방면에서 활약 중인 사람에게 부탁해서 어떻게 중학교 시절의 공부가 사회에 도움이 되는지와 같은 특강도 독특한 메뉴다.

흥미로운 점은 검정단체나 학원 강사를 초빙함으로써 지금까지 팔짱 끼고 뒤에서 지켜보던 K 중학교의 교사가 협력적으로 변했다는 데 있다. 교사도 솔직히 F 중학교의 학력 저하에 위기감을 느끼고 있었는지 모른다. 차츰 환골탈태 계획에 찬성의 뜻을 내비치며 학력이 바닥 수준인 학생들의 성적을 끌어올리는 기초 학력 보충 학습 메뉴에 적극적으로 참가하게 되었다.

'K 중학교 학력 환골탈태 계획'을 시작하고 1년 후에는 성과가 나오기 시작했다. 지역에서 유명한 고등학교인 XY 고교로의 진학률이 눈에 띄게 올랐다. 게다가 특히 수학 자격시험에서 중학교 2학년이 고등학교 2학년 수료에 해당하는 수학 자격시험 2급에 합격하여 검정단체에서 표창을 받았다는 기쁜 소식이 날아들었다. 게다가 학생들의 기초 학력도 오르기 시작해 학력 조사 결과에서도 서서히 K 중학교의 순위가 올랐다.

이 사례의 포인트

● 중학교를 사례로 학력 저하를 어떻게 향상으로 돌려놓을지에 관한 구체적인 안을 처음에는 논리 사고의 5W1H로 분석했다. 논리 사고의 결과로는 틀에 박힌 뻔한 결과밖에 얻지 못했다.

● 이 사례에서는 논리 사고보다 기존의 틀을 타파하는 창조적 사고가 적합하다. 창조적 사고 중에서 '제로 베이스 사고'를 써서 전례 없는 획기적인 계획을 만들어낼 수 있었다. 당초 목적인 학력 향상이라는 결과도 나오게 되었다.

제1장
제2장
제3장
제4장
제5장
제6장
제7장
제8장
제9장
제10장
제11장
제12장

| 시스템 사고를 사용한 사례

다양한 에스컬레이션(계단적 확대)

● 쇠고기덮밥 체인점 A와 B가 있다고 하자. A와 B 두 업체가 시장점유율의 약 70%를 차지하고 있다. 수입 쇠고기의 품질 문제가 알려진 후, 쇠고기덮밥의 판매세가 예전만 못한 상태다. 현재 상황을 타파하고자 A는 쇠고기덮밥의 가격을 10% 내렸다. 손님은 A에 더 많이 몰리게 되었다. B도 이에 질세라 가격을 내렸다. A는 다시 가격을 내리는 등, 두 회사의 가격 경쟁은 에스컬레이트했다.

● A 나라는 B 나라의 충고를 무시하고 핵무기 개발을 하려고 했다. B 나라도 A 나라의 군사적 위협을 느끼고 핵이나 탄도 미사일 등 무장화에 박차를 가했다. 이 정보를 들은 A 나라가 더욱 에스컬레이트시켜 핵무기 국내 실험이나 실전 연습 등을 보란 듯이 하자, B 나라도 한층 더 군비를 확충하는 등 두 나라의 핵 무장은 에스컬레이트했다.

● 정치가의 토론도 에스컬레이트할 때가 많다. 정당 간의 논쟁이라면 서로 야유만 하다가 혼란 상태에 빠진다. 국회의원의 계산된 퍼포먼스인지도 모르지만, 이것이 의사 활동에 방해가 되어 결과적으로 국민의 생활에 지장을 초래할 우려가 있다.

다소 품위가 떨어지긴 하지만, 아래의 사례도 소개한다.

● 술집에서 나란히 앉은 두 테이블(A와 B라고 한다)이 술을 마시기 시작했다고 하자. 시간이 흐르면서 흥이 올라 목소리가 커졌다. A 테이블에서는 자신들의 목소리가 잘 들리지 않자 더욱 큰 소리로 이야기하기 시작했다. B 테이블도 잘 들리지 않자 목소리를 더욱 높이며 에스컬레이트했다. 그 후에 어떻게 되었는지는 독자들의 상상에 맡기도록 하겠다.

● 인터넷 블로그에서 B에게 터무니없는 악성 댓글을 A가 적었다. 이 사실을 안 B는 화가 나 A에게 사과할 것을 요구했다. 하지만 A는 들은 체도 하지 않고 B에게 더욱 심한 악성 댓글로 에스컬레이트했다. 블로그에 들어오는 다른 이용자들도 이 상황을 보고 B의 편을 들며 A에게 사과 요구를 에스컬레이트했다. 이 블로그는 결국 폐쇄하는 사태에 이르렀다.

모든 사례가 뒤끝이 찝찝하고 끝맛이 좋지 않다. '에스컬레이션'이라는 공통 현상을 분석하고 해결책을 찾아내는 데는 세 종류의 사고법 중에서 어느 것을 쓰면 좋을까.

분석 접근법

에스컬레이션이라는 제목에서 바로 알아차린 독자도 있을 것이다. 앞서 설명한 시스템 사고가 적당하다. 시스템 사고는 에스컬레이션과 같이 복잡하게 얽힌 인과 관계를 분석하는 데 적합하다.

제10장에서 에스컬레이션과 인과 지도에 대해서 이미 설명했다(→349쪽). 이번에는 쇠고기덮밥 체인점 A와 B의 사례를 특정하여 인과 지도를 나타내보자 (→[도표 11-6]).

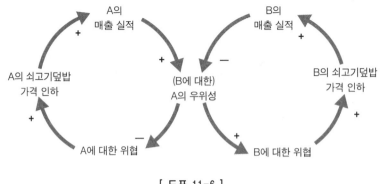

[도표 11-6]

[도표 11-6]을 보면 A가 쇠고기덮밥의 가격을 내렸더니 손님이 A로 몰린 결과, A의 매출 실적이 올랐다는 것을 알 수 있다. B는 이에 위협을 느끼고 질세라 가격을 내렸다. 이렇게 해서 B의 매출도 올랐지만, A도 더욱 가격을 내린다. 두 가게의 가격 경쟁이 에스컬레이트해가는 상황을 알 수 있다.

과연 이 가격 경쟁은 언제까지 이어질까. 손님 측에서 보면 싼값에 쇠고기덮밥을 먹을 수 있으니 기쁜 일이다. 하지만 두 가게에서 보면 채산성이 아슬아슬한 수준의 영업을 하고 있는지도 모른다. 그러므로 싼 쇠고기를 들여오는 등의 품질 저하, 또 먹거리 안전의 저하도 불러올지 모른다. 이렇게 되면 손님도 두 가게를 모두 떠나게 될 수 있다.

그렇다면 이 사례의 해결책은 있을까. 요점은 에스컬레이션을 일으키는 당사자끼리의 접촉이나 간섭이 없어지면 되므로, 가능성으로는 아래의 세 가지를 들 수 있다.

① 두 가게가 협의하여 서로 가격 경쟁을 종결한다
② 제3자의 개입을 통해 A와 B의 에스컬레이션 행위를 그만두도록 지도한다.
③ A와 B 둘 중 한쪽이 먼저 에스컬레이션 행위를 포기한다.

①이 가장 이상적이면서 가능성이 가장 크지 않을까 한다. 가격 경쟁은 두 가게의 경영을 피폐하게 만들고 언젠가 손님에게도 먹거리 안전 등 나쁜 영향을 미칠 가능성이 있다.

②도 먹거리의 안전성이라는 관점에서 정부의 담당 부처로부터 지도가 들어올지도 모른다.

③은 A나 B 어느 한쪽이 정전을 선언하거나 도산하는 등 가격 경쟁에서 철수하는 선언을 한다면 에스컬레이션은 끝을 맺는다.

①이나 ②를 통해서 인과 지도는 다음 쪽의 [도표 11-7]과 같이 변화한다. 최종적으로는 좌우 각각의 고리가 교차하지 않고 분리되어 단독으로 균형 피드백 고리로 기능하여 결국 각각 진정된다.

이 사례의 포인트

● 쇠고기덮밥의 가격 경쟁 사례 분석에 에스컬레이션이라는 현상으로 보아 시스템 사고를 적용했다. 쌍방 가격 인하로 인해서 서로 위협이 증가하고 가격 인하 행동을 에스컬레이트시킨다는 것을 알게 되었다.

● 에스컬레이션을 끝맺기 위해서는 쌍방 협의나 외부의 개입 등을 고려할 수 있다.

제1장
제2장
제3장
제4장
제5장
제6장
제7장
제8장
제9장
제10장
제11장
제12장

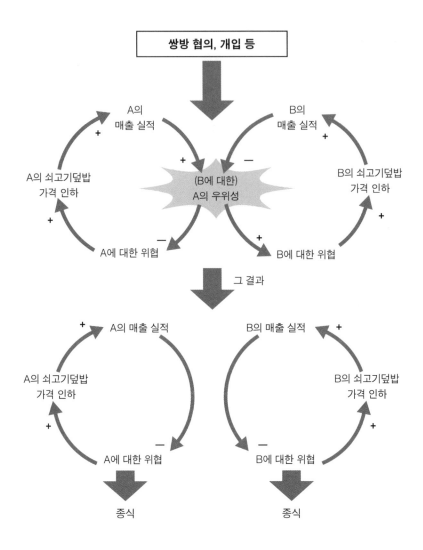

[도표 11-7]

제 1 장

제 2 장

제 3 장

제 4 장

제 5 장

제 6 장

제 7 장

제 8 장

제 9 장

제 10 장

제 11 장

제 12 장

ch11.

정성 분석의
세 가지 사고를
어떻게 나누어
사용하는가?

| 논리 사고와
창조적 사고 중
하나를 사용해도 되는 사례

사무용품 제조업체 F 사

● 사무용품을 제조하는 대기업 F 사는 사무용 책상이나 의자 등 가구 비품을 만
드는 회사이지만, 최근에는 기능성이나 업무 효율화를 추구하여 사무실의 배치나
디자인까지 종합적으로 컨설팅하는 일을 활발하게 펼치고 있다.

● 하지만 최근 몇 년간, F 사는 주력 상품인 파쇄기 제품 A의 시장점유율이 계속
떨어지고 있다. [도표 11-8]에는 최근 수년간 다른 주력 상품 B, C의 시장점유율
추이도 함께 표시했다. 이 도표에서도 확연히 제품 A의 점유율 하락이 뚜렷하다.

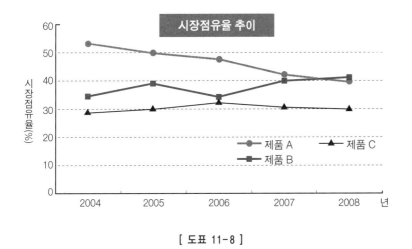

[도표 11-8]

● 그리고 F 사의 영업 조직에서 제품 A를 주로 취급하는 곳은 영업1과로, 제품 B 와 제품 C는 각각 영업2과, 영업3과가 담당하고 있다.

제품 A의 시장점유율이 급락한 원인을 조사하는 데는 세 가지 사고법 중 어느 것이 적당하고, 또 구체적인 도구로는 무엇이 어울릴까.

그리고 원인이 어느 정도 좁혀져, 특정할 수 있다고 하자. 다음으로 해야 할 중요한 일은 구체적인 해결책, 즉 실행 계획(Action plan)을 정하는 것이다. 이 구체적인 해결책을 검토하는 데는 세 가지 사고법 중 어느 도구를 꺼내들어야 할까.

이렇듯 이 사례는 두 단계로 나누어 논하기로 한다. 즉,

① 주력제품 A의 시장점유율 하락 경향의 원인을 밝혀낸다
② 밝혀낸 원인에서 효과적인 해결책을 구체화한다

이다.

사고법과 구체적인 도구의 후보로 몇 가지를 들 수 있는데, 결론부터 말하자면 ①에서는 다음 두 가지 분석을 적용한다. 이것을 선택한 이유는 뒤에 함께 설명하겠다.

◎ 정성 분석(논리 사고-특성 요인도)
◎ 정량 분석

그리고 특성 요인도는 로직 트리여도 괜찮다. 다만 여기서는 다음 ②에서 로직 트리를 적용하므로 ①에서는 특성 요인도를 쓰기로 한다.

한편, ②에서는 다음 두 가지 방법을 적용한다.

◎ 논리 사고–로직 트리

◎ 창조적 사고–브레인스토밍

이번 사례처럼 논리 사고와 창조적 사고 중 어느 쪽이든 상관없는 사례 내용에서는 후자인 '② 밝혀낸 원인에서 효과적인 해결책을 구체화한다'가 해당한다.

한편, '① 주력제품 A의 시장점유율 하락 경향의 원인을 찾아낸다'에서는 정성 분석과 정량 분석이라는 두 가지 분석을 같이함으로써 원인 특정을 더욱 정확하게 분석할 수 있다는 것을 설명한다. ①의 내용은 오히려 제2장(정량 분석과 정성 분석을 조합한 사례)에서 소개하는 편이 적당할 수도 있지만, 이 사례의 분석 흐름을 전체적으로 보기 위해서 여기서도 소개하는 것으로 한다.

분석 접근법

■ '① 주력제품 A의 시장점유율 하락 경향의 원인 규명'에 대해서

여기서 특성 요인도를 적용하면 요인을 분석하는 시작점을 마케팅의 4P인 '제품', '가격', '유통', '판매 촉진(프로모션)'으로 한다. 4P는 제품이 팔리는 정도를 분석하는 마케팅의 기본적인 프레임 워크이므로 이번 사례에 적용하는 것은 적절하다. 특성 요인도와 4P에 대해서는 제8장을 참고하면 된다(특성 요인도 →309쪽, 4P 분석→303쪽).

단, 특성 요인도와 로직 트리(→266쪽) 모두 분석 요인 중에 원인을 추출할 수 있을 만큼의 확산과 깊이가 있어야 한다.

특성 요인도의 결과는 [도표 11-9]에 나타냈다. 이것은 기본 사례일 뿐이므로 실제 상황에 따라서 대충 분석해도 되는 곳과 반대로 더 자세히 분석해야 할 곳도 생긴다.

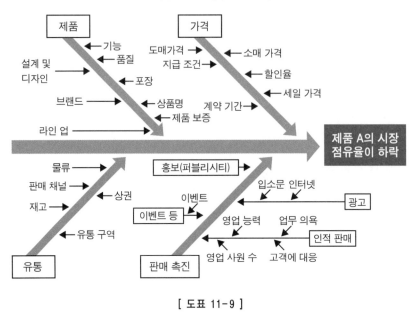

특성 요인도(시작점: 4P)

[도표 11-9]

나아가 F 사의 최근 영업 활동의 모습을 조사한 결과, 아래의 정보를 입수했다.

◎ 영업1과가 중심이 되어 신상품 기획이나 이벤트, 전시회 준비를 했다.
◎ 위와 관련된 회의용이나 자료 준비에 상당한 시간이 필요했다.
◎ 과 전체와 영업 사원 충원이 없어서 고객에게 전화하거나 방문하는 대응 시간을 줄일 수밖에 없었다.

특성 요인도와 영업 활동 조사 결과, 영업 사원의 판매 촉진 면에서 특히 고객에 대응하는 시간이 감소한 것이 이번 제품 A의 시장점유율 하락의 원인 중 하나가 아닌가 추측된다.

그 후 제품 A, 제품 B, 제품 C에 관한 연간 고객 클레임을 분석했다. 그 결과, 제품 A의 클레임 건수는 매년 증가하는 경향으로 그중에서도 영업 대응과 관련된 클레임 건수가 특히 현저히 증가하고 있다는 점을 알 수 있었다(→[도표 11-10a]). 한편 제품 B나 제품 C에 관해서는 이러한 경향이 보이지 않았다(→[도표 11-10b], [도표 11-10c]).

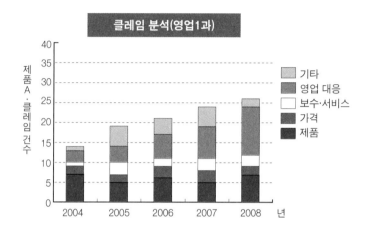

[도표 11-10a]

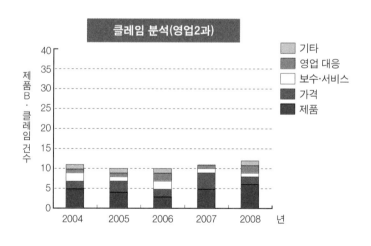

[도표 11-10b]

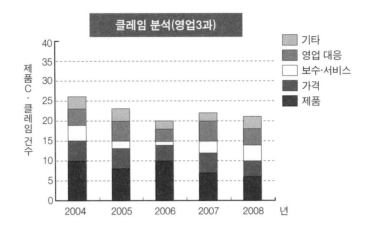

[도표 11-10c]

　또 영업 활동 보고서를 바탕으로 영업1과에서 영업3과까지 각 과의 공수 구
성비(각 공수를 전체 공수로 나눈 비율)를 산정했다. 그 결과 제품 A를 주로 취급
하는 영업1과에서 영업 사원이 고객에 대응하는 시간이 적어지고 있는 모습이
일목요연하게 드러났다.

　즉, 위의 내용으로 보아 제품 A의 시장점유율 하락의 원인으로 영업1과의 고
객 대응 시간 감소가 크게 관련되어 있음이 판명 났다(→[도표 11-11a], [도표 11-
11b], [도표 11-11c])

　클레임 분석이나 공수 구성비 분석은 따지자면 정량 분석에 해당한다. 특성
요인도나 영업 활동 조사 등 정성 분석으로 대략적인 원인을 파악하면서 범위
를 좁히고, 클레임 분석이나 공수 구성비 분석과 같은 정량 분석을 이용해 객
관적으로 뒷받침한다.

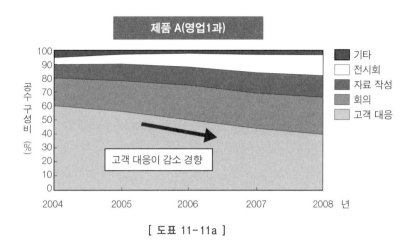

[도표 11-11a]

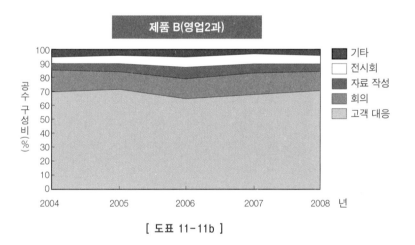

[도표 11-11b]

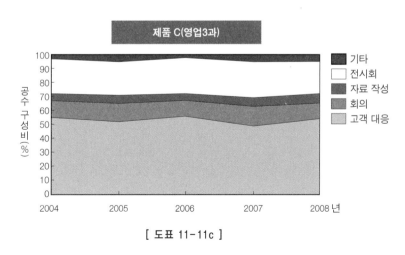

[도표 11-11c]

제1장

제2장

제3장

제4장

제5장

제6장

제7장

제8장

제9장

제10장

제11장

제12장

지금까지의 원인을 감안하여 고객 대응을 어떻게 개선할 것인가, 방문이나 전화 등 접촉하는 시간을 어떻게 늘려나갈지에 대해서 효과적인 해결책을 구체화하는 ②번 단계로 이동한다. ②는 ②′과 ②″로 나뉜다.

■ '②′ 논리 사고를 통한 효과적인 해결책 구체화'에 대하여

그렇다면 논리 사고인 '로직 트리'를 이용하여 효과적으로 해결책을 구체화해보자.

로직 트리는 문제를 MECE에 따라 요소를 분해하면서 깊이 있게 문제에서 요인을 밝혀내거나 원인에서 구체적인 대책을 얻는 유용한 도구다(→266쪽).

따라서 얼마나 효율적으로 경영 자원을 투입하여 생산성 높은 결과를 얻었느냐는 관점에서, 이른바 경영 자원인 인적 자원, 물적 자원, 금융 자원, 정보 및 노하우라는 요소로 검토해본다.

이번 사례에서는 영업이라는 한정된 부서 안의 경영 자원이므로, 물적 자원과 금융 자원을 합해서 '물적·금융 자원'으로 하고, 또 다른 부서와의 연계도 중요하므로 '인적 자원', '물적·금융 자원', '정보·노하우', '타부서와의 연계'의 네 가지 요소로 검토한다.

분석한 로직 트리를 [도표 11-12]에 나타냈다. 네 가지 항목에 따라 생각나는 대로 최대한 많은 해결책을 끄집어냈다. 모든 해결책을 다 적용할 수는 없으므로 우선순위를 정해 구체적으로 어느 것을 실천에 옮길지가 문제다.

이 결정은 현재 상황에 따라 다르겠지만, 예를 들면 각 해결책을 실천에 옮길 때 드는 비용과 기대할 수 있는 효과를 5단계로 점수를 매겨서 효과÷비용을 산출해 보면 어떨까. 즉, 비용 대비 효과를 산출하는 정량 분석이다.

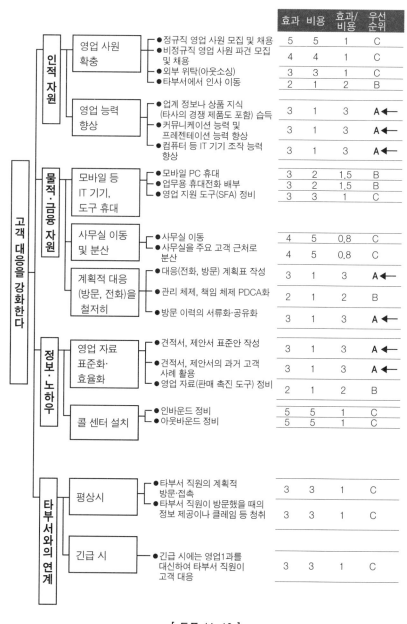

[도표 11-12]

제1장
제2장
제3장
제4장
제5장
제6장
제7장
제8장
제9장
제10장
제11장
제12장

여기서는 비용 대비 효과의 수치가 3 이상이면 'A', 1보다 크고 3보다 작으면 'B', 1 이하면 'C'로 분류했는데, 이 사례에서 A에 해당하는 해결책은 [도표 11-12]의 내용 중에서,

◎ 영업 능력 향상
◎ 계획적 대응(방문 및 전화)을 철저히
◎ 영업 자료의 표준화 및 효율화

라는 것을 알 수 있다.

우선은 비용이 너무 많이 들지 않고 단기간에 성과를 낼 수 있을 것으로 예상하는 사항부터 시작하는 편이 좋다. 하지만 'A'는 대증 요법으로 잠정적인 치료일뿐 근본적으로 해결하지는 못한다. 'C'에 해당하는,

◎ 영업 사원 충원
◎ 콜 센터 설치

등은 비용은 들지언정, 언젠가는 문제를 근본적으로 해결해야 한다. 그러기 위해서는 그에 걸맞은 예산이나 시간을 들이지 않으면 의미가 없다. 언 발에 오줌 누기에 그치지 않도록 주의해야 한다. 이렇게 시간을 들여 검토했으니, 문제 해결까지 굳은 결심으로 확실하게 대처해 나가야 한다.

■ '②″ 창조적 사고를 통한 효과적인 해결책 구체화'에 대한 검토

'로직 트리'로 검토하는 방법은 상황에 따라 창조적 사고의 아이디어 증량 도구 중 하나인 '브레인스토밍'을 활용해도 된다. 브레인스토밍은 손쉽게 할 수 있어 적극적으로 활용했으면 하는 도구다.

브레인스토밍에 관해서는 제9장(→323쪽)에서 설명했는데, 중요한 점을 다음과 같이 다시 한 번 정리한다.

◎ 브레인스토밍이라고 해도 문제 해결이라는 긴박한 주제로 경직될 수 있으므로 사회 진행자는 자유롭게 의견을 주고받는 분위기를 조성하도록 유의한다.

◎ 이 브레인스토밍은 영업부 부서원을 중심으로 참가하게 된다. 영업 활동 등 업무가 우선이므로 회의에 너무 많은 시간을 들일 수는 없다. 단시간에 효율적으로 회의해서 유효한 결과가 나오도록 해야 한다. 브레인스토밍에 시간을 들이다 고객에 대응하는 시간이 부족해지는 사태를 초래한다면 주객전도다.

브레인스토밍에서는 사회 진행자가 분위기 조성에 애를 먹는데, 그만큼 참신한 아이디어가 나와서 문제 해결에 도움이 된다. 로직 트리에서 나온 '영업 능력 향상'이나 '계획적 대응(방문·전화)을 철저히' 등의 외에도 생각지 못한 의견이 나올 수도 있다. 또 F 사의 파쇄기 제품 A의 시장점유율 회복뿐만 아니라, F 사 전체의 실적을 높이는 획기적인 아이디어가 떠오를 가능성도 있다.

이 사례의 포인트

● 이 사례에서는 논리 사고와 창조적 사고 중 어느 쪽을 사용해도 되는 경우를 검토했다. 우선은 '① 문제 원인 규명', 그 후에 '② 해결책 구체화'를 분석했다.

● 전자인 '① 문제 원인 규명'에서는 정성 분석과 정량 분석을 함께 해서 객관적이고 정확하게 원인을 발견할 수 있었다.

● 후자인 '② 해결책 구체화'에서는 '논리 사고'의 도구인 로직 트리가 아닌 '창조적 사고'의 브레인스토밍도 효과적인 결과를 가져다준다.

정량 × 정성 분석
바이블

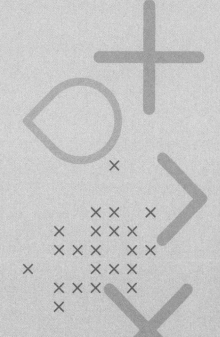

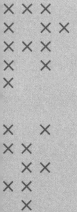

제12장

케이스 스터디 5

정성 분석의
세 가지 사고를
조합한 문제 해결

세 가지 사고법의 조합 패턴

앞서 세 가지 사고법을 설명하고, 제8장부터 제10장에서는 각 사고법의 특징과 적용 사례를 살펴보았다. 실제 문제 해결이나 정성 분석에서는 이러한 사고를 적절하고 효과적으로 조합할 때 효율적이고 정확한 분석을 할 수 있을 가능성이 크다.

세 종류의 사고법을 실제로 조합하는 데는 다음의 세 가지 패턴이 있다.

| 조합 패턴 |

1 논리 사고+창조적 사고

창조적 사고를 통해 처음에 아이디어의 양을 늘린 후 논리 사고를 적용하는 경우나 혹은 논리 사고 도중에 적절히 새로운 아이디어를 보강하기 위해 창조적 사고를 활용하는 패턴이다.

구체적으로는 신상품 아이디어·기획 개발, 신규 시장 진입이나 신규 사업 론칭의 실현 가능성 검증 등에 적용된다.

2 논리 사고+시스템 사고

논리 사고에서는 불충분해서 '시스템 사고로 옮겨가야 하는 상황'에 놓였을 때가 이에 해당한다.

이 유형은 논리 사고를 통한 분석으로는 한계가 있을 때 주로 사용한다. 중요하므로 예를 들어 설명한다.

어떤 기업이 이익 증대를 검토할 때 논리 사고를 쓰는 예를 생각해 보자. 가령 [도표 12-1]와 같이 로직 트리로 요소를 분해했다고 하자.

[도표 12-1]

지금까지 반복해서 설명했듯이, 논리 사고에서 분해되는 요소는 MECE이고 직선적인 인과 관계임을 전제로 한다. 직선적인 인과 관계란, 분석한 각 사실에서 인과 관계를 나타내는 하나의 화살표만 나오고 최종적인 사실로 끝나는 단순한 것을 말했다(→254쪽).

하지만 이번 사례에서는 로직 트리로 분석하려고 해도 직선적인 인과 관계라는 전제가 무너진다. 즉, 복잡한 인과 관계를 다루게 되므로 시스템 사고로 이동할 수밖에 없는 상황이다.

구체적으로 말하자면 이번 사례에서는 [도표 12-2]에서 인과 관계를 화살표 (→)로 나타냈듯이 복잡한 인과 관계를 포함한다. 이번 사례에서는 판매 수량이 늘어나면 늘어날수록 규모의 경제성으로 인해 변동비(상품 비용)가 감소하고 단가(상품 가격)도 낮아지는 인과 관계가 있다. 단가(상품 가격)가 낮아지면 시장 규모(시장점유율)도 커져서 판매 수량은 계속 증가하게 된다.

그러나 가격(상품 가격)을 내리면 이번에는 이익이 줄어들기 때문에 판매 수량에 제동이 걸리게 된다.

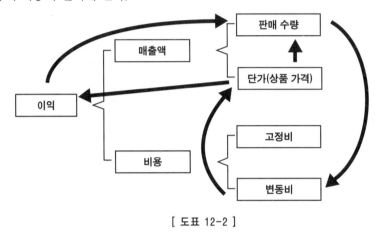

[도표 12-2]

이 사례의 복잡한 인과 관계를 인과 지도로 나타내보자(→[도표 12-3]).

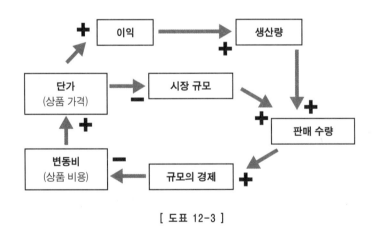

[도표 12-3]

이미 인과 지도 읽는 법은 제10장에서 설명했으므로 자세한 내용은 생략하는데, 이 [도표 12-3]은 바깥쪽과 안쪽 두 개의 고리로 구성되어 있다는 점을 한

눈에 알 수 있다(→[도표 12-4]).

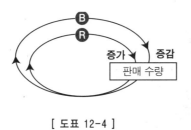

[도표 12-4]

[도표 12-4]에서 안쪽 고리는 다음과 같다. 그리고 각 요소의 증감은 각각 ↑↓로 나타냈다.

> 판매 수량 ↑ ⇨ 규모의 경제 ↑ ⇨ 변동비(상품 비용) ↓ ⇨ 단가 (상품 가격) ↓ ⇨ 시장 규모 ↑ ⇨ 판매 수량(되돌아옴) ↑

이것은 판매 수량을 점점 증가시키는 확장 피드백 고리(안쪽 타원 R)를 나타낸다.

또, 두 번째 바깥쪽 고리는 다음과 같다.

> 판매 수량 ↑ ⇨ 규모의 경제 ↑ ⇨ 변동비(상품 비용) ↓ ⇨ 단가 (상품 가격) ↓ ⇨ 이익 ↓ ⇨ 생산량 ↓ ⇨ 판매 수량 ↓ (되돌아옴)

이번에는 판매 수량을 증감시키는(제동을 거는) 균형 피드백 고리(바깥쪽 타원 B)를 나타낸다.

이 두 개의 고리가 작용하면서 판매 수량은 변화한다.

3 창조적 사고+시스템 사고

창조적 사고와 시스템 사고를 조합하는 경우다. 맨 처음 창조적 사고로 시작한 후, 시스템 사고로 이동할 때나 시스템 사고로 검토한 후, 적절하게 창조적 사고로 돌아갈 때도 이에 해당한다.

그렇다면 이어서 다음에는, 지금까지 소개한 '1. 논리 사고+창조적 사고', '2. 논리 사고+시스템 사고', '3. 창조적 사고+시스템 사고'에 대해서 각각의 실제 분석 사례를 소개한다.

논리 사고와 창조적 사고의 조합 사례 ①

초보자·고령자를 위한 휴대전화 단말기

제1장
제2장
제3장
제4장
제5장
제6장
제7장
제8장
제9장
제10장
제11장
제12장

제11장과 마찬가지로 소개하는 사례의 〈분석 접근법〉 사고 과정이 중요하다. 사고법을 조합하므로 조금 수준이 높지만, 본문을 읽어나가면서 저자의 사고 과정을 따라오기 바란다. 그러면 본격적으로 사례에 들어가자.

요즘 길거리나 전철 안에서 어딜 봐도 휴대전화(스마트폰을 포함)를 만지는 사람을 보게 된다. 휴대전화의 보급과 기술 진보는 실로 눈부신데, 다양한 최신 기능이 탑재된 고부가가치 상품으로 자리 잡았다.

앞으로 휴대전화 조작이 서툰 초보자와 60대 이상의 고령자를 대상으로 한다면 휴대전화를 어떤 기종과 사양으로 해야 할지 기업 경영진이 의견을 구했다.

앞으로 어떻게 상품을 기획하고 개발해 나가야 할까.

논리적 사고를 통한 분석 접근법

휴대전화의 표준 사양은 모든 고객이 대체로 비슷하다. 그러나 이번 사례에서 지정한 초보자와 60대 이상 고령자층은 표준 사양의 기종으로 문제가 없을까.

실제로 초보자와 60대 이상의 고령자층을 대상으로 실버폰 등의 제품이 이미 상품화되어 있으므로 이번 사례를 검토할 때는 구체적으로 떠올리기 쉽고, 사고·분석 과정의 중요한 힌트가 되어줄 것이다.

휴대전화의 표준적 기종을 보면, 지금 시장은 경쟁 기업 사이에 기존 시장의 파이를 나누기 위해 피 튀기는 혈전이 벌어지는 '레드 오션' 시장이라고 말할 수 있다. '레드 오션' 전략에 대비되는 개념으로 새로운 시장을 창조하는 '블루 오션' 전략이 있다는 사실은 앞서 제8장에서 언급했다(→294쪽).

이번 사례에서는 '블루 오션'이라는 새로운 시장에서 기성 제품과 얼마나 차별화된 제품을 투입할지 검토하는 것이 적당하다.

'블루 오션' 전략을 펼칠 때 편리한 도구인 '전략 캔버스/가치 곡선'(→304쪽)을 사용하여 우선 표준적인 휴대전화의 가치 곡선을 [도표 12-5]로 나타내보자. 고성능에 인터넷과 관련된 풍부한 콘텐츠를 탑재하고 디자인과 색상도 풍부하며 제대로 사용하면 통신비 등의 가격이 상당히 올라가므로 [도표 12-5]와 같은 가치 곡선을 이룬다.

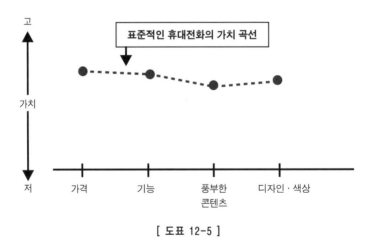

[도표 12-5]

그렇다면 초보자와 60대 이상의 고령자를 대상으로 하는 이 사례에서는, 이 표준적인 휴대전화를 어떻게 진화시켜 나갈지 생각하는 데에 편리한 도구가 있었다. [도표 12-6]으로 나타낸 ERRC 그리드다(→306쪽). 이 도구를 써서 표준

적인 휴대전화에서 초보자와 60대 이상의 고령자로 고객층이 옮겨 갔을 때의
휴대전화 기종을 상상해 보자.

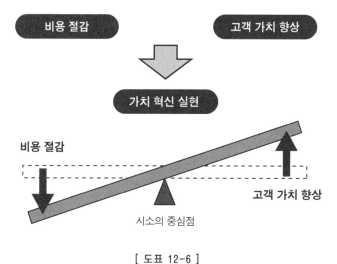

Eliminate (제거)	Raise (증가)
● 디자인·색상 ● 인터넷 고급 기능 ● TV 기능	● 글자 크기·가독성 ● 조작성(User friendly) ● 음질·음량
Reduce (감소)	Create (창조)
● 이용 콘텐츠 요금 ● 버튼 수 ● GPS 기능	● 쉬운 사용설명서 ● 안심하고 사용할 수 있는 안전성

비용 절감   고객 가치 향상

가치 혁신 실현

비용 절감

고객 가치 향상

시소의 중심점

[도표 12-6]

[도표 12-6]에서는 ERRC 그리드의 네 가지 행동, 즉 Eliminate(제거),
Reduce(감소), Raise(증가), Create(창조)를 나타낸다. 왼쪽 두 칸, Eliminate(제거),
Reduce(감소)에서는 각각 표준적인 기능에서 완전히 제거해야 할 요소, 업계
표준에서 전략적으로 줄여야 할 요소를 검토한다.

또 오른쪽 두 칸, Raise(증가), Create(창조)에서는 각각 업계 표준에 전략적으
로 늘려야 할 요소, 새롭게 창조해야 할 요소를 검토한다.

결국 ERRC 그리드의 왼쪽 반에서 기존 제품의 성능을 제거하거나 감소시키

고, 그만큼 오른쪽에서 기능을 추가하거나 새롭게 창조한다. 그 결과 개성이 뚜렷한 신제품을 투입하여 새로운 시장을 창조하는 '블루 오션' 전략을 실현해 나간다.

즉, 이 왼쪽 반과 오른쪽 반의 관계는 왼쪽 반으로 비용을 절감하는 행동, 그 반동으로 고객의 가치 창조를 향상시키는 '시소'를 떠올릴 수 있다. 비용을 낮추면 낮출수록, 즉 제품 기능을 좁히면 좁힐수록 그 반동으로 고객 가치 향상을 한층 더 기대할 수 있는 '시소'를 '블루 오션' 전략과 연결 지어두기 바란다.

이렇듯 ERRC 그리드를 사용하여 여러모로 검토한 결과, [도표 12-5]에 나타낸 표준적인 휴대전화의 전략 캔버스/가치 곡선은 [도표 12-7]과 같이 변한다.

결과는 일목요연하다. '표준적인 휴대전화'와 이번 사례에서 검토한 '초보자와 60대 이상의 고령자를 위한 휴대전화'의 가치 곡선이 확연히 달라졌다. '블루 오션'이라는 망망대해에서 초보자와 60대 이상의 고령자층을 위한 휴대전화가 자유롭게 헤엄쳐 다니는 모습이 눈앞에 그려지는 듯하다. 표준적인 휴대전화의 기능에 차별화를 꾀한 결과, 새로운 시장에서 새로운 상품으로 다시 태어났다.

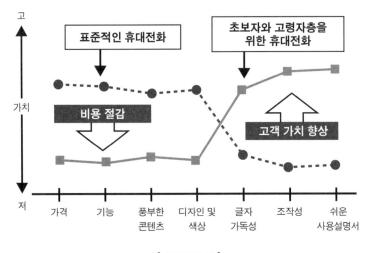

[도표 12-7]

제1장

창조적 사고를 통한 분석 접근법

ERRC 그리드의 왼쪽 반인 Eliminate(제거), Reduce(감소)에서는 기존의 기능을 얼마나 줄이느냐가 중요하다. 단, 전체에 걸쳐 기능을 줄이면 기능이 없는 빈약한 상품이 되고 만다. 따라서 요점은 줄인 기능을 어떻게 할지 특정하는 것이다. 또 같은 그리드의 오른쪽에 위치하는 Raise(증가), Create(창조)에서는 기존 기능의 어느 것을 증폭시키고 신규로 어떤 기능을 창조할지가 포인트다. 특히 이 오른쪽 반을 검토할 때는 창조적 사고가 중요한 역할을 한다.

창조적 사고에서는 자유로운 아이디어를 늘려서 주고받는데, 예를 들면 브레인스토밍을 통한 검토도 유용한 아이디어를 낼 수 있지만, 여기서는 혼자서도 할 수 있는 창조적 사고의 SCAMPER를 통한 일곱 가지 체크리스트를 바탕으로 해서 검토해 나가기로 한다.

SCAMPER란 이미 제9장(→323쪽)에서도 언급했는데, 다음의 일곱 가지 키워드에서 기존의 상품 콘셉트를 바탕으로 신제품이나 새로운 서비스를 창조하는 가능성을 끌어내기 위하여 사용되는 효과적인 도구이므로 이번 사례에 적합하다고 볼 수 있다.

- Substitute(다른 것으로 바꾼다)
- Combine(연결 짓는다, 조합한다)
- Adapt(응용, 적용한다)
- Modify(수정한다)
- Put to other purposes(다른 목적으로 사용한다)
- Eliminate(제거한다)
- Rearrange, Reverse(재배열, 또는 반대로 한다)

그러면 앞의 논리 사고를 통한 분석에서 적용한 '블루 오션' 전략의 ERRC 그리드의 네 가지 요소와 어떻게 연결되는지 생각해 보자.

즉, 논리 사고와 창조적 사고의 조합이다.

Eliminate(제거)와 Create(창조)는 각각 어느 기능이 0으로 이동하거나 0에서 어느 기능을 가지도록 이동하는 것을 의미한다. 한편 Raise(증가)와 Reduce(감소)는 어느 기능이 각각 증가하거나 감소하는 변화를 나타낸다(→[도표 12-8]).

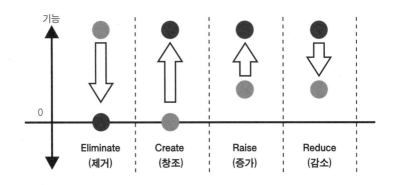

[도표 12-8]

SCAMPER의 E(제거)는 ERRC 그리드의 Eliminate(제거)에 해당한다. 하지만 ERRC 그리드의 Create(창조)에 해당하는 내용이 SCAMPER에서는 보이지 않는다.

사실 SCAMPER의 E(제거) 이외에 S, C, A, M, P, R은 모두 ERRC 그리드의 Raise(증가)나 Reduce(감소)에 해당한다. ERRC 그리드의 Raise(증가)나 Reduce(감소)는 SCAMPER의 S, C, A, M, P, R를 통해서 아이디어 증량 도구의 구체적인 작업 힌트로 쓰인다.

이 내용을 [도표 12-9]로 정리했다. 결국 SCAMPER에 ERRC 그리드의 Create(창조)에 해당하는 부분이 없지만, SCAMPER의 E를 제외한 S, C, A, M, P, R의 작업 결과에 따라 최종적으로 Create(창조)가 구축된다.

창조적 사고	논리 사고 (블루 오션 전략)
SCAMPER	ERRC 그리드
● Eliminate(제거한다)	● Eliminate(제거)

● Substitute(다른 것으로 바꾼다)
● Combine(연결 짓는다, 조합한다)
● Adapt(응용, 적용한다)
● Modify(수정한다)
● Put to other purposes
  (다른 목적으로 사용한다)
● Rearrange、Reverse
  (재배열, 또는 반대로 한다)
	● Raise(증가)
	● Reduce(감소)

Create(창조)에 해당하는 것을 구축!	**Create(창조)**

[도표 12-9]

　예를 들어 지금 휴대전화에는 카메라 기능이나 인터넷, 메일 기능이 표준적으로 탑재되어 있는데, 이것은 SCAMPER의 Combine(조합)으로부터 생긴 발상이다.

　또 이 사례에서 초보자와 60대 이상의 고령자층을 타깃으로 한 휴대전화에서는 이용 가능한 콘텐츠나 버튼 수를 줄이는 Modify(수정한다)도 이루어졌다. 또 영상 통화 기능을 휴대전화에 넣음으로써 청각장애인끼리 수화로 통화할 수 있다. 이것도 Put to other purposes(다른 목적으로 사용한다)의 발상에 해당한다.

　창조적 사고의 SCAMPER 쪽이 구체적인 작업 힌트가 풍부하므로 논리 사고의 ERRC 그리드보다 더욱 실천적인 도구라고 말할 수 있다.

　이렇듯 SCAMPER를 사용하면 자유로운 아이디어가 생기는 동시에 다른 아이디어와 연결 짓거나 형태를 바꾸거나 할 수 있어서 대단히 유용하다. 신상품 기획을 짤 때나 의논하는 과정에서 아이디어가 고갈되었다면 이 SCAMPER는 강력한 도움이 되어줄 것이다.

이 사례의 포인트

● 휴대전화 단말기를 사례로 초보자와 60대 이상의 고령자층을 타깃으로 한 휴대전화를 우선은 논리 사고의 '블루 오션' 전략으로 검토했다.

● '블루 오션' 전략의 전략 캔버스/가치 곡선, ERRC 그리드를 적용하여 현재 상품의 비용을 낮추어 그 반동으로 고객 가치를 창출하는 '시소' 효과를 통해 초보자와 60대 이상의 고령자층을 겨냥한 신상품과 신규 시장을 창출할 수 있는 가능성이 생겼다.

● 창조적 사고의 'SCAMPER'는 신상품 기획을 짤 때나 아이디어가 고갈되었을 때에 강력한 도구가 될 수 있다.

| 논리 사고와 창조적 사고의 조합 사례 ②

백화점·슈퍼마켓의 서바이벌 게임

최근 백화점, 슈퍼마켓이 힘을 못 쓴다. 특히 백화점은 2008년도, 결국 연간 매출액에서 편의점에 뒤처지고 말았다(→[도표 12-10])

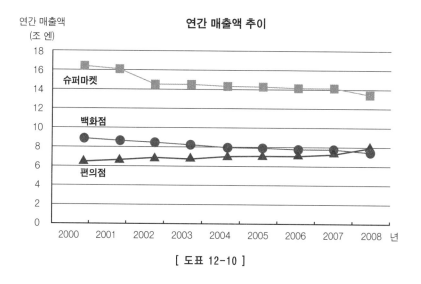

[도표 12-10]

백화점, 슈퍼는 이대로 가다가는 무너질지도 모른다는 위기감이 들어 살아남기 위해 기업 통합을 해온 결과 거대 백화점으로 집약되었다. 하지만 이것으로 끝은 아니다. 경제 불황, 소비 부진은 더욱 심각해지고 거대 백화점 진영은 경영 전략을 더욱 혁신해야 하는 형편이다.

이러한 배경을 가진 백화점에 대하여 논리 사고와 창조적 사고의 조합을 생각해 보자.

거대 백화점 진영 중 하나인 ABC 백화점 산하에 있는 슈퍼마켓 XYZ가 경영부진으로 힘겨워하고 있다. 슈퍼마켓 XYZ는 현재 매장 경영을 아래의 세 종류 방법으로 해서 시너지 효과를 노리고 있다.

① 자체 기획(PB) 상품을 중심으로 한 자주형 운영
② 가맹주에게 매장 운영을 일임하는 가맹형 운영
③ Web을 통한 인터넷 매장 운영

연간 매출액은 ①에서 15%, ②에서 80%, ③은 5% 정도다.

②는 기본적으로 가맹주에게 매장 경영을 맡기므로 유통 경로도 가맹주 독자의 판단에 맡겨서 비용이 크다. 게다가 가맹주와 ABC 백화점 본사와의 권한과 책임 체제가 애매하므로 거래에서 혼란이 일어나기도 하며 이것 역시 결과적으로 고비용 체질의 한 원인으로 작용한다.

이 가맹형 운영을 수술대에 올려, 가령 매입 관리를 일원화하는 등의 방법을 통해 비용 절감을 꾀해야 하지만, 현시점에서는 각 가맹주와 거래처가 과거부터 얽매어있어 체질을 개선하는 것은 말처럼 쉽지 않는 실정이다.

①은 PB(프라이빗브랜드)라고 불리는 유통회사 독자 기획 상품을 활용하는 것으로, 제조업체와 협력하여 기획부터 제조, 판매까지 맡으므로 중간 비용을 삭감할 수 있고 고객의 니즈도 상품에 반영할 수 있다. 이익을 기대할 수 있으므로 ABC 백화점으로서는 고수익을 기대하고 있는데, 현재는 매출액이 15% 정도지만 25%를 목표로 확대해 나갈 계획이다.

③도 여성 고령자층을 대상으로 삼아 수익의 기둥으로 발전시켜 현재의 5%에서 10%까지 매출 확대를 목표로 할 예정이다.

그렇다면 ①의 PB 상품의 매출 확대를 이루기 위해서는 구체적으로 어떻게 하면 좋을까.

우선은 〈논리 사고를 통한 분석 접근법 1〉에서 원인과 목표로부터 구체적 대책을 추려내는 데 최적의 수단인 로직 트리를 이용하여 구체적인 해결책을 찾아 나간다.

그리고 ②의 가맹형 운영을 어떻게 개선해 나갈지, 뒤의 〈논리 사고를 통한 분석 접근법 2〉에서 사업 과정에서 어떻게 가치를 창출할지를 분석하는 데 적합한 밸류 체인 분석을 이용하여 해결책을 검토한다.

논리 사고를 통한 접근법 ①

먼저 처음으로 논리 사고의 '로직 트리'를 사용하여 PB 상품의 매출 확대, 예를 들면 연간 매출 목표를 10% 올리는 것 등의 구체적인 수치 목표를 내걸고 실행 계획을 짜기로 한다.

이 사례에서는 '마케팅 4P'와 '특성 요인도'에서 문제의 원인을 규명하고 '로직 트리'를 통해 문제의 해결책을 생각하는데, 이미 제11장(→385쪽)에서 일련의 과정을 설명했으므로 여기서는 중복을 피하기 위해 분석의 대략적인 내용과 결과만 설명하기로 한다.

마케팅 4P를 요소로 로직 트리를 작성한 결과를 [도표 12-11]에 나타냈다. [도표 12-11]을 바탕으로 기대 효과 등의 정량 지표를 사용한 결과로, PB 상품의 매출액 확대(10% 향상)를 달성하려면 제품 브랜드, 특히 자체 기획(PB) 능력의 강화Ⓐ와 인적 판매의 접객 능력 강화Ⓑ의 두 가지에 주력해 향후 나갈 방향성을 정했다고 가정하자.

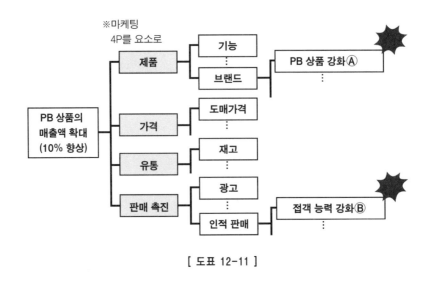

[도표 12-11]

다음 단계로 두 점 Ⓐ와 Ⓑ를 실무 수준에서 어떻게 펼쳐 나갈지가 문제가 된다. 관계자와 시간을 들여 토의한 결과, 다음과 같은 방향성이 다시금 결론으로 나왔다.

Ⓐ 자체 기획(PB) 상품 강화

백화점이나 슈퍼마켓 매장에서도 자체 기획(PB) 상품의 존재감이 높아지고 있다. 제조업체 상품(NB)의 가격이 오르는 사이에 PB는 조금이라도 저렴하게 물건을 사고자하는 소비자의 지지를 한몸에 받고 있다.

이러한 배경 속에서,

● 아이디어 회의를 정기적으로 개최한다
● 사내 아이디어 공모전을 연2회 개최한다

이와 같은 PB 상품 아이디어를 내는 회의나 공모전을 추가로 개최하게 되었다. 아이디어 회의는 창조적 사고를 적극적으로 활용하는 장이다. 이에 관해서는 416쪽의 〈창조적 사고를 통한 분석 접근법〉에서 다시 설명한다.

⑧ 인적 판매의 접객 능력 강화

매장의 판매원은 단순한 비용이라고 치부되기 쉽지만, 매장에서 이루어지는 접객이야말로 가치를 만들어내는 원천이다. 따라서 판매원의 접객 기술 향상과 동기 부여를 위해 연 1회 개최되는 '접객 롤 플레이 경연대회 전국 대회'에 참가시키기로 했다. 성적 우수자는 직원들 앞에서 표창을 주기로 결정했다.

물론 경연대회에서 이기는 것만이 목적은 아니다. 매일 업무 속에서 하게 되는 접객 기술의 향상과 확인, 또 경연대회 전에는 대회 참가자끼리 아침 시간을 쪼개어 연습하거나 경쟁자끼리 적극적으로 접객 기술을 선보이며 판매원의 판매 능력 향상을 강화하는 것이 목표다.

논리 사고를 통한 접근법 ②

여기서는 가맹형 운영을 개선하기 위하여 논리 사고의 '밸류 체인 분석'을 이용하여 검토해보자.

기존에는 각 가맹주와 ABC 백화점 본사와의 관리 체제가 애매했다(→[도표 12-12]).

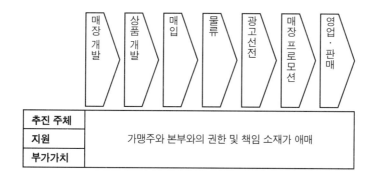

[도표 12-12]

이에 [도표 12-12]와 같은 체제를 [도표 12-13]과 같이 변경했다. 즉, 가맹주는 일상적인 매입이나 매장 행사, 영업 및 판매에 책임과 권한을 가지게 하고,

한편 매장(개발)이나 상품 개발, 광고선전은 ABC 백화점이 지원하는 것으로 한 눈에 보이도록 명확하게 나누었다.

또 어느 과정에서 높은 부가가치가 창출되는지, 그 정도를 3단계(◎, ○, △)로 명확히 했다. [도표 12-13]에서 PB 상품에 주력한 상품 개발과 영업·판매에 역점을 두는 것이 필요하다는 것을 알 수 있다.

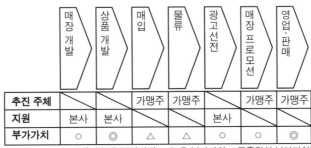

	매장 개발	상품 개발	매입	물류	광고선전	매장 프로모션	영업·판매
추진 주체			가맹주	가맹주		가맹주	가맹주
지원	본사	본사			본사		
부가가치	○	◎	△	△	○	○	◎

(◎대단히 높은 부가가치, ○높은 부가가치, △표준적인 부가가치)

[도표 12-13]

창조적 사고를 통한 분석 접근법

414쪽에서 언급한 PB 상품 아이디어 회의는 창조적 사고가 종횡무진 활약하는 장이다.

아이디어 증량 도구에서도 언급한 브레인스토밍이 손쉽게 할 수 있는 것인데, <사례 1>(→407쪽)에서도 사용한 SCAMPER를 통한 체크리스트가 대단히 강력한 도구다. 아예 제로에서 생겨난 신상품은 극히 드물다. 히트 상품을 어떻게 수정하고 변경하는지, 다른 목적으로 사용할 수 없는지, 상품끼리 어떻게 조합할지 등 SCAMPER를 통해 아이디어를 분명 얻을 수 있을 것이다.

창조적 사고를 통한 분석은 407쪽과 같은 순서로 하기 바란다. 아이디어 회의라고 해서 회의실과 같이 딱딱한 장소에서 할 필요는 없다. 휴식 공간도 좋고, 아예 장소를 바꾸어 리조트 등 느긋한 분위기에서 편안한 복장으로 하는 편이 독특하고 자유분방한 아이디어를 만들어내기 좋다.

백화점이나 슈퍼마켓 등에 가서 이번에 개발하는 상품과 비슷한 것을 조사하는 것도 좋다. 그저 히트 상품을 바탕으로 하는 전략은 이미 늦었다. 히트할 것 같은, 폭발적인 반응을 이끌어낼 수 있을 것 같은 트렌드를 잡아낼 수 있어야 한다.

이 사례의 포인트

● 백화점을 사례로 PB 상품의 매출을 확대하려면 구체적으로 어떻게 하면 좋을지, 논리 사고의 '로직 트리'를 사용하여 구체적인 해결책을 검토했다. 그 결과 PB 상품의 강화와 접객 능력 향상이라는 두 가지로 좁혀졌다.

● 전자인 PB 상품의 강화, 구체적으로는 상품 아이디어 창출에서는 창조적 사고의 활약이 크게 기대된다.
이 사례와 같이 논리 사고와 창조적 사고를 조합함으로써 문제를 종합적인 해결로 안내할 수 있음을 강조해 두고 싶다.

● 후자인 접객 능력 향상에서는 '접객 롤 플레이 경연대회 전국대회' 등에 참가함으로써 판매원에게 동기를 부여하며 실천적인 스킬을 향상시킨다.

● 또 가맹형 운영을 개선하는 방법으로, 논리 사고의 '밸류 체인 분석'을 이용하여 권한과 책임 체제, 또 어느 단계에서 부가가치를 창출할 수 있을지 한눈에 보이도록 정리했다.

논리 사고와 시스템 사고의 조합 사례

세계금융위기

    미국의 '서브프라임론 문제'로 시작된 세계금융위기를 논리 사고, 혹은 시스템 사고로 분석하면 어떻게 될지 검토해보자.

    미국의 주택 가격 하락으로 인한 서브프라임론 문제를 발단으로 하여 전 세계에 금융 불안이 확산되고 세계적으로 주가가 대폭락했다. 미국은 금융안정화법을 통과시켜 금융기관에 공적 자금을 투입했다.

    이 공적자금 투입이 원활하게 이루어졌는가 하면 사실 그렇지 않다. 이른바 리먼 쇼크라는 마구잡이식 치료가 이루어졌기 때문이다. 즉, 미국 정부가 리먼 브라더스증권을 결과적으로 파산시켰기 때문이다. 당시의 재무장관이 개입된 의도적인 파산이었는지는 아직까지 의혹으로 남아있다.

    한편 미국의 보험회사 AIG(American International Group)는 구제되었는데, 왜 리먼은 파산했을까. 미국 의회 안에서 여러 가지 억측이 있었지만 결과적으로 리먼 쇼크를 거쳐 금융안정화법이 통과되고, 금융기관에 공적 자금이 투입되기에 이르렀다.

    이 공적 자금은 일본에서는 버블 경제 붕괴 후에 이미 실시한 금융 정책으로, 금융기관이 안고 있는 불량 채권 문제를 조기에 해결했다는 어느 정도의 평가를 받았다. 일본의 버블 경제 붕괴와 미국의 서브프라임 문제를 비교하면 전자

제1장

제2장

제3장

제4장

제5장

제6장

제7장

제8장

제9장

제10장

제11장

제12장

는 일본이라는 나라에 한정된 문제였지만, 세계금융위기는 전 세계가 관련되어 있어서 눈 깜짝할 사이에 전 세계로 영향이 퍼져나갔다.

유럽과 미국에서는 공적 자금을 투입하는 대책이 실시되어 그 성과가 크게 기대되었는데, 실태는 과연 어땠을까.

2009년 1월 말 신문에 아래와 같은 기사가 실렸다.

> 미국 정부가 미국의 대형 은행 뱅크오브아메리카에 자본을 다시 투입한다고 발표했다. 유럽에서도 영국 정부가 추가 금융 안정화 대책을 발표했다. 거액의 공적 자금을 투입해왔음에도 금융 불안이 수그러들지 않는 것은 분명해 보인다.

과연 이 공적 자금 투입은 근본적인 대책이었을까. 분명 일본의 버블 경제 붕괴에서는 한계에 다다른 금융기관에 강화제를 투여하여 좋은 효과를 거두었지만, 세계금융위기에서도 비슷한 효과를 기대할 수 있을까. 단순하고 잠정적인 대증 요법에 지나지 않을까. 바닥을 모르고 떨어지는 손실에 이대로 공적 자금을 계속 투입해도 효과가 나지 않은 채로 어느 시점에 파국을 맞이하는 것은 아닐까.

시스템 사고를 통한 분석 접근법

세계금융위기는 대단히 심각하고 난해한 문제다. 누구나 명쾌한 답변을 내놓을 수 있는 문제가 아니다. 특히 금융·경제 전문가라면 한층 더 신중하게 답할 수밖에 없다. 문제의 뿌리가 깊고 요인이 대단히 복잡하게 얽혀있어 움직임과 변화도 빠르다. 빙산처럼 눈에 보이는 부분이 적고 대부분이 수면 아래 숨겨져 은밀히 움직이는 가장 질 나쁜 문제일지도 모른다.

이러한 요인이 복잡하게 얽힌 문제를 분석할 때는 시스템 사고가 힘을 발휘한다고 앞서 몇 번이나 강조해 왔다.

그렇다면 이 사례에서 논리 사고가 나설 자리는 없을까. 프레임 워크, 예를 들면 'PEST 분석'을 사용한다고 하더라도 아마 현상의 정리나 분류 정도밖에 할 수 없어 복잡한 인과 관계까지는 드러나지 않는다. 복잡하게 얽혀있어서 해결의 실마리가 쉽게 보이지 않는다.

다음으로 '로직 트리'를 쓴다 해도 어디서부터 분석을 깊게 해 나갈지 검토하는 것이 쉽지 않고 기대하는 결과를 얻기도 힘들다. 바로 여기에 논리 사고의 한계가 있다. 이것은 399쪽에서 설명한 대로다. 다시 말해 논리 사고로는 불충하므로 시스템 사고로 이동하지 않을 수 없는 국면을 만나는 경우다.

이 사례에서는 시스템 사고에 기댈 수밖에 없다. 시스템 사고를 써서 세계금융위기의 실태를 '인과 지도'로 어떻게 표현할 수 있을지 우선은 검토해보는 편이 낫다. 인과 지도로 표현할 수 있다면 세계를 공포로 몰아넣은 금융위기의 뿌리 부분은 무엇인지, 구체적인 대책은 있는지, 나아가 금융위기는 앞으로 어떻게 전개될지를 생각해 보자. 아주 무거운 내용이지만, 이번에는 시스템 사고로부터 얻을 수 있는 지식을 객관적으로 설명하기로 한다.

이 사례의 초점 중, 다음의 사실에 주의해야 한다.

미국 정부가 은행이나 증권회사 등의 금융기관에 공적 자금을 투입했는데, 효과를 보지 못하고 자금을 재투입해야 하는 상황이 요점이다. 이것은 시스템 사고를 정형화했을 때 악화 패턴의 '문제 미루기'라고 추측된다(→356쪽). 사례의 실태가 너무나도 복잡해서 정형 패턴에 들어가지 않을지도 모르지만, 여기서는 단순화하여 생각해보기로 한다.

이 사례를 '문제 미루기' 패턴에 대응시키면 기업 측에 중요한 경영지표인 재무상태표가 악화한 결과 정부로부터 공적 자금이 투입되어 단기적으로는 분명 재무상태표가 개선된다. 개선되지 않으면 세금이 결국 낭비된 셈이니 아주 곤란한 일이다.

이상적으로는 공적 자금 투입 이외의 근본적인 대책을 세워서 동시에 적용함으로써 금융기관의 재무상태표가 근본적으로 해결되면 좋지만, 실제로는 공적 자금을 투입하자 어느 정도 결과가 나와서 근본적인 대책을 세울 의욕이 떨어져 손을 떼는 결과(대증 요법의 부작용)에 빠진다. 즉, '문제 미루기'라는 악화 패턴에 돌입한다(→[도표 12-14]).

공적 자금의 투입이 대증 요법인지 근본적 대책인지는 논란의 여지가 있지만, 여기서는 대증 요법으로 보고 이야기를 진행한다. 공적 자금의 투입이 아닌 근본적인 대책이란 구체적으로 무엇인가를 의논하는 것은 이 장의 주제가 아니다. 금융 전문가에 의한 근본적 대책의 묘안을 기대하며 깊이 있게 들어가는 것은 하지 않는다. 다만 한 가지만 이야기하자면, 근본적 대책이란 단기적인 해결책이 아니라 중·장기적으로 확실하게 얻을 수 있는 성과로, 이 사례에서는 금융기관의 재무상태표가 회복되는 대책일 것이다.

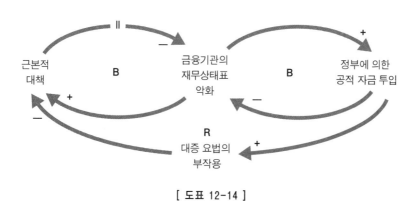

[도표 12-14]

[도표 12-14]를 바탕으로 세계금융위기의 인과 지도(→[도표 12-15])를 그려보

았다. 대략적인 그림이지만 세계금융위기의 전모를 대강이나마 파악하기 바란다.

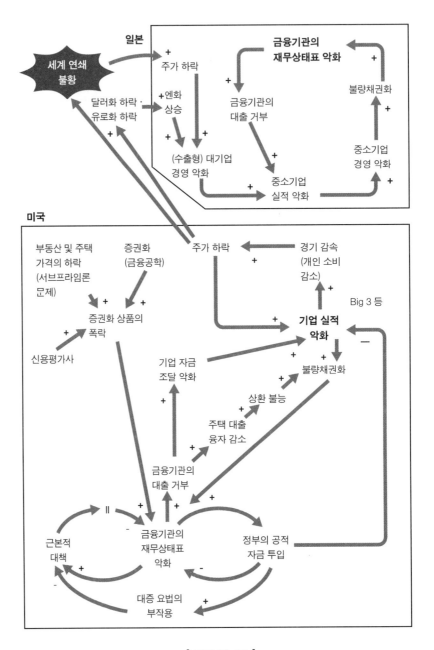

[도표 12-15]

이 세계금융위기는 '100년에 1번 오는 위기'라고 불리며 원인이 되는 뿌리가 대단히 깊다. [도표 12-15]에서도 알 수 있듯이 금융기관의 재무상태표 악화가 여러 가지 악영향을 파급한다. 이 사실만 보아도 금융기관은 정말로 경제 성장의 심장부이며, 여기서부터 돈이라는 혈액이 흘러 경제 활동이 돌아간다는 사실을 다시 확인할 수 있다. 그러나 이 심장부에 질환이, 다시 말해 이 사례에서는 금융기관의 재무상태표에 결함이 생기면 경제 전체에 걸쳐 악영향을 미친다는 사실을 알 수 있다.

[도표 12-15]에서 금융기관의 재무상태표가 악화된 직접적 요인이 되는 것은 크게 아래의 두 가지 요인이라고 추측할 수 있다.

① 미국에서의 서브프라임론 문제를 발단으로 증권화 상품의 가격 급락이 일어난다. 그 결과 금융기관에 거액의 손실을 초래한다.

이 증권화 상품의 폭락은 고도의 금융 공학을 구사해서 만들어진 것이 깊게 관련되어 있다는 지적도 있다. 이 금융 공학을 통해서 증권화의 구조가 대단히 복잡해지고, 이해할 수 없는 리스크가 다른 상품에 전가됨으로써 전 세계로 퍼졌다는 지적이다.

한편 신용평가사가 증권화 상품에 신용을 매길 때, 느슨하게 평가했다는 것 등이 금융위기의 원인 중 하나가 되었다는 의견도 있다.

② 금융기관은 재무상태표의 악화로 인해 자기자본비율의 규제(BIS 규제)로 일반 기업에 대출하는 한도가 제한될 수밖에 없다.

그 결과 기업의 자금 조달이 어려워지고 금융 기관에 융자 상환이 밀리는 등 불량 채권화되어 이것이 다시금 금융기관 자신의 목을 조르는 꼴이 되었다. 그리고 금융기관의 대출 거부로 인해 미국 국민의 주택담보대출 상환도 한층 더 힘들어졌는데, 이것도 불량 채권화되어 금융기관에 부정적으로 작용했다.

제1장
제2장
제3장
제4장
제5장
제6장
제7장
제8장
제9장
제10장
제11장
제12장

앞의 두 가지 요인 분석에서 아래의 대책 방침을 떠올릴 수 있다.

①의 주택 가격 하락을 막는 구체적인 대책을 세우지 않으면 금융기관의 재무상태표 악화를 멈추게 할 수 없다. 금융 시스템이 안정되면 이 건은 자연스럽게 해소될 것이라는 안일한 생각이 전문가 사이에 만연해지면 정말 위험한 상태에 이를 수 있다.

②의 마이너스 연쇄는 더욱 복잡하다. ②로 인해 금융기관의 재무상태표 악화, 나아가 개인 소비의 위축이라는 무간지옥에 빠져, 부정적인 연쇄가 한층 가속화되기 때문이다. 이 마이너스 연쇄도 공적 자금 투입만으로 과연 진정시킬 수 있을까.

세계 연쇄 불황은 유럽이나 일본 등 전 세계에 파급되고 있다. 일본에도 엔고 현상이나 세계 동시 주가 하락으로 인해 일본 국내의 일반 기업이나 금융기관에 영향을 미치고 있다.

미국 정부로부터 공적 자금이 투입되어 금융기관의 재무상태표 악화에 제동이 걸리고, 그대로 계속 자금을 투입하여 금융기관의 재무상태표가 회복되고 금융위기 이전의 본래 경제 상황으로 돌아오는 것이 이상적인 그림일 것이다. 하지만 실태를 보면 불량 채권 등의 손실 산정이 어려워 손실액을 확정 짓지 못한 채로 공적 자금을 투입하는 것이 현실이다. 마치 깨진 독에 물을 붓듯 온 국민의 귀중한 세금을 흘려보내고 있는 모습이다.

이러한 상황에서 공적 자금 투입뿐인 대증 요법으로 세계금융위기는 끝을 맺을 수 있을까. 근본적인 해결책을 명확히 해서 본격적으로 나서지 않는다면 세계금융위기에 끝은 없다고 시스템 사고를 통한 인과 지도는 시사하고 있다.

세 가지 사고법 중에서 복잡하기 이를 데 없는 세계금융위기의 분석을 잘 해내는 것이 바로 시스템 사고라는 사실은 더 말할 나위 없다. 시스템 사고만으로 세계경제위기의 전모를 해명하는 것은 불가능하지만, 충분히 참고하면서 해결책을 찾아가는 것에 그 의의가 있다.

이 사례의 포인트

● 세계금융위기를 사례로 '시스템 사고'를 이용하여 현상 파악, 원인, 앞으로의 대책을 분석했다. 그리고 이번 사례는 시스템 사고에서 '문제 미루기' 패턴으로 분류된다.

● 시스템 사고를 통한 분석은 아래의 두 가지를 시사한다.
　① 공적 자금 투입뿐인 대증 요법으로는 세계금융위기의 근본적인 해결은 어려울 것이다.
　② 근본적인 해결책을 명확히 해서 서둘러 행동으로 옮길 필요가 있다.

제1장
제2장
제3장
제4장
제5장
제6장
제7장
제8장
제9장
제10장
제11장
제12장

| 창조적 사고와 시스템 사고의 조합 사례 ①

한 라멘집의 재생 계획

요즘 라멘 붐이 꺼질 줄 모른다. 이번에는 라멘집이라는 친숙한 사례를 바탕으로 '창조적 사고'와 '시스템 사고'를 조합한 사례를 소개한다. 여기서는 한 라멘집을 대상으로 인기의 척도인 '방문 손님 수의 추이'를 분석한다.

라멘가게 'Ramen당'은 JR이 지나는 Q 역의 상점가에 있었는데, 몇 달 전에 문을 열었다. 이 상점가는 근처에 아파트가 많고 대기업 전자기기 제조업체의 사택도 있어 대단히 활기가 넘치는 상점가다.

'Ramen당'의 사장은 예전에는 Q 역에서 세 역 정도 떨어진 곳에서 제면소를 하고 있었는데, 제면소 내에서 반쯤 장난삼아 라멘을 만들어 팔았더니 예상치 못하게 반응이 좋아 이참에 Q 역의 상점가에서 라멘가게를 차리고 본격적으로 영업을 시작했다.

'Ramen당'은 일반 메뉴 외에도 건강을 고려한 메뉴와 토핑도 풍부하게 준비하여, 특수 제법을 통한 숙성 면에 한방 식재료를 사용한 약선 육수를 이용한 메뉴를 1일 50그릇 한정으로 판매했다. 그러자 개업 후, 이 건강 라멘이 큰 히트를 쳤다.

'Ramen당'은 개업 후 반년간 방문 고객 수가 순조롭게 증가하고 매출도 늘어서 매장 안의 인테리어를 새롭게 하거나 아르바이트 점원을 늘리는 등 매장 설

제 1 장
제 2 장
제 3 장
제 4 장
제 5 장
제 6 장
제 7 장
제 8 장
제 9 장
제 10 장
제 11 장
제 12 장

비나 서비스도 서서히 확충했다. 고객의 입소문이나 인터넷 블로그를 보고 온 손님도 늘어서 매출도 점점 증가하는 방향으로 작용했다.

'Ramen당'은 순조롭게 출발하며 그야말로 순풍에 돛단 듯 앞으로 나아갔다.

그러던 어느 날, 개업 후 반년 정도 지났을 무렵 왠지 방문 손님이 서서히 줄기 시작해 매출이 감소하게 되었다.

'Ramen당'의 사장은 손님이 매장에 적고 간 설문조사와 단골로부터 정보를 여러 가지 물은 결과, 아래의 사실(클레임)을 알아냈다.

- 줄이 길어서 1시간 정도 길에서 기다린 적이 있다.
- 매장 안이 복잡해서 느긋하게 먹을 수 없다.
- 최근 들어 라멘 맛이 예전만 못하다.
- 최근 근처에 새로 생긴 라멘집은 손님 회전이 빠르고 그럭저럭 맛도 괜찮아서 그 집에 가게 되었다.

라멘 맛이 떨어졌다는 지적을 받고 사장은 짚이는 데가 있었다고 한다.

게다가 심각한 경기 불황의 영향으로 대기업 전자기기 제조업체에서 구조조정을 단행해, 'Ramen당' 근처에 있던 사택을 철거하기로 결정되어 1년 후에는 사택 주민이 이사한다는 정보를 얻었다. 이 사택에 사는 사람들에게도 'Ramen당'은 인기가 있어서 손님으로 꽤 많은 사람이 찾아왔다.

시스템 사고를 통한 분석 접근법

가장 먼저 매장 방문 손님 수의 시간적 변화가 대단히 심한 것이 이 사례의 특징이다.

게다가 인과 관계가 대단히 복잡하게 꼬여있다. 무엇과 무엇의 요인이 원인과 결과의 관계인지, 사례여서 단순히 했음에도 불구하고 분석에 익숙하지 않다면 상당히 복잡하다. 이러한 특징을 갖춘 사례를 분석하는 데 효과적인 '시스템 사고'를 사용해 보자. 분석에 앞서 시간적으로 두 단계 A, B로 나누어보자.

> A 단계: 'Ramen당' 개업 후, 몇 개월에서 반년간
> ⇨ 방문 손님 수가 증가하고 매출이 순조롭게 늘었다
> B 단계: 'Ramen당' 개업 후 반년 이상
> ⇨ 방문 손님 수가 줄기 시작해, 매출은 서서히 줄어들었다

우선은 A 단계를 분석하자.

'Ramen당' 개업 후, 몇 개월에서 반년간까지는 아래의 정보가 수집되어 있다.

- 방문 손님 수가 순조롭게 증가하여 매출도 늘어서 매장 인테리어와 아르바이트 점원을 늘리는 등 매장 설비나 서비스도 서서히 확충했다.
- 손님의 입소문이나 인터넷 블로그를 보고 온 손님도 증가해서 매출은 더욱 늘어난 방향으로 작용했다.

이 두 가지 정보로 '인과 지도'와 '방문 손님 수의 시간 추이'를 그리면 [도표 12-16]과 같이 그려진다.

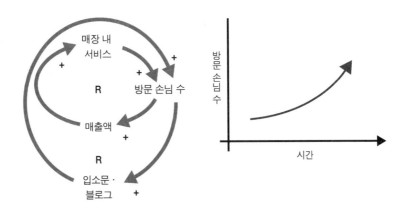

[도표 12-16]

제1장

제2장

제3장

제4장

제5장

제6장

제7장

제8장

제9장

제10장

제11장

제12장

방문 손님 수의 증가는 매출도 증가시켜서, 그 결과 서비스를 확충하고 결과적으로 방문 손님 수를 증가시키는 작용을 했다. 또 방문 손님 수의 증가는 동시에 입소문이나 블로그 후기도 증가시켜 이것 역시 방문 손님 수의 증가에 이바지한다. 이렇게 이중의 확장 피드백 고리(R)의 형성을 [도표 12-16]은 나타내고 있다.

이 상태가 계속되면 방문 손님 수는 계속 증가해서 'Ramen당'으로서는 웃음이 그치지 않을 것이다. 하지만 '호사다마'란 이것을 두고 하는 말인지 좋은 일은 오래가지 않는 것이 세상의 법칙이다.

다음으로 B 단계로 이동한다.

'Ramen당'은 개업 후 반년 이상이 지나자 아래와 같은 이유로 손님이 줄기 시작해 매출은 서서히 줄어들었다.

- 줄이 길어 차가 오가는 위험한 길에서 1시간 정도 기다려야 한다
- 매장 안이 복잡해서 느긋하게 먹을 수 없다
- 근처에 다른 라멘집이 생겨서 그곳으로 가는 사람이 많아졌다
- 라멘 맛이 최근 들어 떨어졌다

게다가 1년 후에는,

- 대기업 전자기기 제조업체의 사택이 철거되어 지금까지 이용해준 손님이 올 수 없게 된다

라멘의 맛이 떨어졌다는 지적에 대해 'Ramen당' 사장은,

- 사장인 자신을 포함해 직원들이 최근 피로가 쌓여 몸 상태가 좋지 않다
- 바쁘고 영업시간도 길어서 면을 뽑고 육수를 만들기가 다소 어렵다

라는 등, 장인이라고 하기에는 아마추어 같지만 솔직한 답변을 들려주었다. 사정이 있었다고 하더라도 프로로서는 실격이다.

지금까지의 정보를 [도표 12-16]에 더해보자. 인과 지도의 결과는 [도표 12-17]에 나타낸 바와 같다. 또 방문 손님 수의 시간 추이는 [도표 12-18]과 같다.

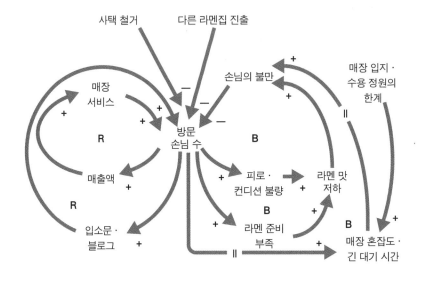

[도표 12-17]

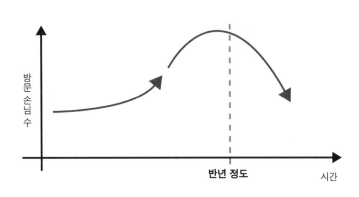

[도표 12-18]

[도표 12-17]의 인과 지도에서 무엇을 알 수 있을까.

즉, 방문 손님 수의 증가와 더불어 '손님의 불만'이 생긴 인과 관계로 아래의 이유를 들 수 있다.

① 사장·직원의 피로 및 컨디션 불량 ⇨ 라멘 맛 저하 ⇨ 손님의 불만 ⇨ 방문 손님 수 감소
② (영업시간이 늦으므로) 재료 준비가 부족 ⇨ 라멘 맛 저하 ⇨ 손님의 불만 ⇨ 방문 손님 수 감소
③ 긴 대기 시간과 매장 안이 혼잡 ⇨ 손님의 불만 ⇨ 방문 손님 수 감소

위의 ③은 매장의 수용 인원 한계라는 제약, 즉 매장의 입지 조건과 점포 면적의 제약이 결과적으로 긴 대기 시간과 매장 안의 혼잡을 초래했다고 말할 수 있다. 만일 매장 근처에 빈 곳이 있다면 그곳을 대기실로 쓸 수 있을 것이며, 차가 다녀서 위험한 길 위에서 기다리게 하지 않을 수 있다.

상기 ①, ②, ③은 인과 지도에서는 삼중으로 된 평형 고리를 형성한다. 이 원인들은 결과적으로 방문 손님 수의 감소를 불러일으켜, [도표 12-16]으로 나타낸 이중의 확장 피드백 고리(R)에 대해 삼중의 균형 피드백 고리(B)로 작용한다. 즉, 확장 피드백 고리(R)에 대하여 억수 같은 물을 끼얹는 기능을 한다.

[도표 12-17]에는 추가로 방문 손님 수의 감소에 기여하는 요인이 다음 두 가지로 나타나 있다.

● 다른 라멘집의 진출
● 사택 주민의 이사

당장은 아니지만 사택 철거는 1년 후로 예정되어 있고, 다른 라멘집도 진출

제1장
제2장
제3장
제4장
제5장
제6장
제7장
제8장
제9장
제10장
제11장
제12장

하며 이 두 가지 요소는 'Ramen당'에 영업상 나쁜 영향을 미친다.

[도표 12-17]의 인과 지도 패턴은 결국 시스템 사고의 '성공의 한계' 패턴이다(→353쪽). 계속 성공할 것이라고 믿었던 현상에 브레이크가 걸려, 성과가 한계까지 온 상태에서 잘못하면 이번에는 성과가 줄어드는 진흙탕에 빠지는 패턴이다.

자, 그러면 [도표 12-17]의 인과 지도에서 방문 고객 수의 증감시키는 요인을 다시 확인해 보자. 지금부터가 본격적인 분석이다.

◎ 방문 손님 수의 증가에 기여하는 요인(2개)
● 매장 내 서비스
● 입소문·블로그
◎ 방문 손님 수의 감소에 기여하는 요인(3개)
● 손님의 불만
● 다른 라멘집의 진출
● 사택 철거

방문 손님 수의 감소에 기여하는 요인(3개)을 자세히 들여다보자.
다른 라멘집의 진출이나 사택 철거는 불가항력이라고 말할 수 있다. 상황을 차분히 바라보고 가능한 범위 안에서 대처할 수밖에 없다. 사택 철거를 중단하는 방법이나 다른 가게가 진출하지 못하도록 행정 처분을 신청하는 것은 비현실적이다.

하지만 마지막 '손님의 불만'은 사실 다음 세 가지의 뿌리 깊은 요인이 숨어있다는 것을 [도표 12-17]을 통해 알아냈다.

① 사장 · 직원의 피로 및 컨디션 불량으로 인한 라멘 맛 저하

② 재료 준비 부족으로 인한 라멘 맛 저하

③ 매장 입지 조건의 제약으로 인한 매장 내 혼잡 · 긴 대기 시간

그리고 손님의 불만으로 인해서 지금까지 방문 손님 수 증가에 기여한 입소문·블로그가 앞으로는 부정적으로 작용하여 방문 손님 수 감소에 크게 영향을 미칠 가능성도 크다.

즉, 여러 가지 요인의 작은 물줄기에서 흘러들어온 '손님의 불만'이 큰 물줄기가 되어 방문 고객 수를 감소로 향하도록 크게 작용하는 것이다.

이러한 분석으로부터 보아도 방문 손님 수 감소의 원천인 '손님의 불만'을 어떻게 해소할지에 대해 가능한 범위 안에서 빠르게 손을 써야 한다.

과거의 성공 경험을 잊고 모든 것을 처음으로 되돌리는 마음으로 여러 관점에서 발상하고 수단을 흡수해야 한다. 이를 실현하는 데는 계속해서 설명한 '창조적 사고'가 답이다.

창조적 사고를 통한 분석 접근법

이 사례에서는 '시스템 사고'로 원인이 상당히 명확해졌으므로 '창조적 사고'로는 재빠르게 참신한 아이디어를 만들어내는 데 적합한 브레인스토밍을 하기로 한다.

원인이 명확해졌으니 'Ramen당'의 부활은 언젠가 찾아온다는 '마음가짐'과 '자신감'을 갖고 원인별로 몇 가지 대응책을 브레인스토밍으로 이야기해 보자.

브레인스토밍으로 얻은 결과를 [도표 12-19a], [도표 12-19b], [도표 12-19c], [도표 12-19d]로 나타냈다. 이 도표에는 원인별로 대책안을 제시했다.

원인 1	사장·직원의 피로·컨디션 불량으로 인한 라멘 맛 저하		
대책	사장·직원의 피로·컨디션 관리를 철저히 한다	우선도	비용
구체안	1. 직원의 유급휴가를 철저히 쓰도록 한다	1	2
	2. 직원을 늘려서 교대제로 한다	3	3
	3. 영업 시간을 일시적으로 단축한다	2	2
	4. 휴식 시간을 확실하게 지킨다	1	1
	5. 병원에서 정기적으로 진찰을 받는다	**3**	2

[도표 12-19a]

원인 2	재료 준비 부족으로 인한 라멘 맛 저하		
대책	재료 준비 시간 확보(건강 관리와도 관련)	우선도	비용
구체안	1. 영업 종료 시각을 당긴다 바쁘더라도 확실하게 지킨다(간판불을 끈다)	2	2
	2. 재료 준비 담당자를 늘린다	2	3
	3. 재료 준비 작업 관리&체크 체제를 철저하게 한다	1	1

[도표 12-19b]

원인 3	매장 안이 혼잡하다		
대책	혼잡을 물리적, 심리적(서비스) 양면으로 완화	우선도	비용
구체안	1. 점포를 확장한다	3	3
	2. 매장 안에서 손님을 기다리게 하지 않는다 전용 대기 공간을 밖에 만든다	2	3
	3. 매장 안에 대기용 의자를 5개 정도 준비	1	2
	4. 매장 안에 음악을 튼다 (장르, 곡, 음량을 고민)	1	1

[도표 12-19c]

원인 4	길 위에서 대기하는 시간이 길다		
대책	긴 대기 시간을 물리적, 심리적(서비스) 양면으로 완화	우선도	비용
구체안	1. 차량 통행이나 타인에게 불편을 주지 않도록 안내문을 쓴 입간판을 둔다	1	2
	2. 주문을 빨리 물어서 안심시킨다	1	1
	3. 'Ramen당'에 관한 화제, 홍보 전단지를 배부하여 기다리는 시간에 읽게 한다	1	2

[도표 12-19d]

그리고 'Ramen당'의 부활을 강조하는 대책으로 [도표 12-20]의 구체안을 제시한다.

대책	적극적으로 매장 홍보	우선도	비용
구체안	1. 건강한 라멘 등 새로운 메뉴 개발	1	3
	2. 홈페이지에서 신메뉴 소개나 사장의 한마디 등을 게재	1	2

[도표 12-20]

[도표 12-19 (a~d)]와 [도표 12-20]에는 우선도를 5단계, 비용을 3단계로 분류한 결과도 실려 있다. 숫자가 작을수록 우선도가 높고 비용도 낮음을 의미한다. 도표에서는 우선도와 비용의 수치를 더해서 3 이하의 구체안에 음영으로 표시했다. 이제 곧장 무엇을 해야 할지 명확해졌다. 사장은 리더십을 발휘하여 'Ramen당'의 위기 극복에 나서야 할 때다.

이 사례의 포인트

● 라멘가게 'Ramen당'은 개업하고 반년 이내에는 영업이 순조롭게 성장세를 보였지만, 반년 후 급격하게 방문 손님 수와 매출이 감소했다. 그 원인을 '시스템 사고'를 통해 분석했다.

● 그 후 '창조적 사고'(브레인스토밍)를 통해 분석한 원인별로 구체적 대책을 세우기 위해 아이디어를 냈다. 그리고 구체적 대책마다 우선도와 비용을 산정하여 곧바로 어떤 구체안부터 실천으로 옮겨야 할지 검토했다.

창조적 사고와 시스템 사고의 조합 사례 ②

게임 소프트웨어 업체의 위기 극복

게임 소프트웨어 업계에서는 최근 아래의 문제에 직면했다.

① 오락의 선택지가 급속도로 다양해지면서 매력적이고 참신한 콘텐츠를 빠르게 시장에 투입할 것
② 국내를 벗어나 글로벌 시장점유율을 확보하고 유지할 것
③ 개발 비용을 억제하면서 최첨단 기술 개발에 대응할 것

가정용 게임 소프트웨어를 만드는 XY 사는 이 과제를 해결하면서 지금까지 참신하고 독창적인 히트 상품을 계속해서 시장에 선보였다.

XY 사의 개발은 하나의 소프트웨어를 직원 1명씩 담당하며 직원 간에 수평적인 커뮤니케이션을 하지 않고 철저한 비용 관리로 순조롭게 매출과 시장점유율을 늘려왔다.

하지만 한방으로 승부하는 개발 전략 탓인지 최근 들어 매출 성장세가 둔화하기 시작했다.

인사 총책임자인 K 씨는 직원의 근무 시간을 보고 최근 업무량이 많아서 야근이 늘고 직원이 피로에 지쳐 동기 부여에 영향을 미치는 것은 아닌지 추측했다.

시스템 사고를 통한 분석 접근법

K 씨는 상황 추이를 '시스템 사고'로 분석했다. [도표 12-21]은 과거에 매출이 증가하여 이것이 직원의 의욕을 증대시키는 확장 피드백 고리를 이루었음을 나타낸다.

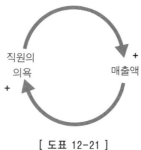

[도표 12-21]

그렇다면 XY 사는 최근 업무량과 야근 시간이 늘어 직원이 피로에 지쳐 의욕에 영향을 미치는 상황에서, [도표 12-21] 상태에서 [도표 12-22]로 변화했을 것이라고 K 씨는 추측했다.

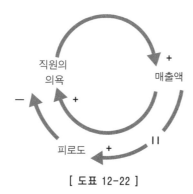

[도표 12-22]

이 상태가 계속되면 직원의 업무 의욕이 오르지 않아 결국 매출에 제동이 걸려 XY 사의 경영에 악영향을 가져다줄 것으로 예측되므로 K 씨는 사장에게 의견을 개진했다.

제1장
제2장
제3장
제4장
제5장
제6장
제7장
제8장
제9장
제10장
제11장
제12장

1주일 후, 사장으로부터 아래와 같은 '개발 체제 변경'과 '사내 순위' 제도를 마련하라는 지시를 받았다.

소프트웨어 개발부문은 지금까지 혼자서 하는 단독 개발 체제였지만, 큰 히트를 기록한 제품을 '시리즈화'하는 전략으로 방향을 수정하고, 각 그룹 3~4명의 공동 개발 체제로 변경하게 되었다. 그 결과 XY 사에서는 약 20개 그룹이 편성되었다.

그리고 각 그룹의 실적을 '사내 순위'로 매겨서 급여를 결정하기로 했다. 사내 순위란 씨름판의 등급처럼 1년에 3번, 순위 회의를 통해 매출 실적에 따라 천하장사, 백두장사, 한라장사 등의 등급으로 순위를 매기는 것이다.

특히 상위 여섯 그룹은 전 직원 앞에서 사장이 표창을 수여하고 상여금(보너스)도 지급하기로 했다.

또 그룹별로 공동 개발을 통해 휴일에는 반드시 쉬도록 하고 직원의 피로도가 쌓이지 않도록 제도를 정비했다.

이렇게 그룹을 통한 공동 개발 체제와 사내 순위 제도의 도입으로 인해 직원들의 의욕이 불타올랐다. 동시에 휴일에는 반드시 쉬게 하여 직원들의 의욕을 더욱 고취시켰다.

이러한 상황 변화를 인과 지도로 나타내면 [도표 12-23]과 같다.

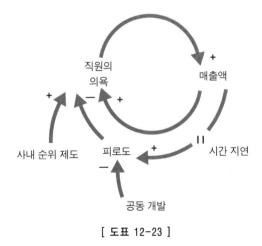

[도표 12-23]

[도표 12-23]에서 사내 순위 제도로 인해 직원의 의욕이 고취되고, 또 그룹 재편으로 인한 공동 개발로 직원의 피로도를 경감시켜 결과적으로 직원의 동기 부여를 꾀했다는 사실을 알 수 있다.

그 결과 회사의 매출이나 영업이익은 이전보다 향상되고 기록을 계속해서 갈아치우며 한동안 순조롭게 나아갔다.

하지만 공동 개발 체제와 사내 순위 제도를 도입한 지 3년 후, 차츰 실적이 기울기 시작했다.

K 씨가 보기에 직원의 의욕은 유지되고 있는 듯했다. 언뜻 보기에 문제가 없는 듯했지만, 직원들을 데리고 회사 근처 술집에서 술을 마시며 지금 상황을 기탄없이 듣기로 했다.

그 결과 최근 새로운 게임 소프트웨어 개발이 계속해서 이어져, 또 참신한 소프트웨어를 개발하려고 해도 독창적인 아이디어가 나오지 않는다는 사실을 알게 되었다. 아이디어 고갈이 일어난 모양이었다. 슬럼프에 빠졌다고 쓴웃음을 짓는 사람도 있었다. 딱히 건강이 안 좋은 것은 아니라고 직원들은 말했다.

K 씨는 이 상황을 무겁게 받아들이고 [도표 12-23]의 인과 지도가 [도표 12-24]와 같이 변화했다고 생각했다.

[도표 12-24]는 아이디어의 고갈로 인해 매출이라는 성과에 제동이 걸렸음을 나타낸다. 즉, 아이디어 고갈이라는 제약으로 인해 지금까지의 성공이 한계를 맞이하는, 이른바 '성공의 한계' 패턴에 빠졌다고 추측할 수 있다(→353쪽).

제1장
제2장
제3장
제4장
제5장
제6장
제7장
제8장
제9장
제10장
제11장
제12장

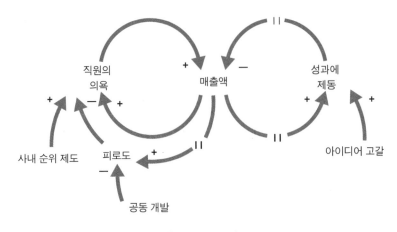

[도표 12-24]

아이디어 고갈이라는 제약을 어떻게 제거할 수 있을지, 완전히 제거할 수 없더라도 최소한 제약을 줄일 수 없다면 겨우 도입한 사내 순위나 그룹 공동 개발 제도가 수포로 돌아갈 것이다.

K 씨는 생각한 끝에 아이디어 고갈을 '창조적 사고'를 통해 회복할 수 있다는 결론에 이르렀다. 이 상황을 [도표 12-25]에 나타냈다.

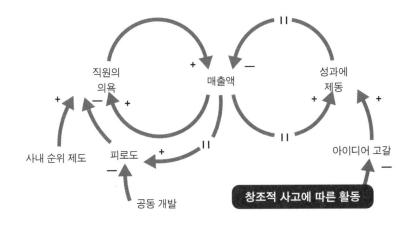

[도표 12-25]

[도표 12-25]는 '창조적 사고'를 통해 아이디어 고갈을 완화하고 결과적으로 성과에 미치는 제동을 줄여 매출에 공헌하는 방법을 제시한다. 그렇다면 아이디어 고갈의 대책으로 '창조적 사고'를 어떻게 실행에 옮길지가 다음 문제로 남는다.

창조적 사고를 통한 분석 접근법

아이디어 고갈 상태에서 구해줄 '창조적 사고'를 이 사례에서 어떻게 펼쳐 나갈지 설명하기로 한다.

게임 소프트웨어는 일반적으로 엔터테인먼트 요소가 강한 제품이다. 즉, 제품 개발 과정에서 참신한 아이디어를 창출하고 거기에서 좋은 안을 골라 시행착오를 겪으며 제품에 반영해 나가는 활동은 재능을 가진 개인이 하는 경우가 많다. 다시 말해 게임 소프트 개발 그 자체가 조직이 아닌 개개인 개발자의 재능이나 능력에 의해 결과가 좌우되는 개인 의존도가 높은 특징을 가지고 있다.

하지만 이 사례와 같이 조직화된 상황에서 개발이 진행되기도 한다. 우선 사용자에게 무엇이 매력적인 제품 콘셉트인지 정하고 개발자 팀을 편성하여 그들의 활동을 관리 및 조정하며 제품 콘셉트에 따라 매력적인 게임을 효율적으로 개발해 나가는 것이 요구된다.

이 사례에서 후자와 같이 조직화된 개발 체제에서 일한다면 개인 수준에서 아이디어가 고갈되더라도 혼자서 막연히 고민하는 것이 아니라 조직 내에서 '브레인스토밍'이나 'SCAMPER'를 적극적으로 실천해서 게임 캐릭터, 스토리, 음악이나 영상, CG 등 아이디어가 떠오르는 대로 의견을 교환할 수 있다.

브레인스토밍의 예는 여러 가지가 떠오를 것이므로 이 장에서 설명해온 것을 참고하며 독자 스스로 생각해 보기 바란다.

다만 한 가지 주의할 점이 있다. 게임 소프트웨어는 기밀 유지가 중요하고 아이디어 싸움이라는 점이다. 개발팀 내의 비밀주의를 어느 정도 철저하게 관리하는 것도 필요하다. 다른 팀은 그렇다 쳐도 타사에 누설되면 팀의 동료도 신용할 수 없는 사태에 빠진다. 그 결과 사장이 제안한 공동 개발 체제도 무의미해지며, 원래의 단독 개발로 돌아갈 수밖에 없다. 이 점에 주의해야 한다.

이 사례의 포인트

● 이 사례에서는 '시스템 사고'로 문제 과정을 분석하고 어디에 제약과 병목이 있는지를 추출하여 이를 발견함으로써, 어디에 어떻게 손을 쓰면 좋을지 파악할 수 있다는 것을 알게 되었다.

● 이 사례에서는 '시스템 사고'로 원인을 규명하고 최종적으로 '창조적 사고'도 조합하여 종합적인 문제 해결을 꾀할 수 있었다.

| 참고문헌 |

정량 분석에 관한 참고 문헌

『경제성공학의 기초』, 센주 시즈오, 후시미 다미오 지음, 일본능률협회매니지먼트센터, 1994

『의사결정론』, 미야카와 다다오 지음, 중앙경제사, 2005

『정량 분석 실천 강좌』, 후쿠자와 히데히로 지음, 퍼스트프레스, 2007

『문과계를 위한 의사결정분석 입문』, 우에다 유타카 지음, 일과기연출판사, 2002

『MBA 에센셜즈 실천연습문제집』, (주)바루크비즈니스컨설팅 지음, 우치다 마나부 편, 도요경제신보사, 2004

『입문 리얼 옵션』, 도요경제신보사, 야마모토 다이스케 지음, 가리야 다케아키 감수, 2001

『경영과학입문』, 다바타 요시오 지음, 마키노쇼텐, 2000

『경영과학과 의사결정』, 나카무라 마사아키 지음, 세무경리협회, 2006

『세미나 게임이론 입문』, 와타나베 다카히로 지음, 일본경제신문출판사, 2008

『MBA 정량 분석과 의사결정』, 글로비즈매니지먼트인스티튜트 지음, 다이아몬드사, 2003

『예해 데이터마이닝 입문』, 우치다 오사무 지음, 일본경제신문출판사, 2002

『지두력을 단련한다』, 호소야 이사오 지음, 도요경제신보사, 2007

『데이터 사이언티스트 핸드북』, 마루야마 히로시, 야마다 아쓰시, 가미야 나오키 지음, 근대과학사, 2015

『정량 분석의 교과서』, 스즈키 겐이치 지음, 도요경제신보사, 2016

『실천 비즈니스수학검정 3급』, 공익재단법인 일본수학검정협회 지음, 닛케이BP사, 2017

『실천 비즈니스수학검정 2급』, 공익재단법인 일본수학검정협회 지음, 닛케이BP사, 2017

『비즈니스에 활용하는 입문 정량 분석』, 나카무라 지카라 지음, 일본실업출판사, 2008

정성 분석에 관한 참고 문헌

『문제 발견 프로페셔널』, 사이토 요시노리 지음, 다이아몬드사, 2001

『경영 전략의 기본』, (주)일본종합연구소 경영전략연구회 지음, 일본실업출판사, 2008

『로지컬 싱킹을 위한 '가시화' 입문』, 야마자키 아카시 지음, 닛케이BP사, 2008

『전략 프레임 워크의 사고법』, 데즈카 사다하루 지음, 일본실업출판사, 2008

『지적 생산력이 극적으로 높아지는 최강의 프레임 워크 100』, 나가타 도요시 지음, SB 크리에이티브, 2008

『크리에이티브 싱킹: 창조적 발상력을 단련하는 20개의 도구와 힌트』, 마쓰바야시 히로후미 지음, 다이아몬드사, 2003

『생산 매니지먼트 입문 Ⅰ, Ⅱ』, 후지모토 다카히로 지음, 일본경제신문사, 2001

『이노베이션 싱킹』(원제: 『The leader's guide to lateral thinking skills』), 폴 슬론 지음, 디스커버21, 2007,

『시스템 싱킹 입문』, 니시무라 미치나리 지음, 일본경제신문사, 2004

『시스템 싱킹』(원제: 『Systems thinking basics : from concepts to causal loops』), 버지니아 앤더슨, 로렌 켈러 존슨 지음, 일본능률협회매니지먼트센터, 2001

『블루 오션 전략: 전쟁이 없는 세계를 창조한다』(원제: 『Blue ocean strategy : how to create uncontested market space and make the competition irrelevant』, 한국어판 『블루 오션 전략』 교보문고, 2015), 김위찬, 르네 마보안 지음, 다이아몬드사, 2015

『일본의 블루 오션 전략: 10년 이어지는 우위성을 구축한다』, 아베 요시히코, 이케가미 주스케 지음, 퍼스트프레스, 2008

『마케팅의 기초와 키워드를 이해한다』, 야스다 다카시 지음, 아스카에프프로덕츠, 2007

『제7판 유가증권 보고서 보는 법·읽는 법』, 아즈사감사법인 편, 세이분샤, 2008

『문제해결 프레임 워크 대전』, 호리 기미토시 지음, 일본경제신문출판사, 2015

『문제해결 대전』, 독서원숭이 지음, 포레스트출판, 2017

『비즈니스에 활용하는 입문 정성 분석』, 나카무라 지카라 지음, 일본실업출판사, 2009

정량 × 정성 분석 바이블

1판 1쇄 인쇄 2019년 10월 10일
1판 1쇄 발행 2019년 10월 15일

지은이 나카무라 지카라 옮긴이 신희원
펴낸이 김기옥

경제경영팀장 모민원 기획 편집 변호이, 김광현
커뮤니케이션 플래너 박진모
경영지원 고광현, 임민진
제작 김형식

본문디자인 디자인허브 표지디자인 투에스
인쇄·제본 민언프린텍

펴낸곳 한스미디어(한즈미디어(주))
주소 121-839 서울특별시 마포구 양화로 11길 13(서교동, 강원빌딩 5층)
전화 02-707-0337 팩스 02-707-0198 홈페이지 www.hansmedia.com
출판신고번호 제 313-2003-227호 신고일자 2003년 6월 25일

ISBN 979-11-6007-409-3 (13320)

성공하는 스타트업을 위한

101가지
비즈니스
모델 이야기

2018 EDITION

남대일, 김주희, 정지혜, 이계원, 안현주 지음 | 434쪽 | 고급 양장본 | 25,000원

모두가 인정한 최고의 비즈니스 모델 바이블!
경영전략·스타트업 분야 장기 베스트셀러!
스타트업 창업과 경영전략의 황금 같은 레퍼런스북,
성공하는 미래 기업의 조건을 한발 먼저 확인하라!

《성공하는 스타트업을 위한 101가지 비즈니스 모델 이야기》는 국내외 성공한 혹은 유망한 스타트업 101곳을 선정하여 핵심제공 가치와 수익공식, 핵심자원, 핵심프로세스를 일목요연하게 정리한 책으로 지금까지도 유사경쟁서를 찾기 어려울만큼 독보적인 콘텐츠를 제공한다. 특히 101개 기업을 가치사슬로 구분하여 한눈에 생태계를 파악할 수 있다는 것이 장점이다.

이 책의 1장은 개인, 기업 그리고 시장에서 비즈니스 모델이 어떻게 출발했는지에 대해 살펴본다. 기업이 출현한 이유란 개인이 시장에서 직접 상품이나 서비스를 조달하는 것보다 기업이 더 효율적이라는 생각을 바탕으로 기업의 출현에 대한 내용을 정리했다. 2장에서는 효율성의 관점을 더욱 자세히 분류해 이를 가치사슬의 통합형, 세분형, 재정의형의 모델로 나누어본다. 3장에서는 플랫폼에 관한 논의를 더욱 심화해 정보 흐름의 방향, 플랫폼 거래유형별, 제공가치 유형별, 정보의 선택방법, 수익공식 등으로 비즈니스 모델을 정리했다. 마지막으로 4장에서는 기업의 존재 이유가 단순히 효율성 증대에만 있는 것이 아니라, 사회적인 가치를 기여하고 보완하는 데 있다는 생각을 가지고 만들어진 몇몇 기업에 대해 살펴본다. 덧붙여 101가지의 비즈니스 모델을 정리하면서 비슷한 종류의 사업 모델이 있을 경우 가능한 한 지면을 할애하여 각 비즈니스 모델 간 차이점을 비교했다.

Quantitative and Qualitative Analysis